Leb wohl, mein Rosengarten

GOODBYE, MY ROSEGARDEN
VOL. 1

First published in Japan in 2019 by MAG Garden Corporation
German translation rights arranged with MAG Garden Corporation
through Tuttle-Mori Agency, Inc., Tokyo

Deutschsprachige Ausgabe / German Edition

CH-1007 Lausanne
2. Auflage

Aus dem Japanischen von Stefanie Probst

Redaktion: Marvin Schmid, Judith Hölling
Herstellung: Sonja Lesch
Deutsche Logo- und Covergestaltung: Jenifer Hüttmann
Lettering: Paolo Gattone, Chiara Antonelli, Alessio Ravazzani
Druck und Bindung: GGP Media GmbH, Pößneck

ISBN 978-2-88921-293-4

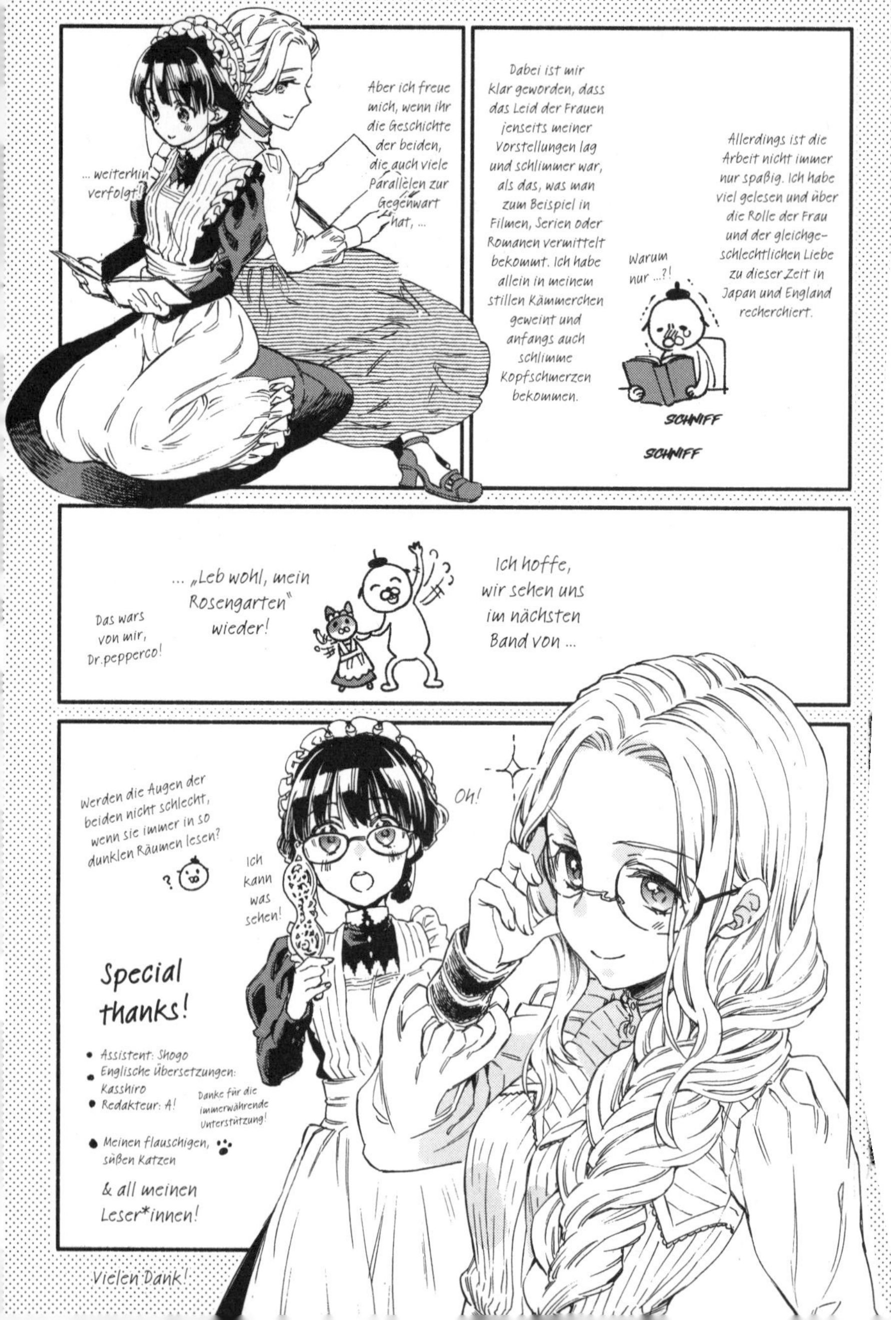
Allerdings ist die Arbeit nicht immer nur spaßig. Ich habe viel gelesen und über die Rolle der Frau und der gleichgeschlechtlichen Liebe zu dieser Zeit in Japan und England recherchiert.
Warum nur ...?!
SCHNIFF
SCHNIFF
Dabei ist mir klar geworden, dass das Leid der Frauen jenseits meiner Vorstellungen lag und schlimmer war, als das, was man zum Beispiel in Filmen, Serien oder Romanen vermittelt bekommt. Ich habe allein in meinem stillen Kämmerchen geweint und anfangs auch schlimme Kopfschmerzen bekommen.
Aber ich freue mich, wenn ihr die Geschichte der beiden, die auch viele Parallelen zur Gegenwart hat, ...
... weiterhin verfolgt!
Ich hoffe, wir sehen uns im nächsten Band von ...
... „Leb wohl, mein Rosengarten" wieder!
Das wars von mir, Dr.pepperco!
Oh!
Werden die Augen der beiden nicht schlecht, wenn sie immer in so dunklen Räumen lesen?
?
Ich kann was sehen!
Special thanks!
• Assistent: Shogo
• Englische Übersetzungen: Kasshiro
• Redakteur: A!
Danke für die immerwährende Unterstützung!
• Meinen flauschigen, süßen Katzen
& all meinen Leser*innen!
Vielen Dank!

{ Kapitel 1 }

Der Beginn des Abschieds

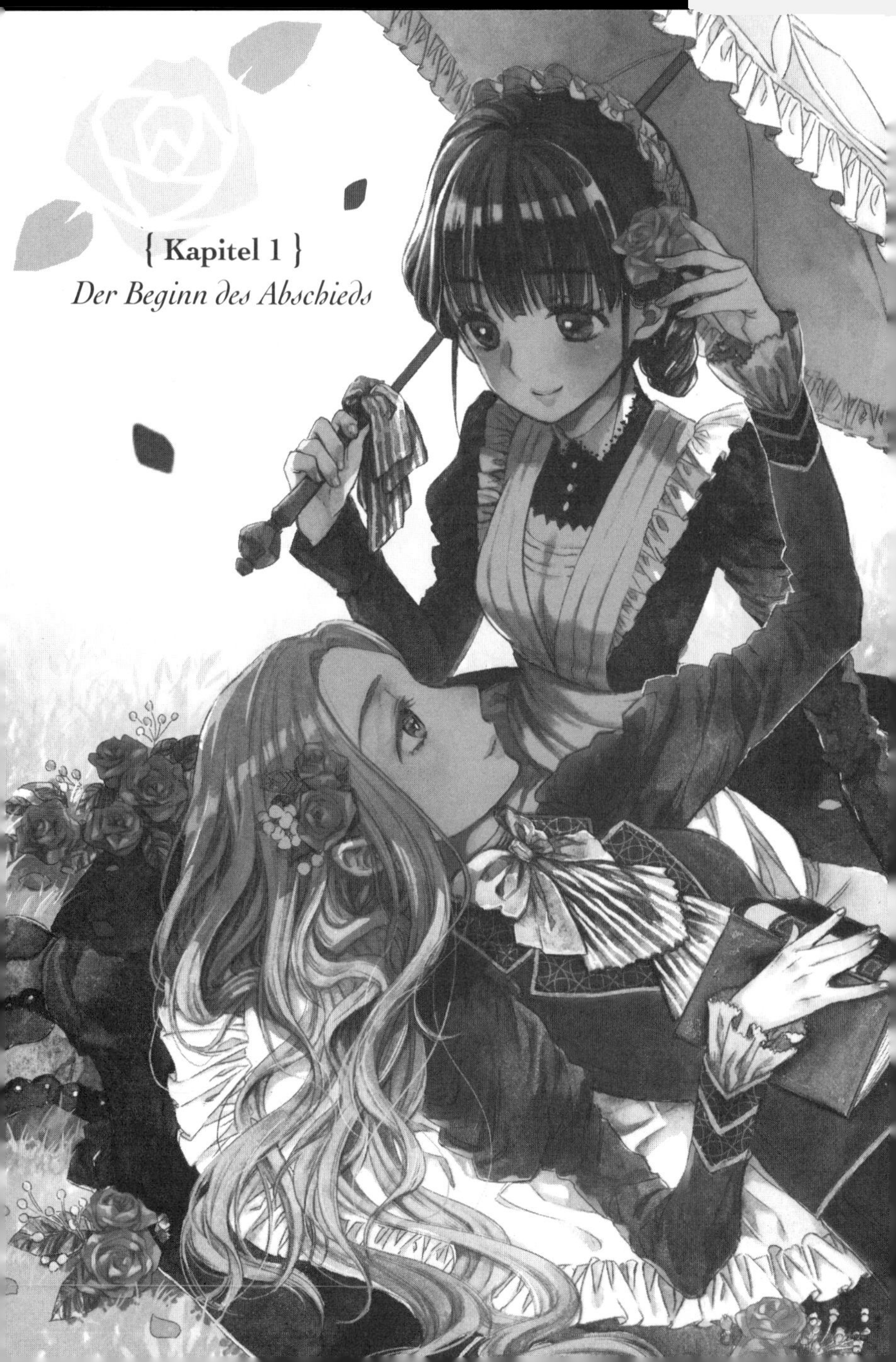

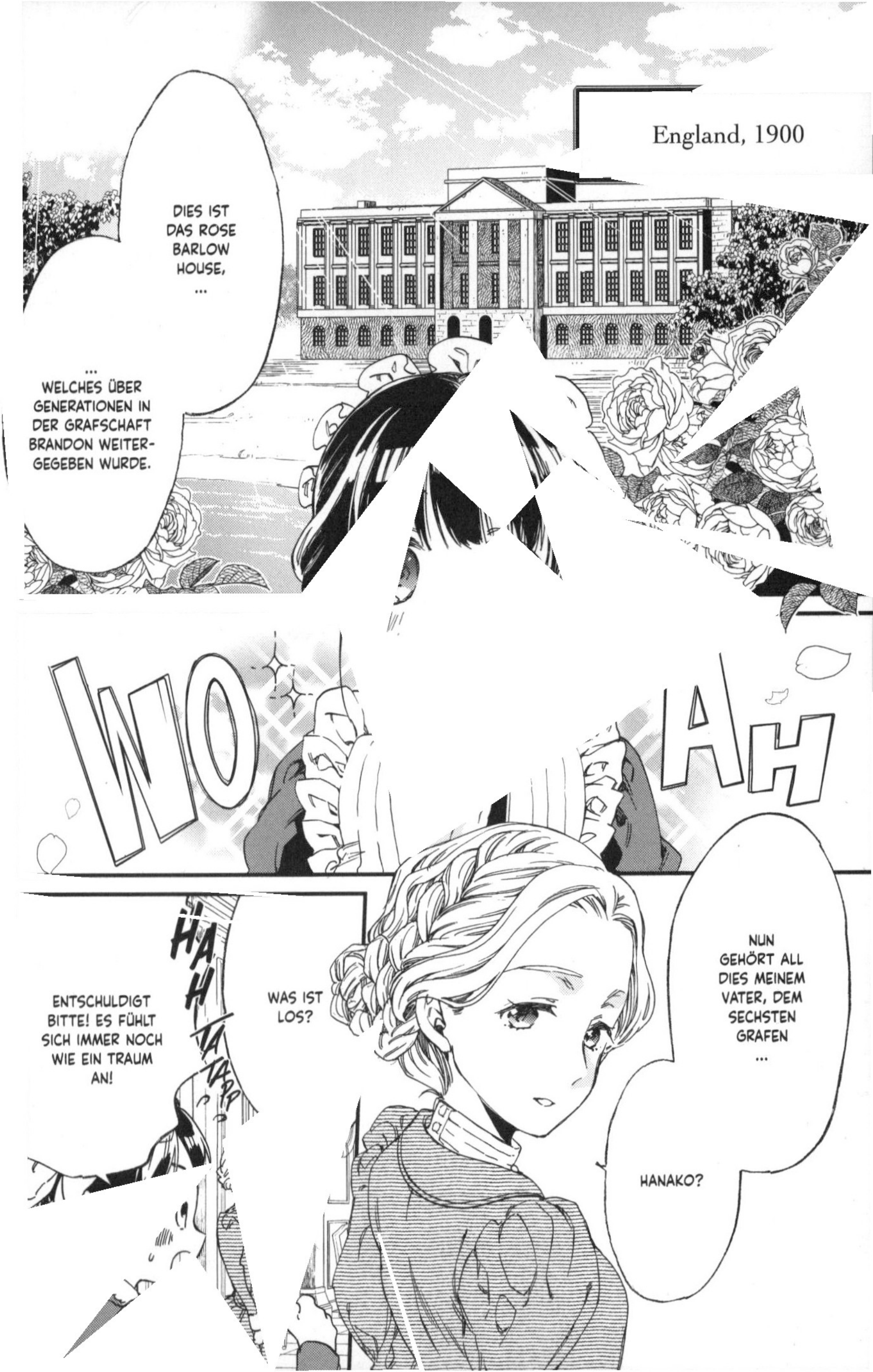
England, 1900
DIES IST DAS ROSE BARLOW HOUSE, ...
... WELCHES ÜBER GENERATIONEN IN DER GRAFSCHAFT BRANDON WEITER-GEGEBEN WURDE.
WO
AH
NUN GEHÖRT ALL DIES MEINEM VATER, DEM SECHSTEN GRAFEN ...
HANAKO?
WAS IST LOS?
HAH
TA TAP
ENTSCHULDIGT BITTE! ES FÜHLT SICH IMMER NOCH WIE EIN TRAUM AN!

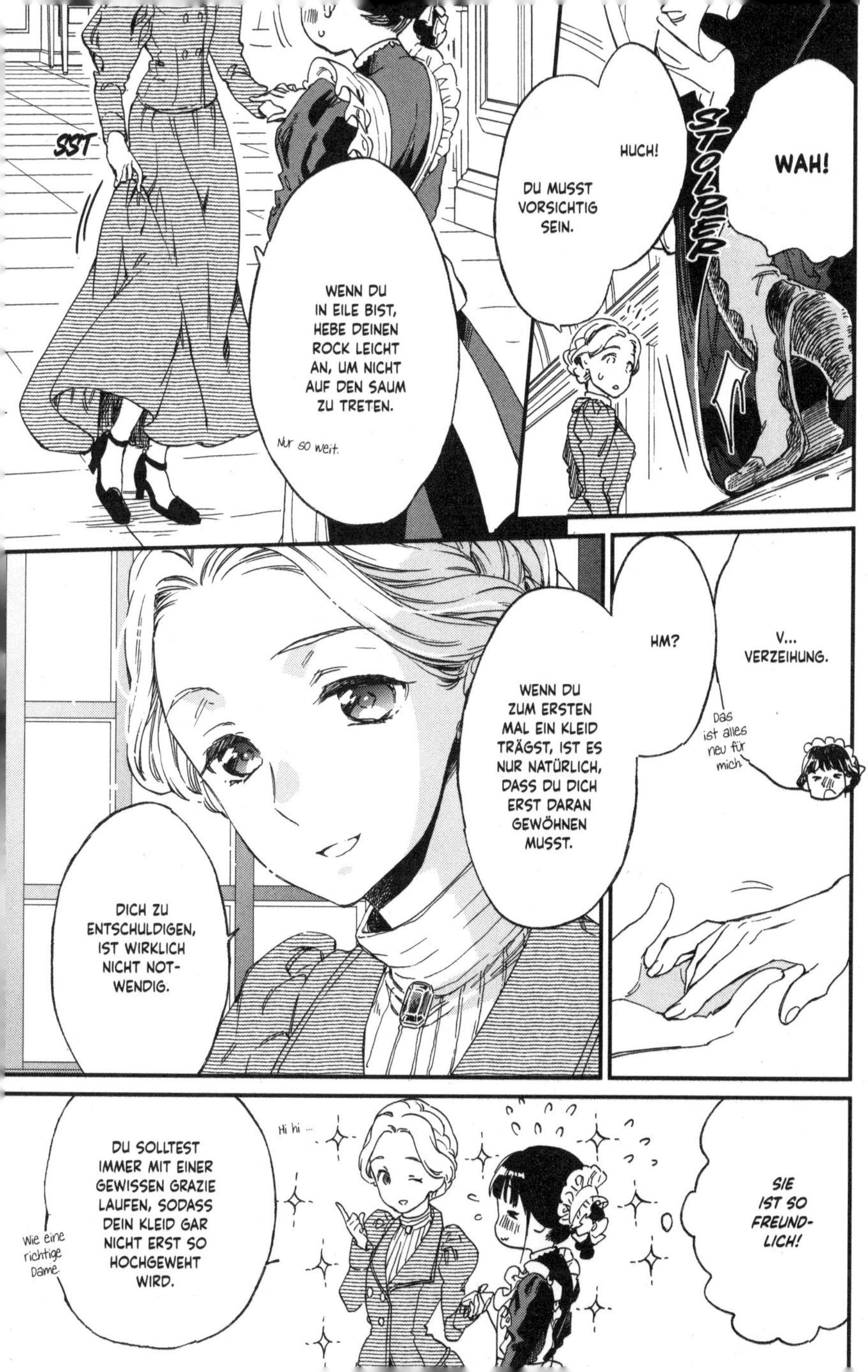
WAH!
STOLPER
HUCH!
DU MUSST VORSICHTIG SEIN.
WENN DU IN EILE BIST, HEBE DEINEN ROCK LEICHT AN, UM NICHT AUF DEN SAUM ZU TRETEN.
Nur so weit.
SST
V... VERZEIHUNG.
Das ist alles neu für mich.
HM?
WENN DU ZUM ERSTEN MAL EIN KLEID TRÄGST, IST ES NUR NATÜRLICH, DASS DU DICH ERST DARAN GEWÖHNEN MUSST.
DICH ZU ENTSCHULDIGEN, IST WIRKLICH NICHT NOT-WENDIG.
SIE IST SO FREUND-LICH!
Hi hi ...
DU SOLLTEST IMMER MIT EINER GEWISSEN GRAZIE LAUFEN, SODASS DEIN KLEID GAR NICHT ERST SO HOCHGEWEHT WIRD.
Wie eine richtige Dame.

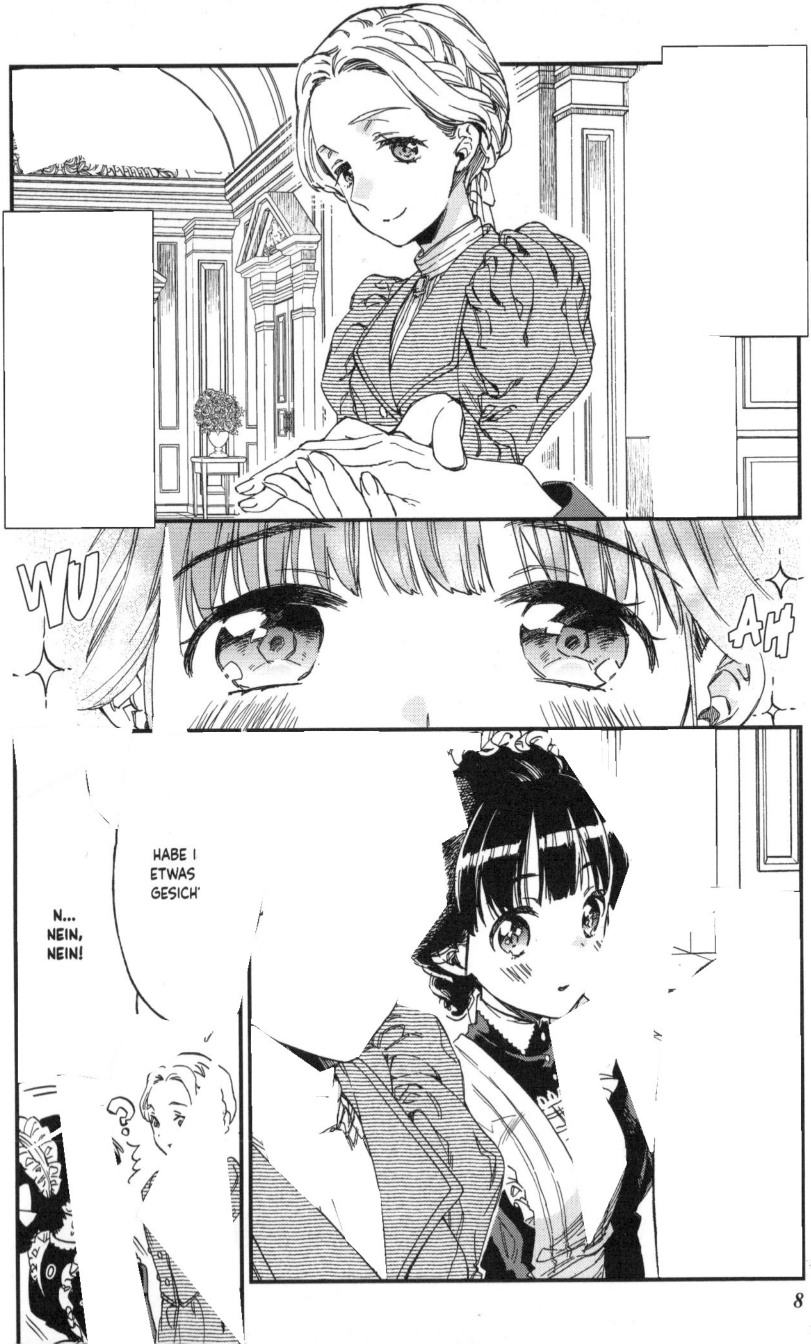
WU
AH
HABE I
ETWAS
GESICH
N...
NEIN,
NEIN!

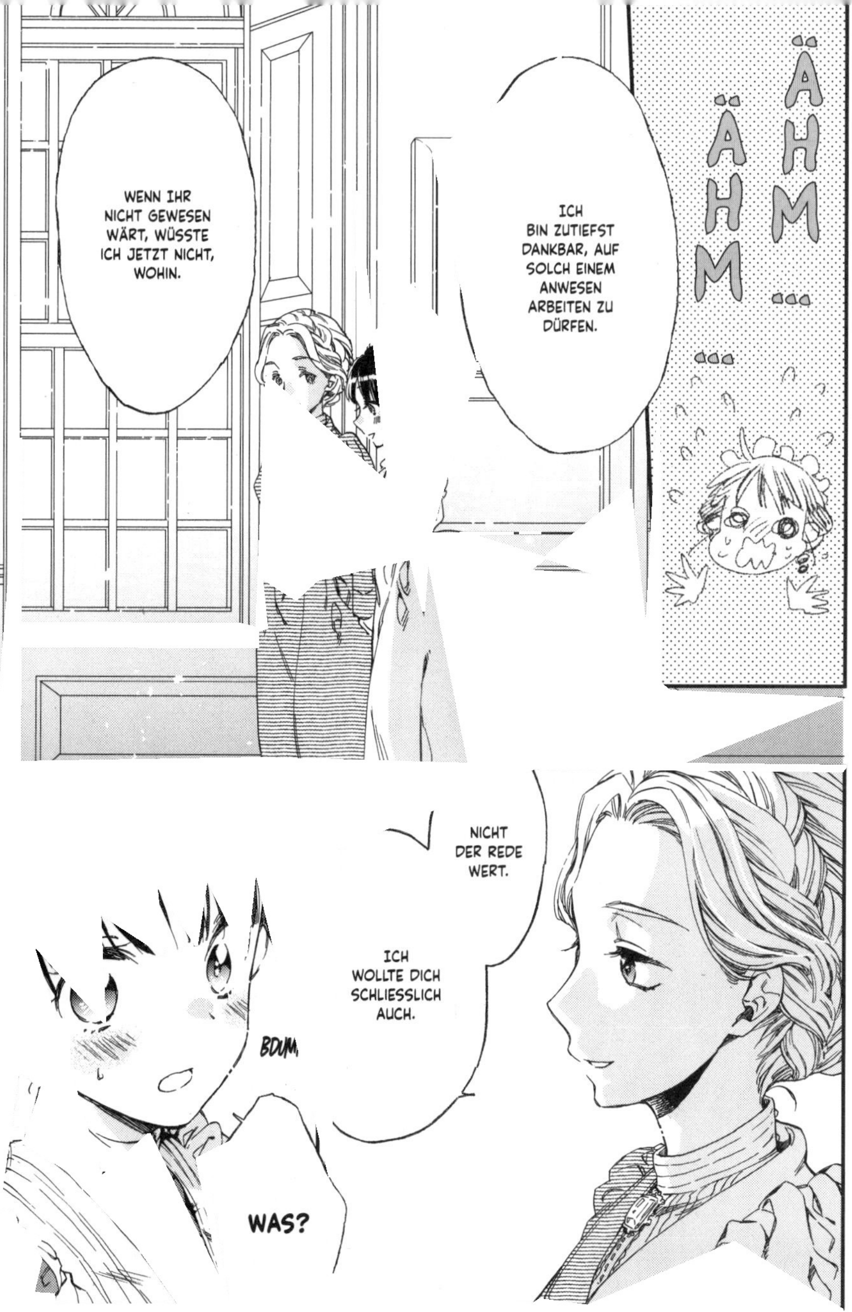
ICH BIN ZUTIEFST DANKBAR, AUF SOLCH EINEM ANWESEN ARBEITEN ZU DÜRFEN.
WENN IHR NICHT GEWESEN WÄRT, WÜSSTE ICH JETZT NICHT, WOHIN.
ÄHM ...
ÄHM ...
NICHT DER REDE WERT.
ICH WOLLTE DICH SCHLIESSLICH AUCH.
BDUM
WAS?

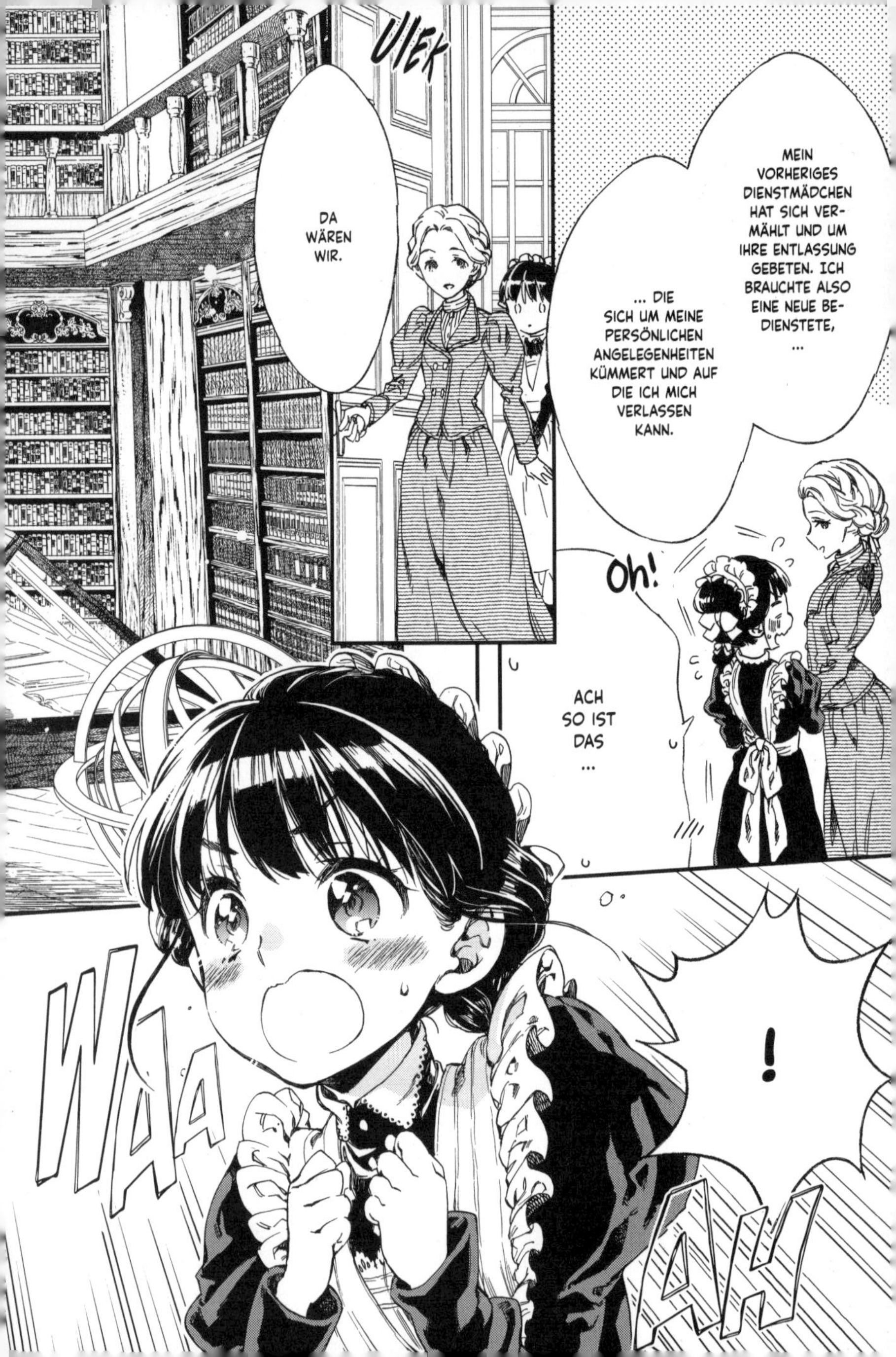

UIEK
MEIN VORHERIGES DIENSTMÄDCHEN HAT SICH VER-MÄHLT UND UM IHRE ENTLASSUNG GEBETEN. ICH BRAUCHTE ALSO EINE NEUE BE-DIENSTETE, ...
... DIE SICH UM MEINE PERSÖNLICHEN ANGELEGENHEITEN KÜMMERT UND AUF DIE ICH MICH VERLASSEN KANN.
DA WÄREN WIR.
Oh!
ACH SO IST DAS ...
!
WAAAAH

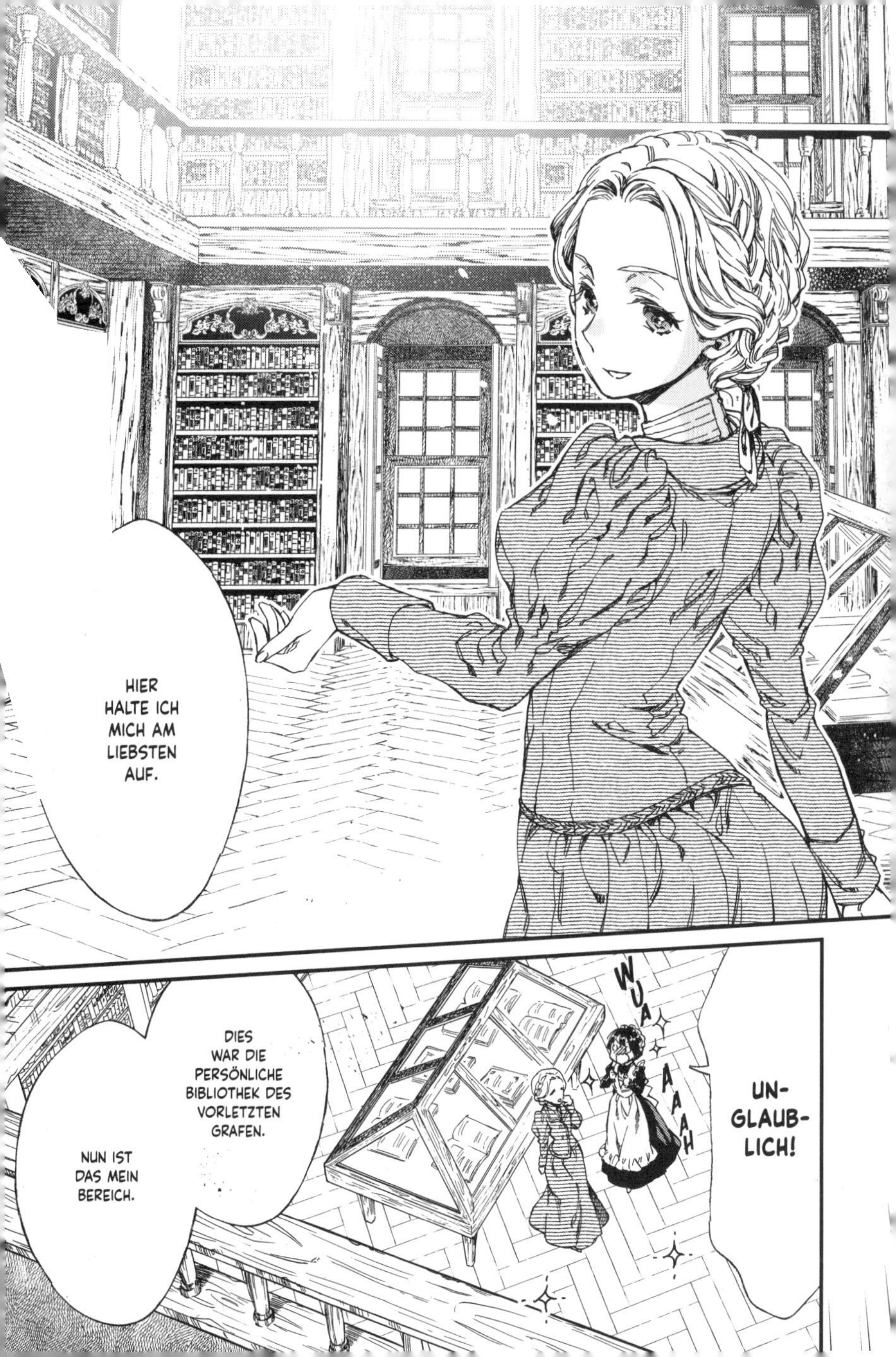
HIER HALTE ICH MICH AM LIEBSTEN AUF.
UN-GLAUB-LICH!
WUAAAAAH
DIES WAR DIE PERSÖNLICHE BIBLIOTHEK DES VORLETZTEN GRAFEN.
NUN IST DAS MEIN BEREICH.

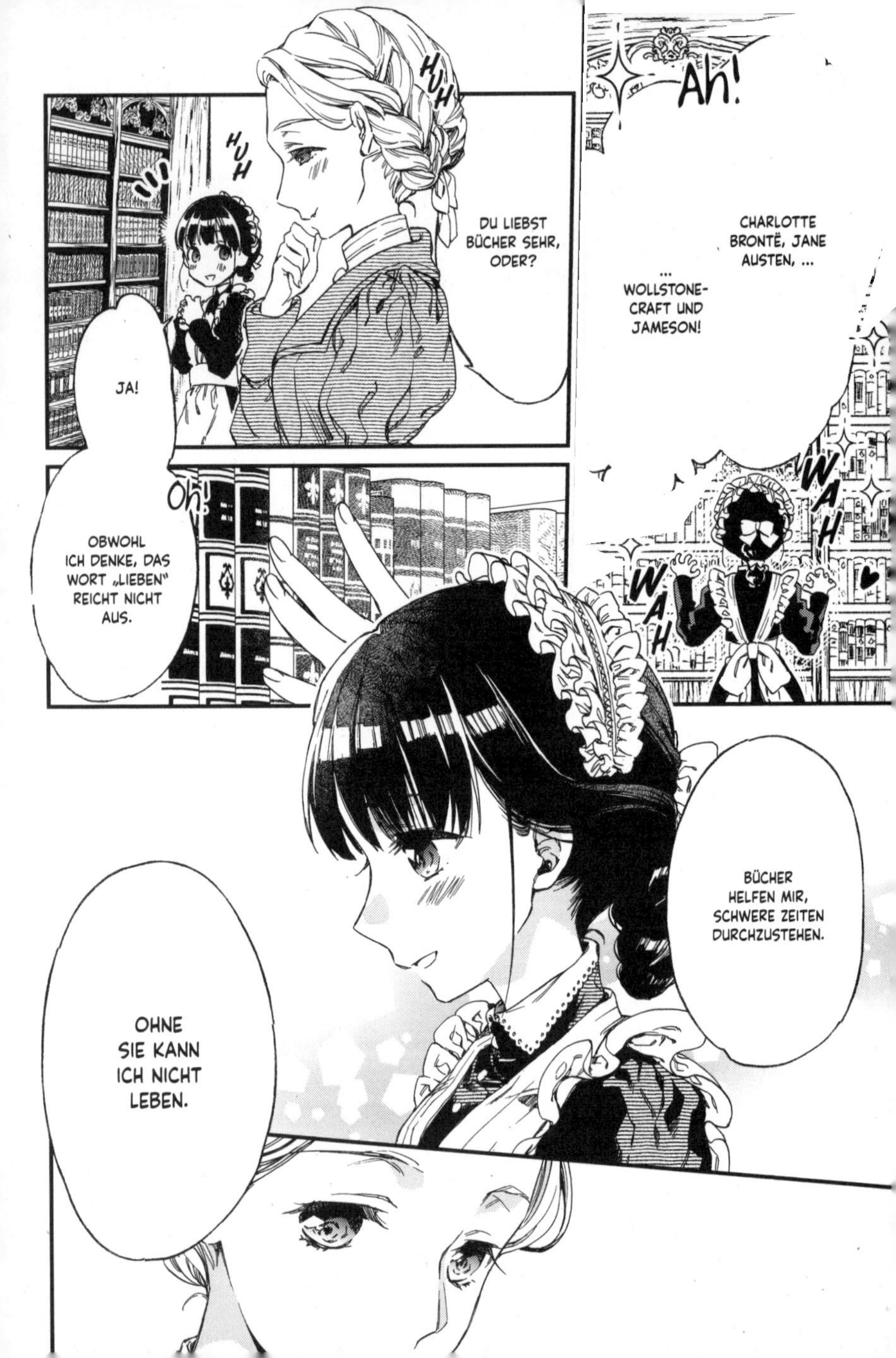
Ah!
CHARLOTTE BRONTË, JANE AUSTEN, ...
... WOLLSTONECRAFT UND JAMESON!
WAH WAH
WAH WAH
HUH HUH
HUH HUH
DU LIEBST BÜCHER SEHR, ODER?
JA!
Oh!
OBWOHL ICH DENKE, DAS WORT „LIEBEN" REICHT NICHT AUS.
BÜCHER HELFEN MIR, SCHWERE ZEITEN DURCHZUSTEHEN.
OHNE SIE KANN ICH NICHT LEBEN.

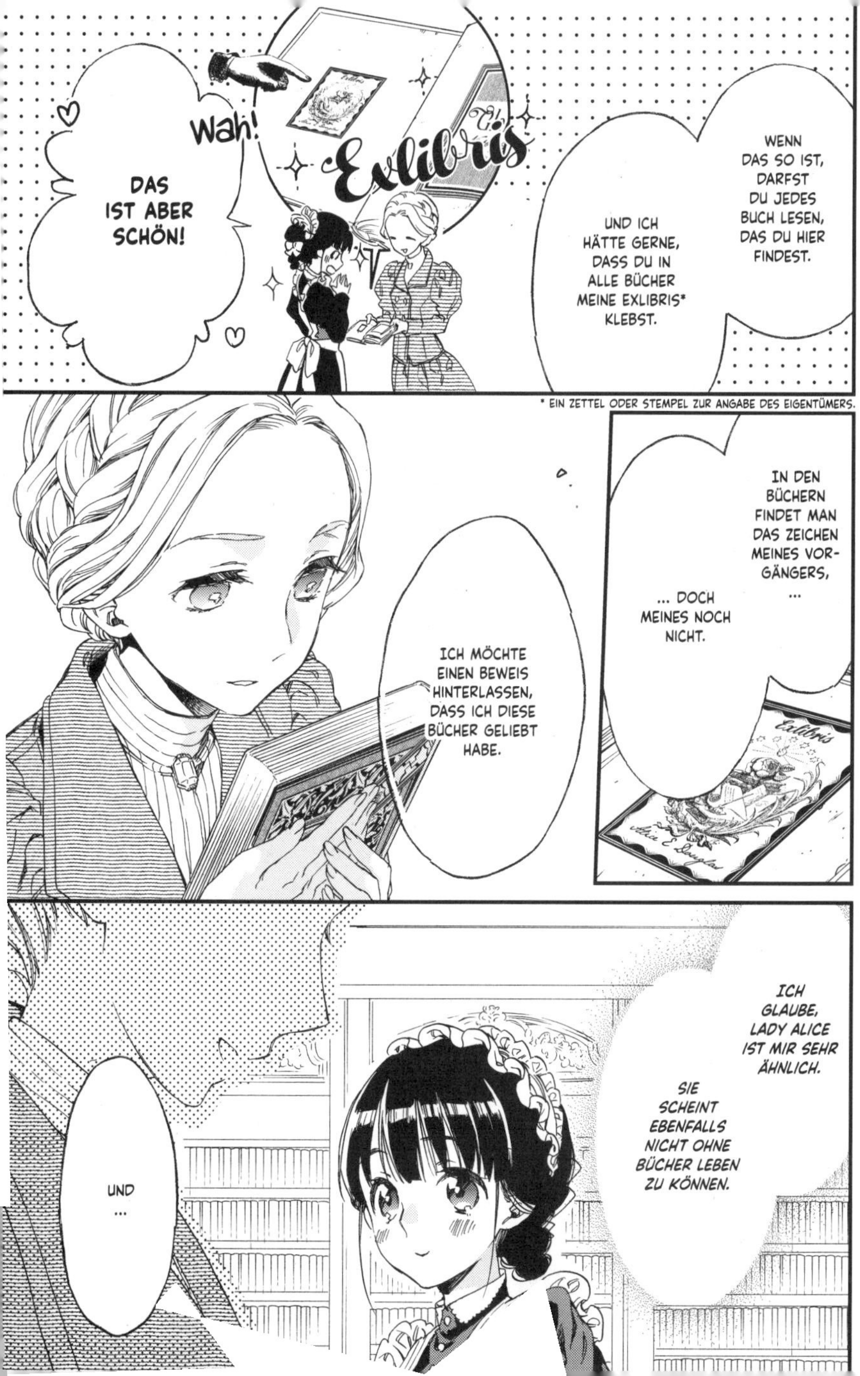

* EIN ZETTEL ODER STEMPEL ZUR ANGABE DES EIGENTÜMERS.

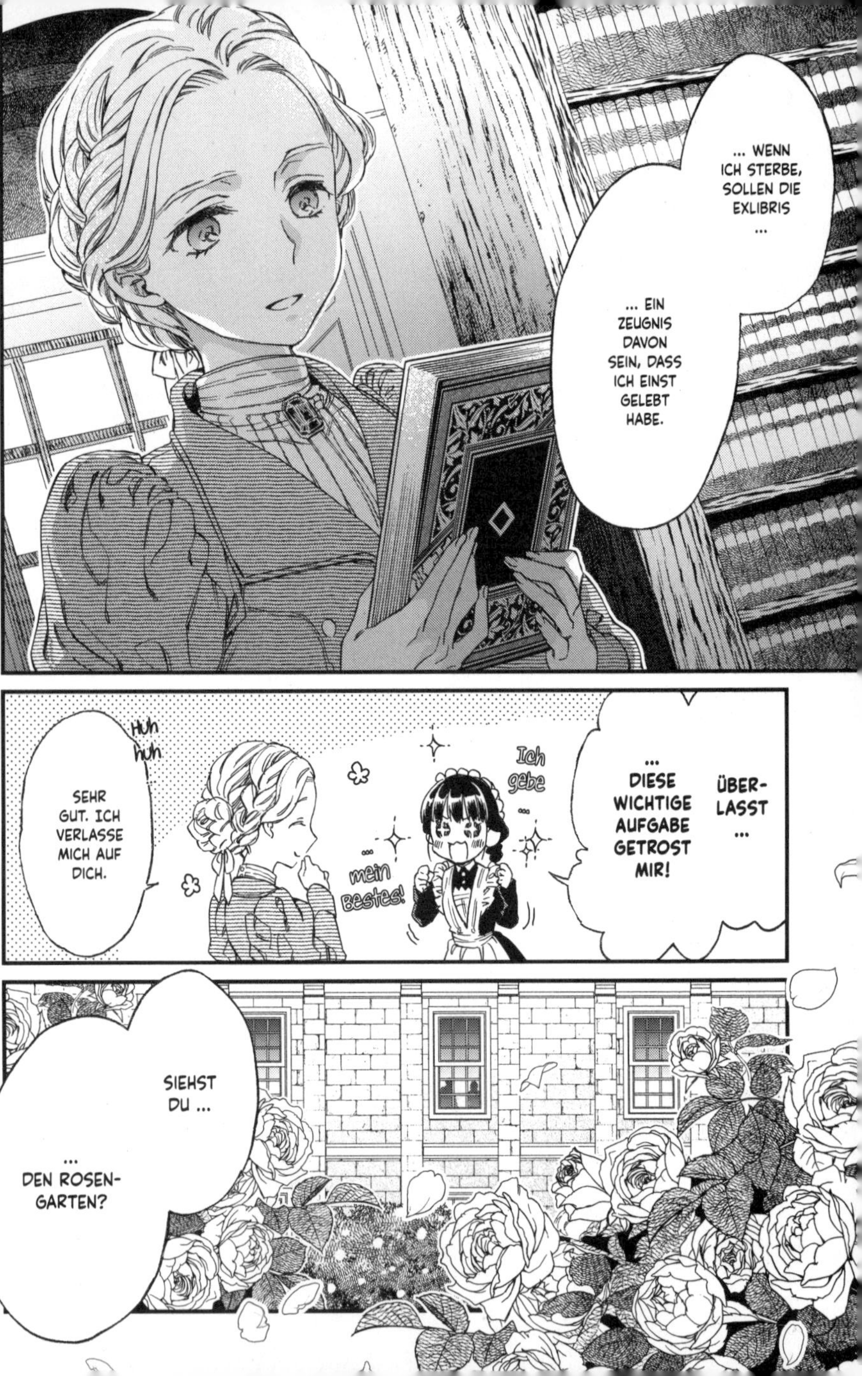
... WENN ICH STERBE, SOLLEN DIE EXLIBRIS ...
... EIN ZEUGNIS DAVON SEIN, DASS ICH EINST GELEBT HABE.
ÜBER-LASST ...
... DIESE WICHTIGE AUFGABE GETROST MIR!
Ich gebe ...
... mein Bestes!
Huh huh
SEHR GUT. ICH VERLASSE MICH AUF DICH.
SIEHST DU ...
... DEN ROSEN-GARTEN?

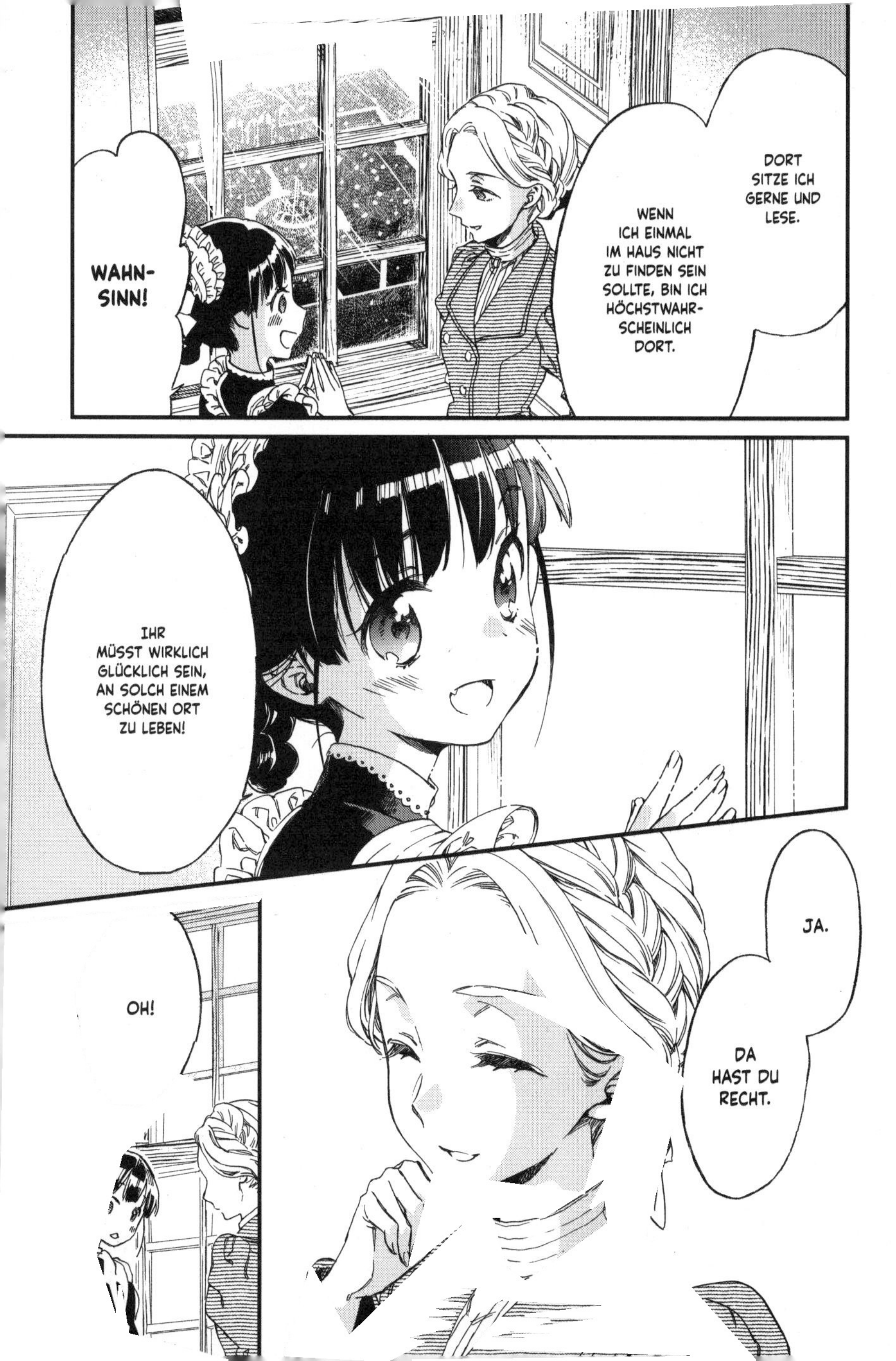
DORT SITZE ICH GERNE UND LESE.
WENN ICH EINMAL IM HAUS NICHT ZU FINDEN SEIN SOLLTE, BIN ICH HÖCHSTWAHR-SCHEINLICH DORT.
WAHN-SINN!
IHR MÜSST WIRKLICH GLÜCKLICH SEIN, AN SOLCH EINEM SCHÖNEN ORT ZU LEBEN!
JA.
DA HAST DU RECHT.
OH!

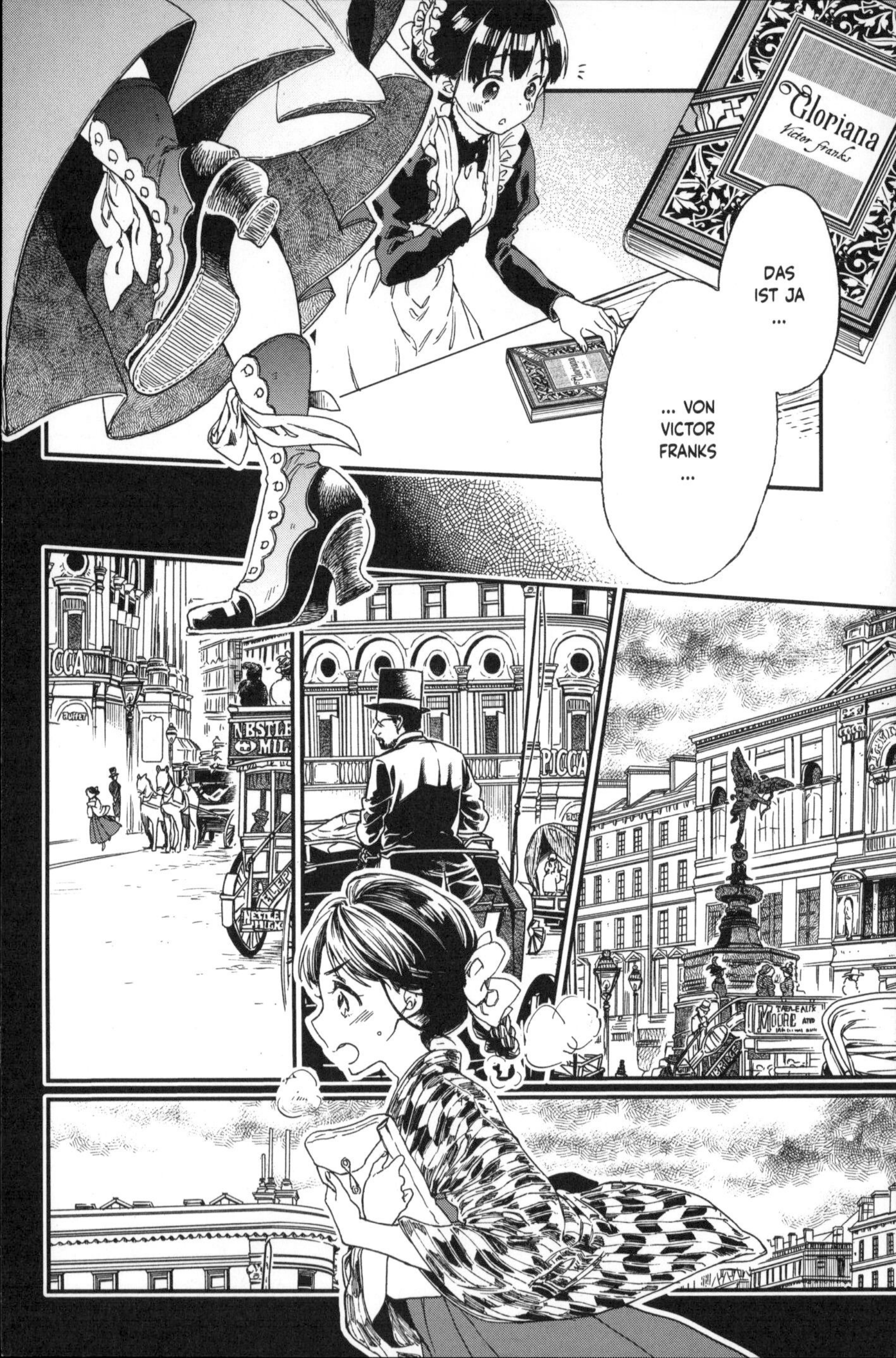
Gloriana
Victor franks
DAS IST JA …
… VON VICTOR FRANKS …

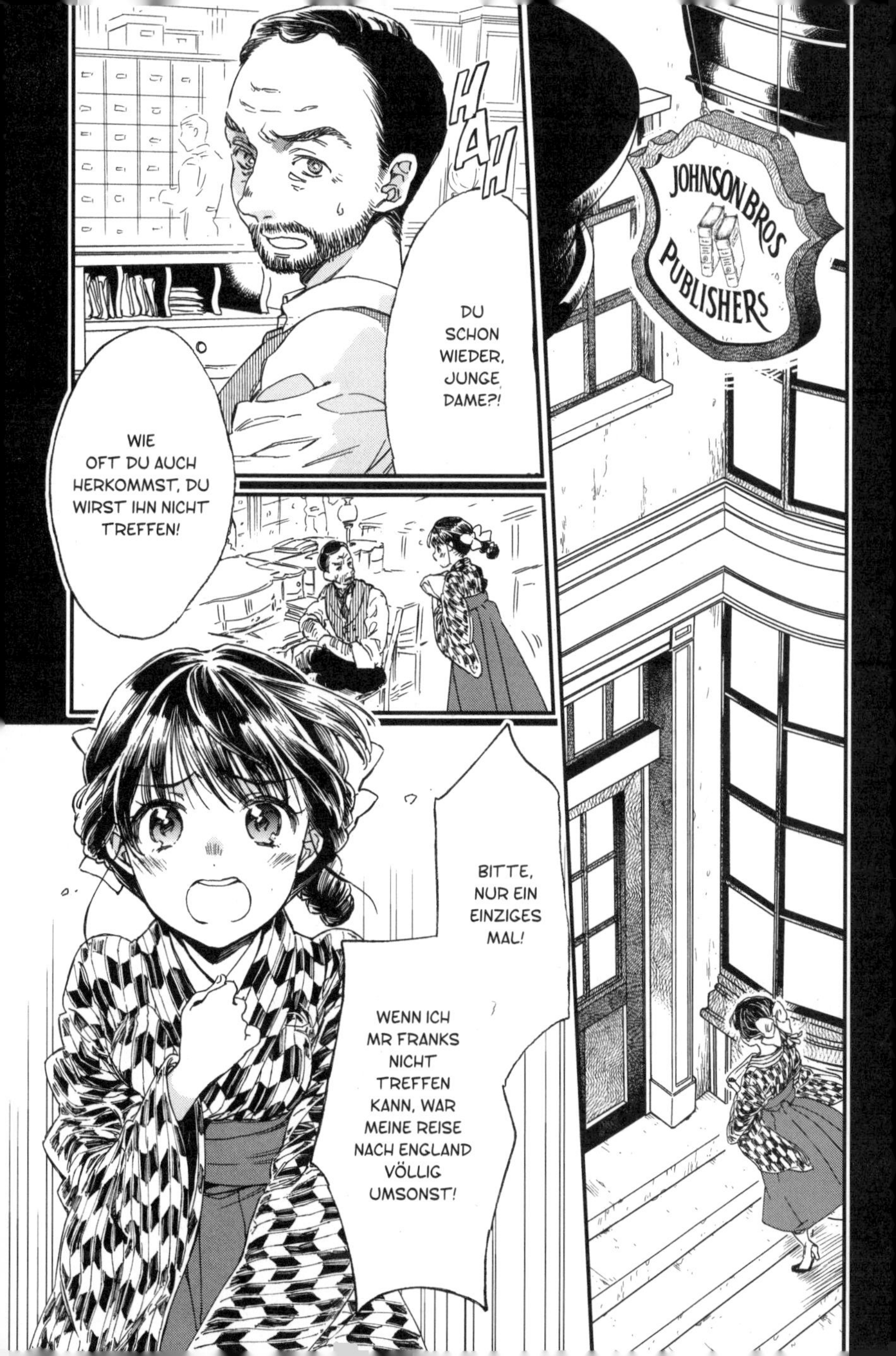
JOHNSON BROS PUBLISHERS
HAH
DU SCHON WIEDER, JUNGE DAME?!
WIE OFT DU AUCH HERKOMMST, DU WIRST IHN NICHT TREFFEN!
BITTE, NUR EIN EINZIGES MAL!
WENN ICH MR FRANKS NICHT TREFFEN KANN, WAR MEINE REISE NACH ENGLAND VÖLLIG UMSONST!

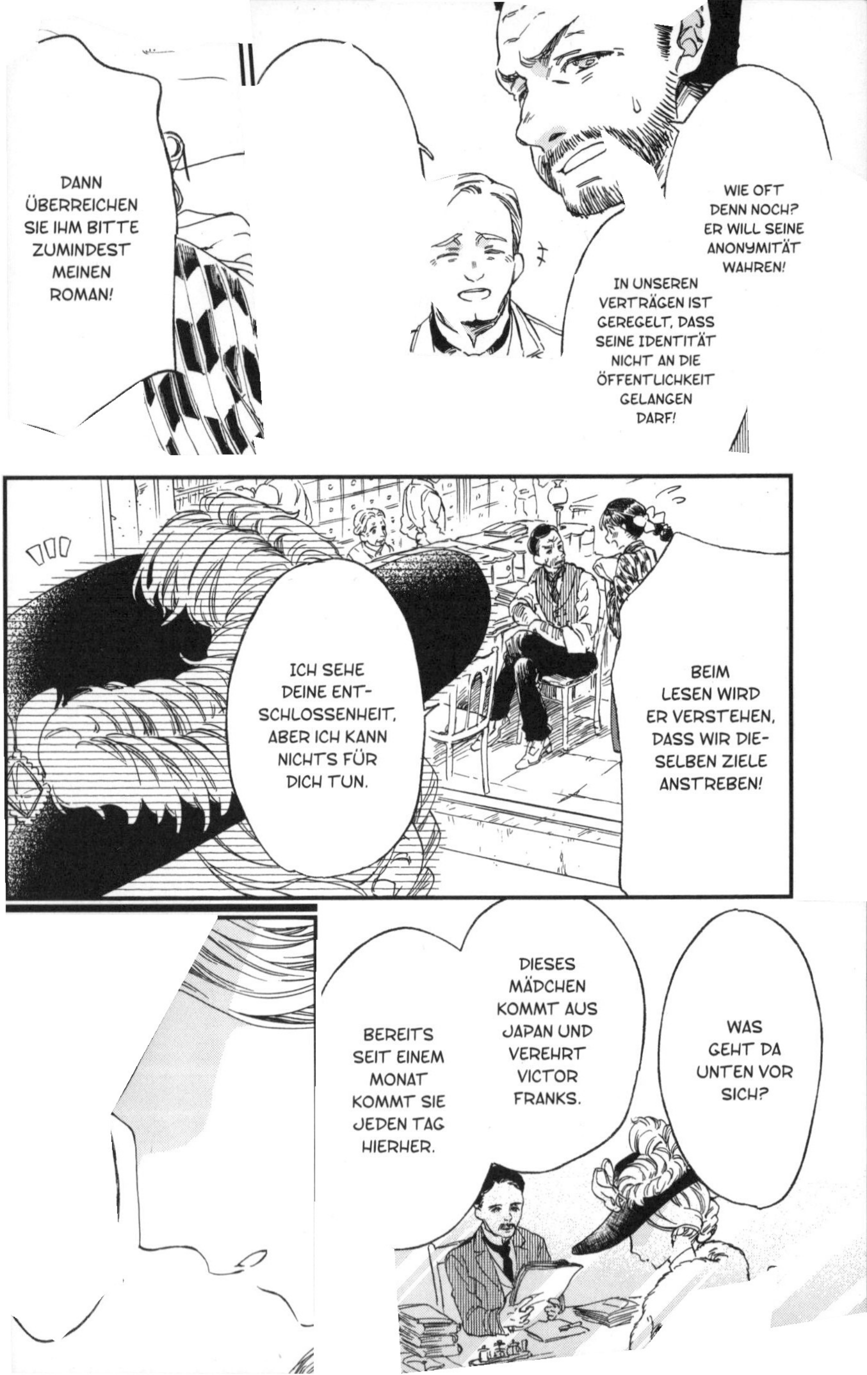
WIE OFT DENN NOCH? ER WILL SEINE ANONYMITÄT WAHREN!
IN UNSEREN VERTRÄGEN IST GEREGELT, DASS SEINE IDENTITÄT NICHT AN DIE ÖFFENTLICHKEIT GELANGEN DARF!
DANN ÜBERREICHEN SIE IHM BITTE ZUMINDEST MEINEN ROMAN!
BEIM LESEN WIRD ER VERSTEHEN, DASS WIR DIESELBEN ZIELE ANSTREBEN!
ICH SEHE DEINE ENTSCHLOSSENHEIT, ABER ICH KANN NICHTS FÜR DICH TUN.
WAS GEHT DA UNTEN VOR SICH?
DIESES MÄDCHEN KOMMT AUS JAPAN UND VEREHRT VICTOR FRANKS.
BEREITS SEIT EINEM MONAT KOMMT SIE JEDEN TAG HIERHER.

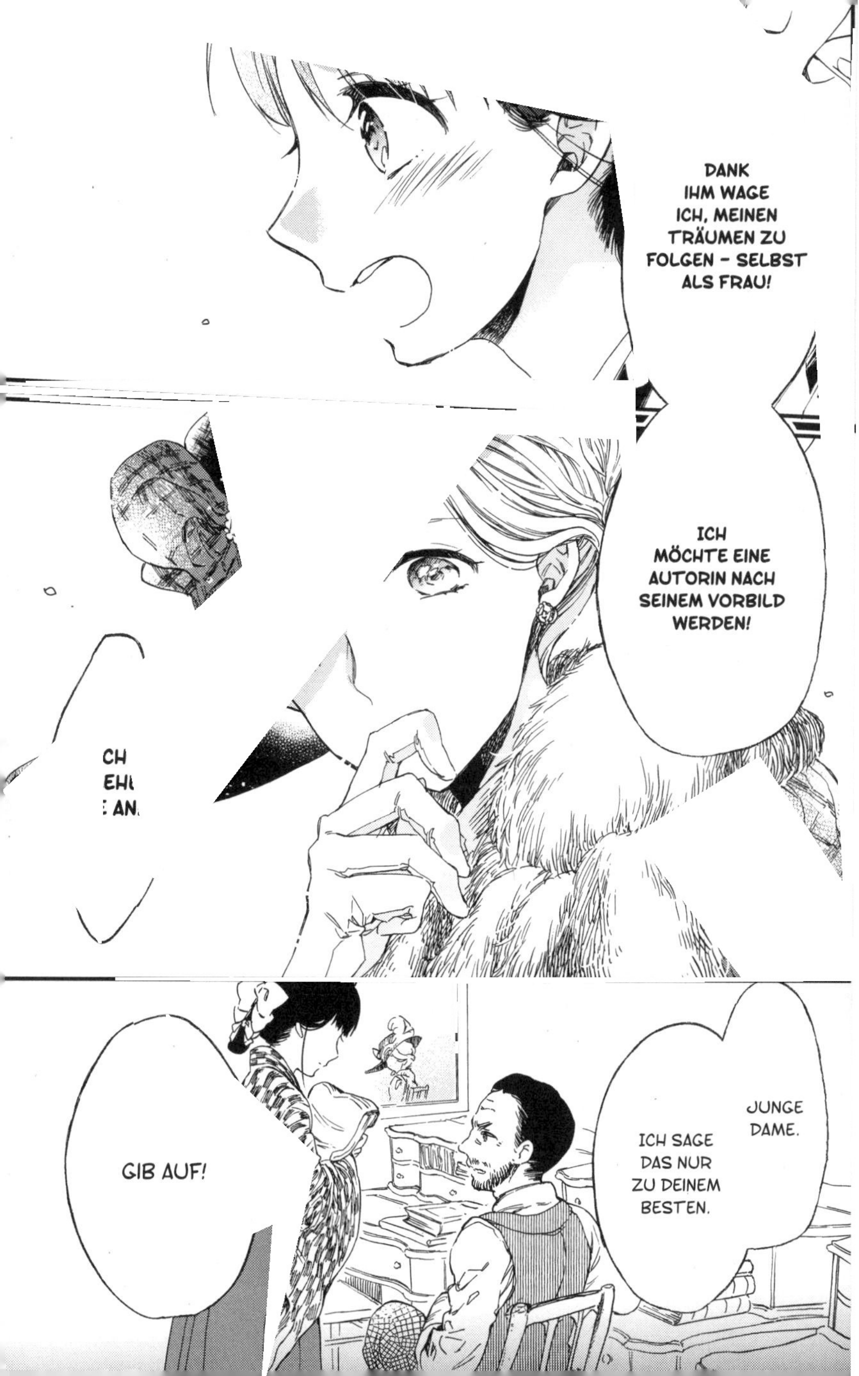
DANK IHM WAGE ICH, MEINEN TRÄUMEN ZU FOLGEN – SELBST ALS FRAU!
ICH MÖCHTE EINE AUTORIN NACH SEINEM VORBILD WERDEN!
JUNGE DAME.
ICH SAGE DAS NUR ZU DEINEM BESTEN.
GIB AUF!

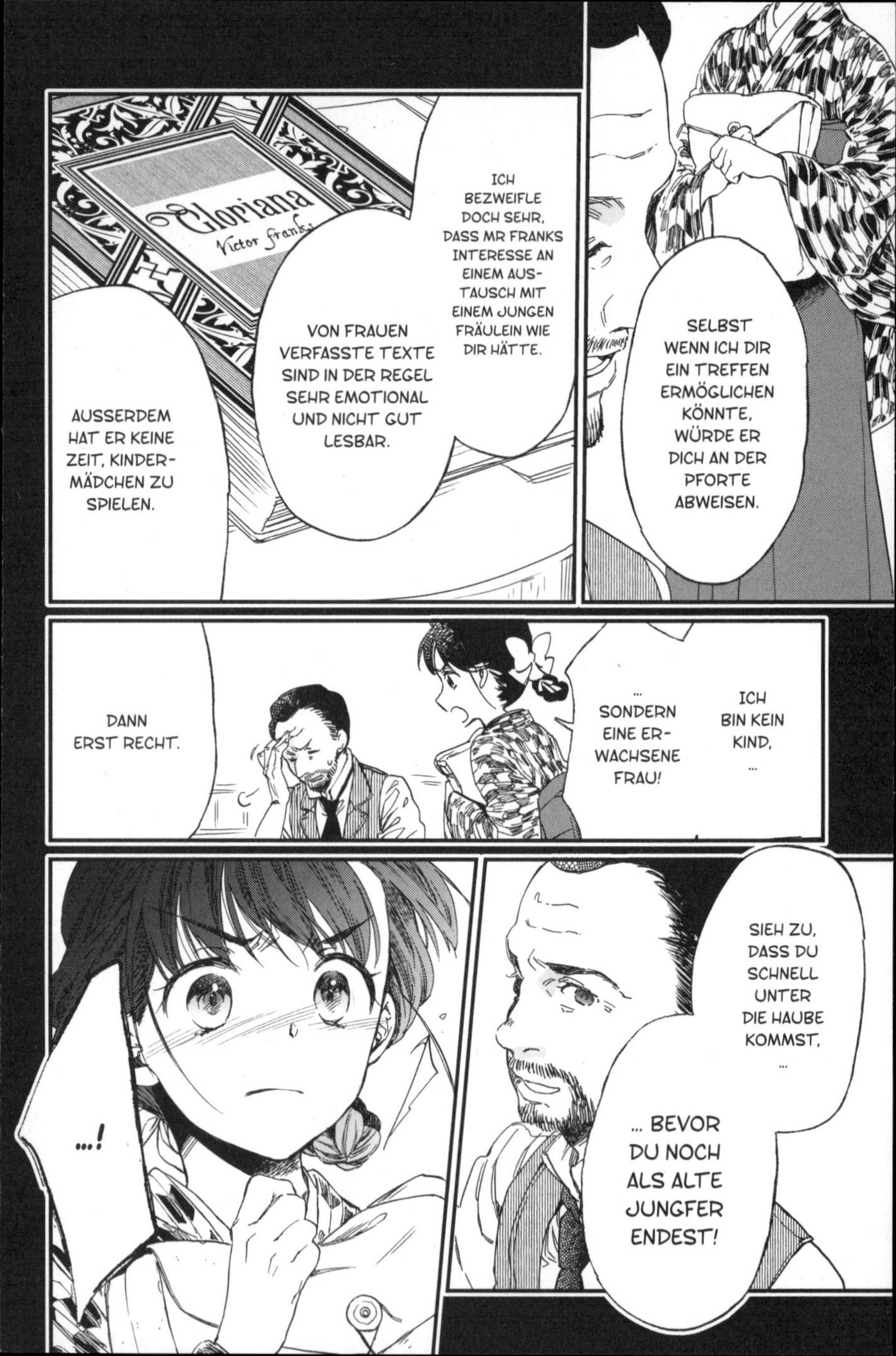
SELBST WENN ICH DIR EIN TREFFEN ERMÖGLICHEN KÖNNTE, WÜRDE ER DICH AN DER PFORTE ABWEISEN.
ICH BEZWEIFLE DOCH SEHR, DASS MR FRANKS INTERESSE AN EINEM AUS-TAUSCH MIT EINEM JUNGEN FRÄULEIN WIE DIR HÄTTE.
VON FRAUEN VERFASSTE TEXTE SIND IN DER REGEL SEHR EMOTIONAL UND NICHT GUT LESBAR.
AUSSERDEM HAT ER KEINE ZEIT, KINDER-MÄDCHEN ZU SPIELEN.
ICH BIN KEIN KIND, ...
... SONDERN EINE ER-WACHSENE FRAU!
DANN ERST RECHT.
SIEH ZU, DASS DU SCHNELL UNTER DIE HAUBE KOMMST, ...
... BEVOR DU NOCH ALS ALTE JUNGFER ENDEST!
...!

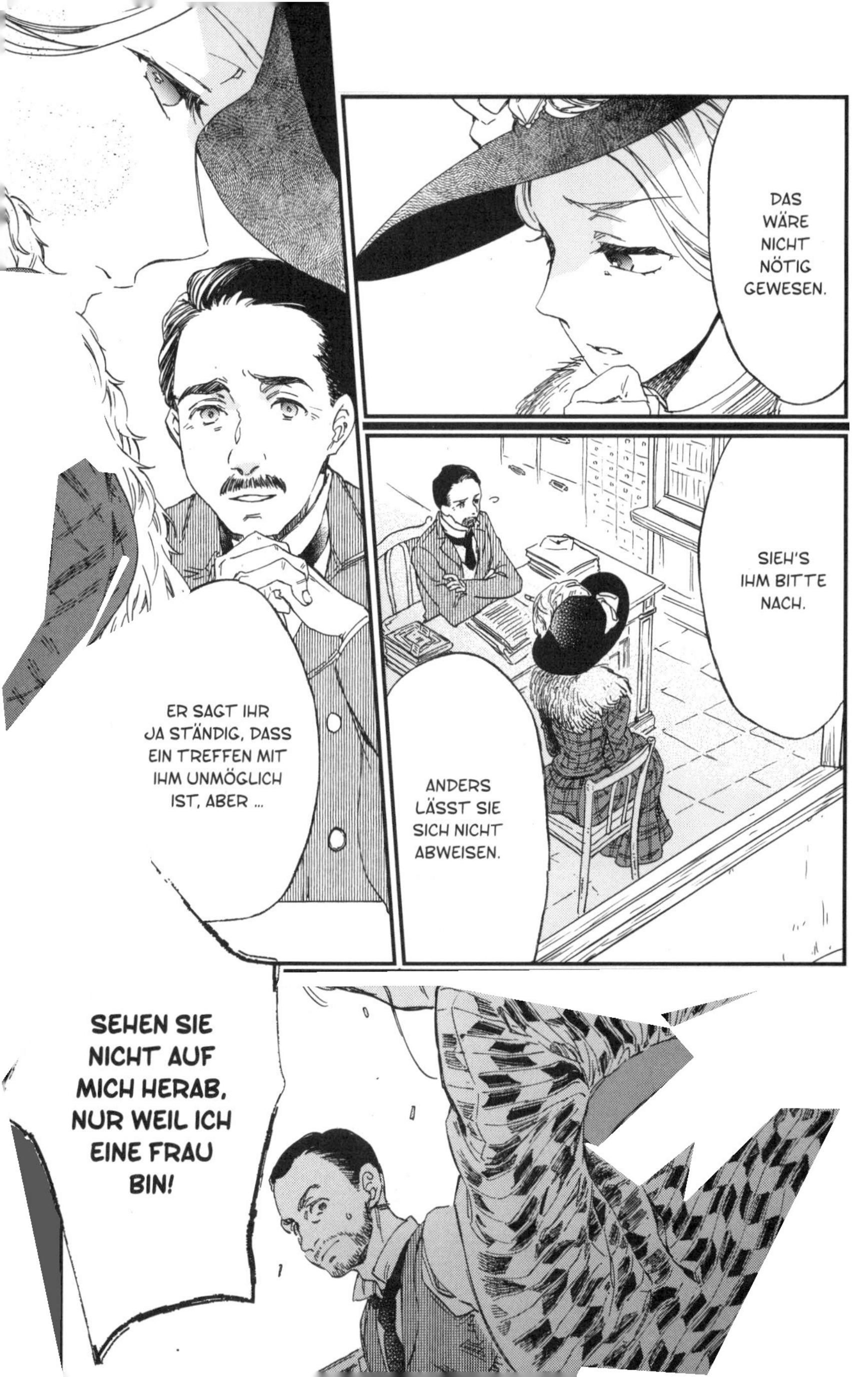
DAS WÄRE NICHT NÖTIG GEWESEN.
SIEH'S IHM BITTE NACH.
ANDERS LÄSST SIE SICH NICHT ABWEISEN.
ER SAGT IHR JA STÄNDIG, DASS EIN TREFFEN MIT IHM UNMÖGLICH IST, ABER ...
SEHEN SIE NICHT AUF MICH HERAB, NUR WEIL ICH EINE FRAU BIN!

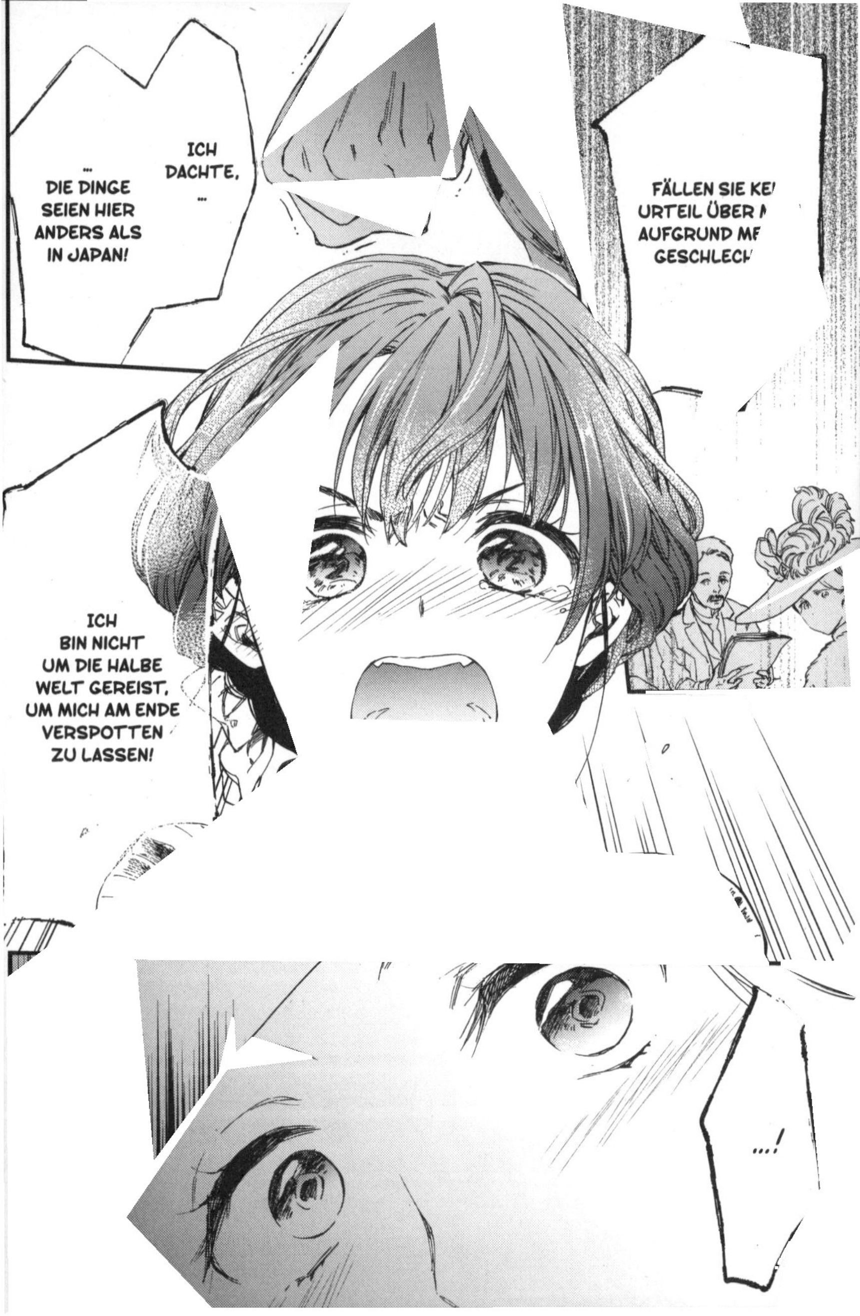
FÄLLEN SIE KE
URTEIL ÜBER M
AUFGRUND ME
GESCHLECH
ICH DACHTE, ...
... DIE DINGE SEIEN HIER ANDERS ALS IN JAPAN!
ICH BIN NICHT UM DIE HALBE WELT GEREIST, UM MICH AM ENDE VERSPOTTEN ZU LASSEN!
...!

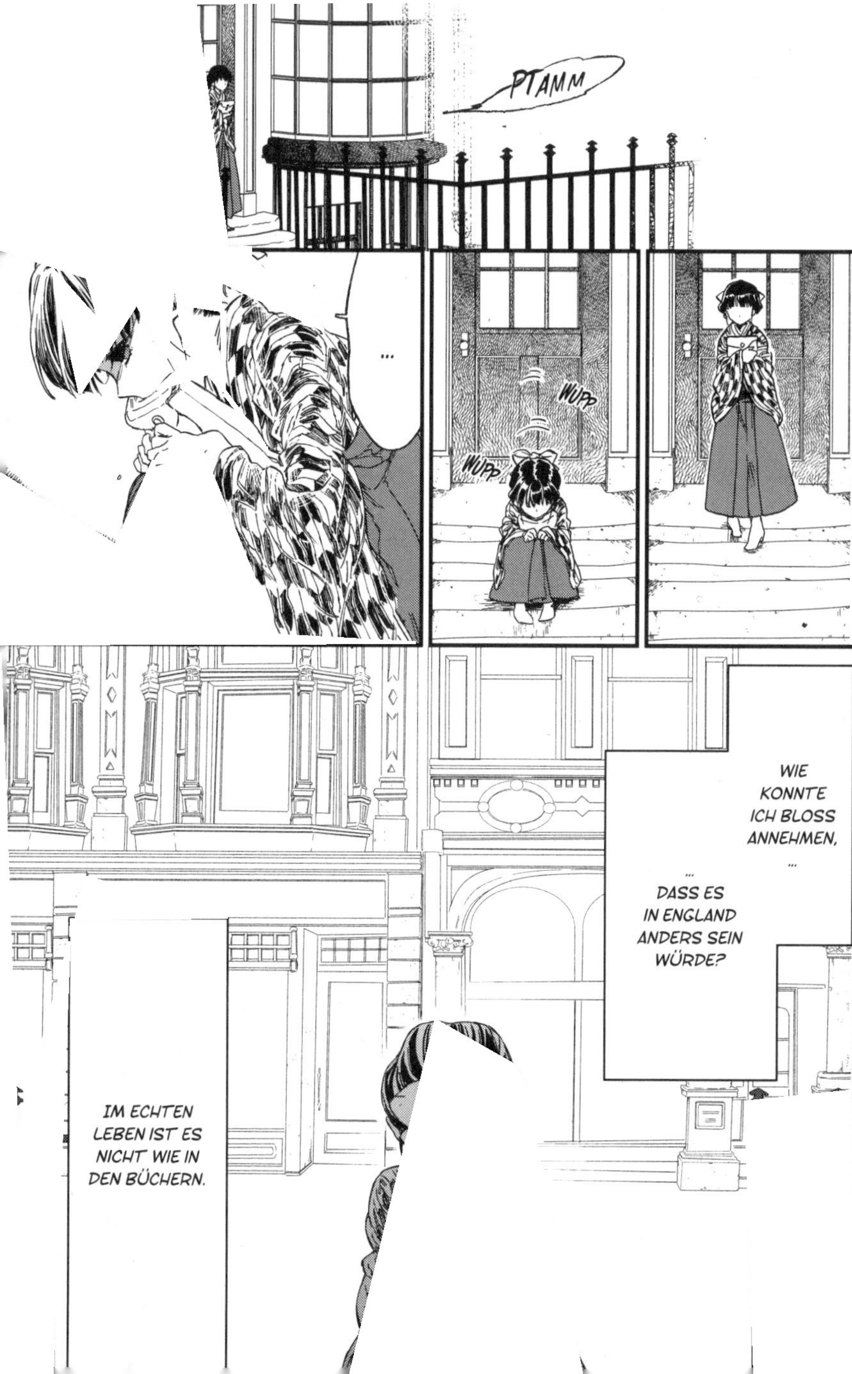
PTAMM
...
WUPP
WUPP
WIE KONNTE ICH BLOSS ANNEHMEN, ...
... DASS ES IN ENGLAND ANDERS SEIN WÜRDE?
IM ECHTEN LEBEN IST ES NICHT WIE IN DEN BÜCHERN.

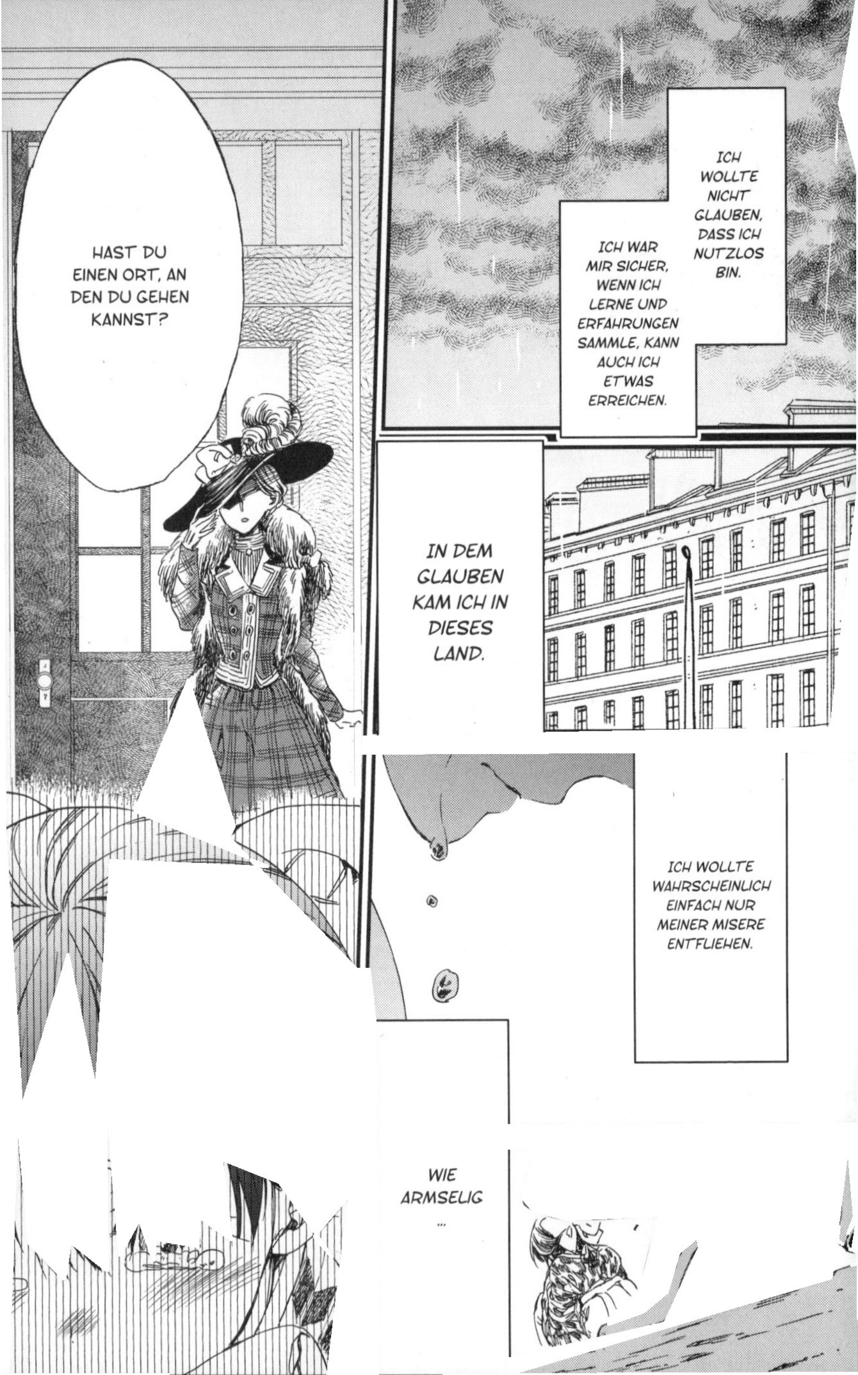
ICH WOLLTE NICHT GLAUBEN, DASS ICH NUTZLOS BIN.
ICH WAR MIR SICHER, WENN ICH LERNE UND ERFAHRUNGEN SAMMLE, KANN AUCH ICH ETWAS ERREICHEN.
HAST DU EINEN ORT, AN DEN DU GEHEN KANNST?
IN DEM GLAUBEN KAM ICH IN DIESES LAND.
ICH WOLLTE WAHRSCHEINLICH EINFACH NUR MEINER MISERE ENTFLIEHEN.
WIE ARMSELIG …

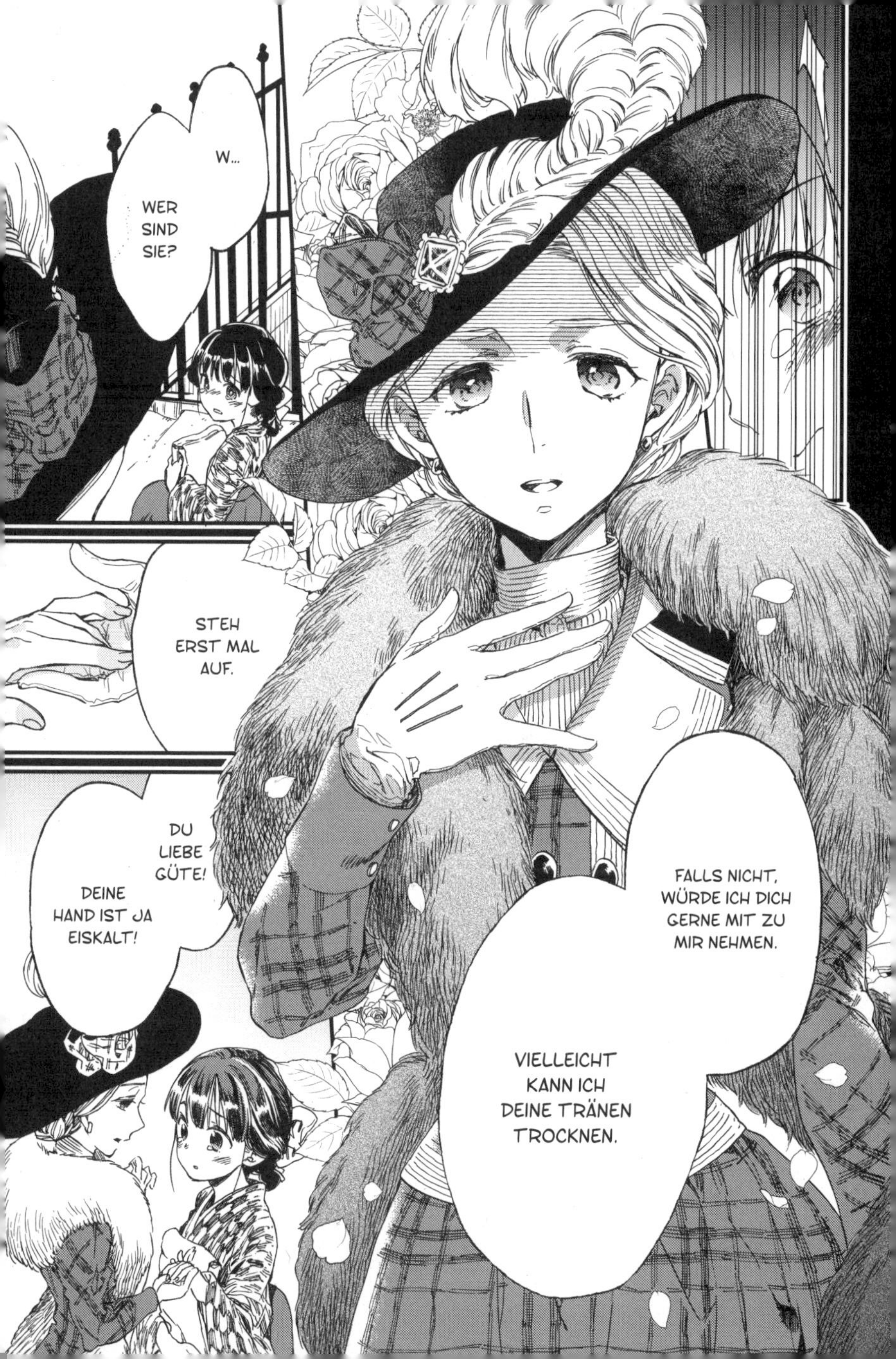
W...
WER SIND SIE?
STEH ERST MAL AUF.
DU LIEBE GÜTE!
DEINE HAND IST JA EISKALT!
FALLS NICHT, WÜRDE ICH DICH GERNE MIT ZU MIR NEHMEN.
VIELLEICHT KANN ICH DEINE TRÄNEN TROCKNEN.

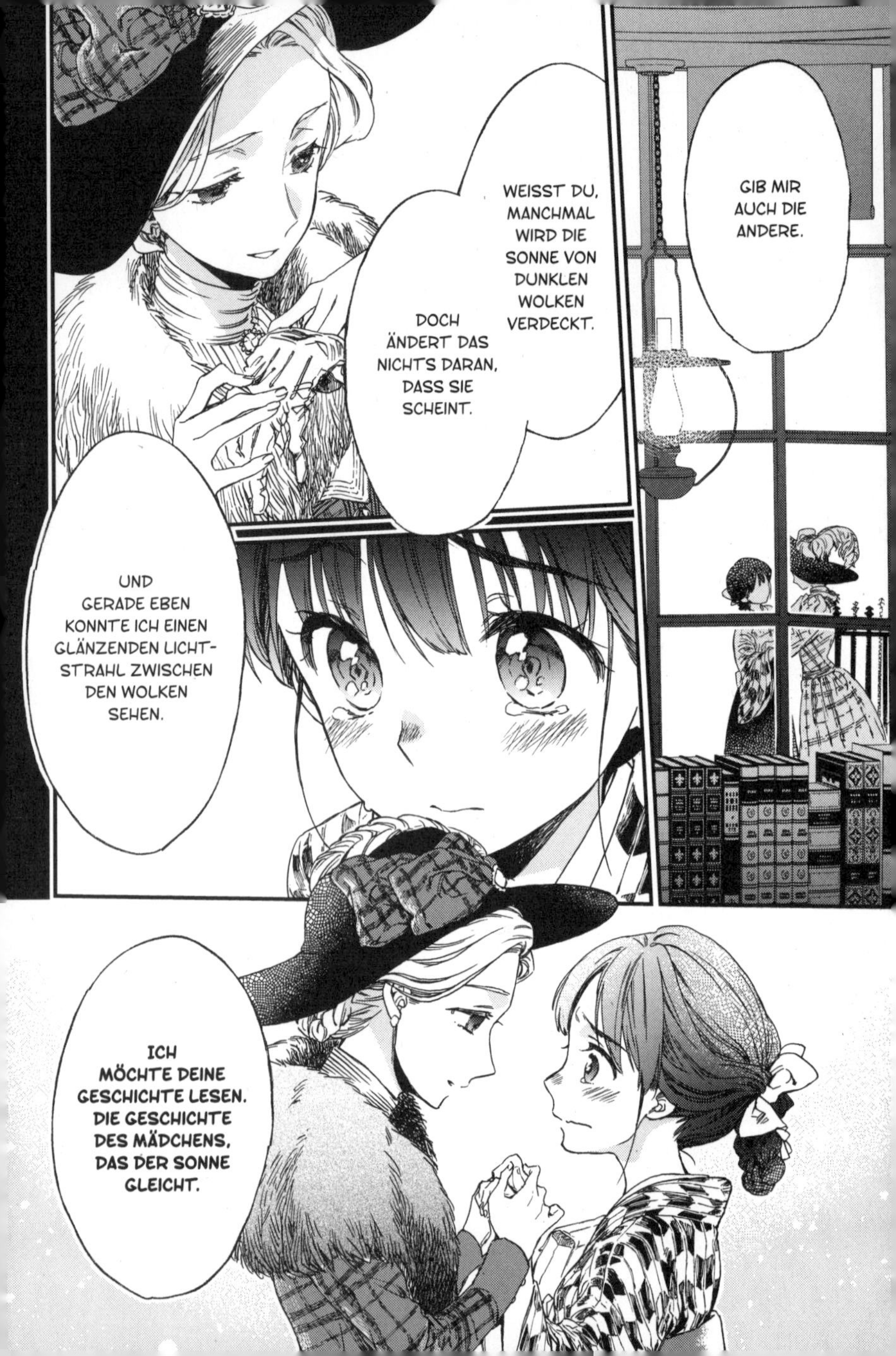
GIB MIR AUCH DIE ANDERE.
WEISST DU, MANCHMAL WIRD DIE SONNE VON DUNKLEN WOLKEN VERDECKT.
DOCH ÄNDERT DAS NICHTS DARAN, DASS SIE SCHEINT.
UND GERADE EBEN KONNTE ICH EINEN GLÄNZENDEN LICHT-STRAHL ZWISCHEN DEN WOLKEN SEHEN.
ICH MÖCHTE DEINE GESCHICHTE LESEN. DIE GESCHICHTE DES MÄDCHENS, DAS DER SONNE GLEICHT.

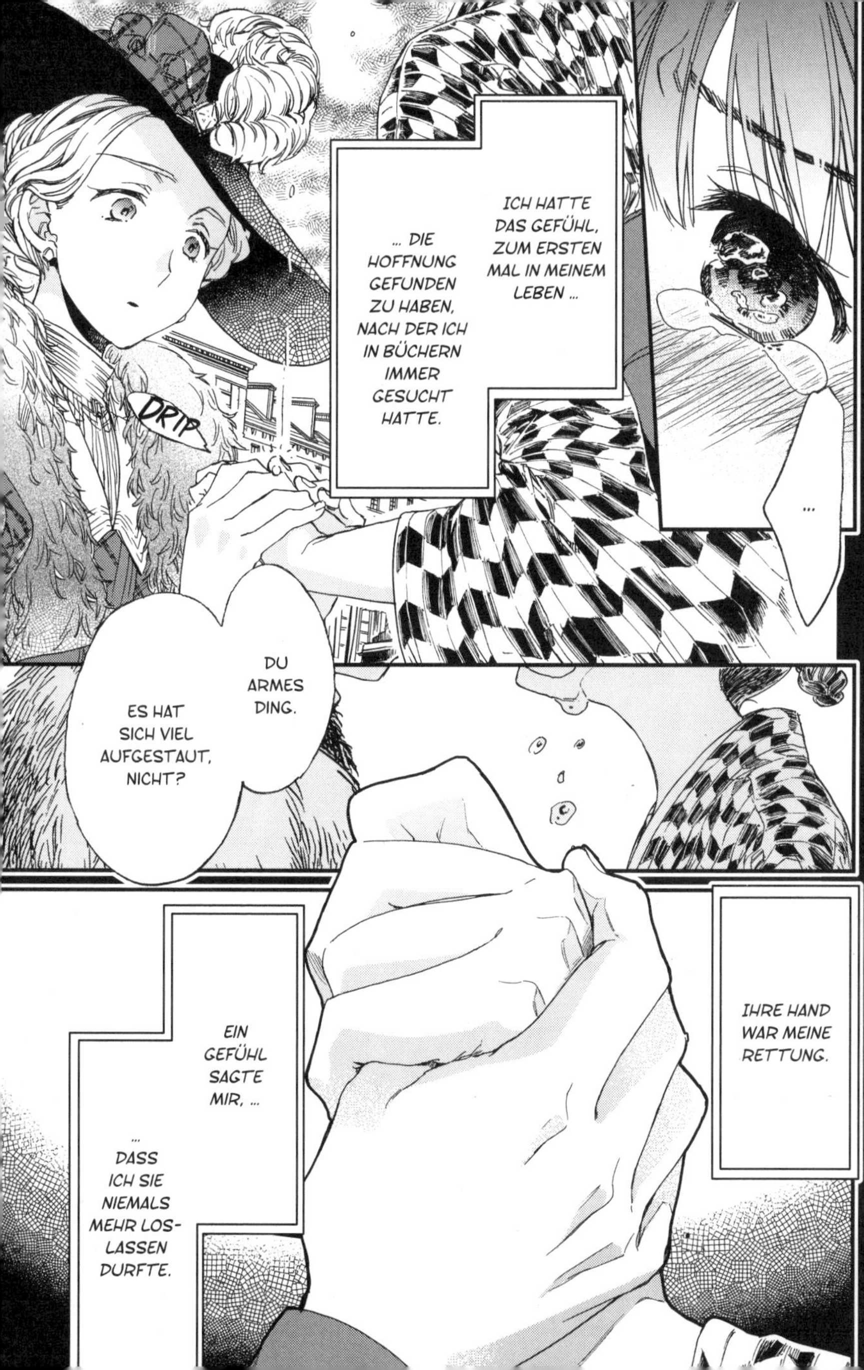
ICH HATTE DAS GEFÜHL, ZUM ERSTEN MAL IN MEINEM LEBEN ...
... DIE HOFFNUNG GEFUNDEN ZU HABEN, NACH DER ICH IN BÜCHERN IMMER GESUCHT HATTE.
...
DRIP
DU ARMES DING.
ES HAT SICH VIEL AUFGESTAUT, NICHT?
IHRE HAND WAR MEINE RETTUNG.
EIN GEFÜHL SAGTE MIR, ...
... DASS ICH SIE NIEMALS MEHR LOS-LASSEN DURFTE.

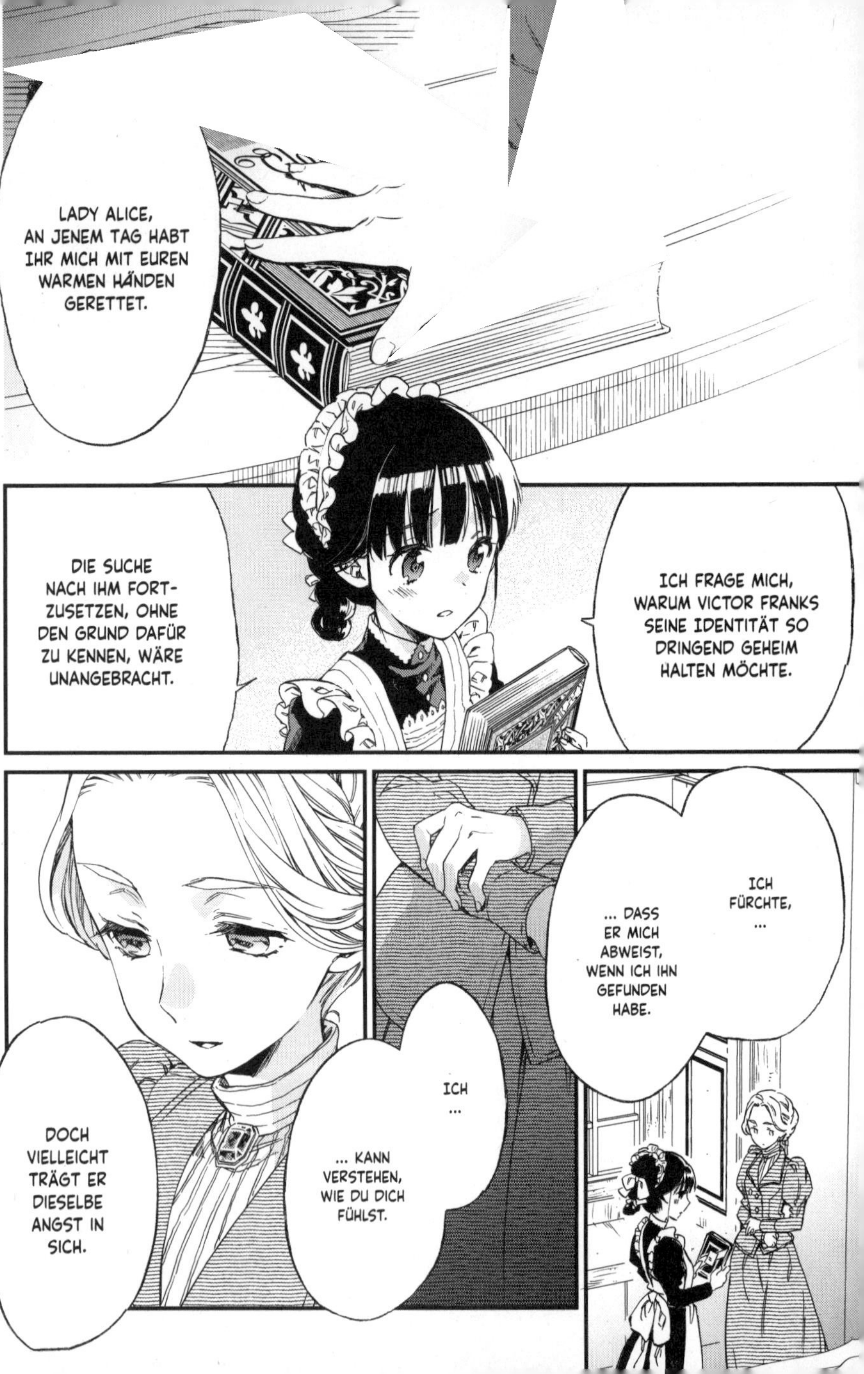
LADY ALICE, AN JENEM TAG HABT IHR MICH MIT EUREN WARMEN HÄNDEN GERETTET.
ICH FRAGE MICH, WARUM VICTOR FRANKS SEINE IDENTITÄT SO DRINGEND GEHEIM HALTEN MÖCHTE.
DIE SUCHE NACH IHM FORT-ZUSETZEN, OHNE DEN GRUND DAFÜR ZU KENNEN, WÄRE UNANGEBRACHT.
ICH FÜRCHTE, ...
... DASS ER MICH ABWEIST, WENN ICH IHN GEFUNDEN HABE.
ICH ...
... KANN VERSTEHEN, WIE DU DICH FÜHLST.
DOCH VIELLEICHT TRÄGT ER DIESELBE ANGST IN SICH.

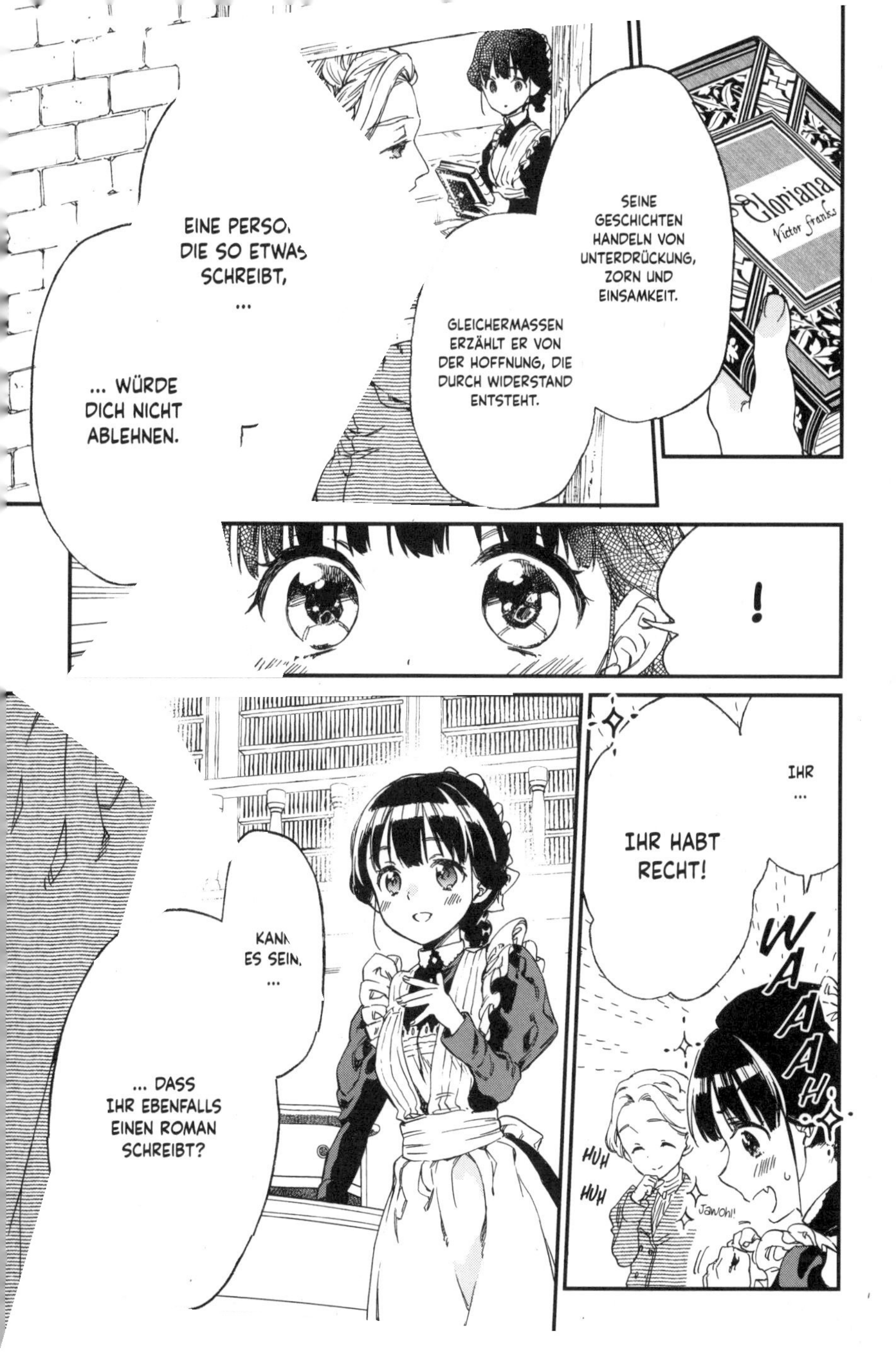
Gloriana
Victor Franks
SEINE GESCHICHTEN HANDELN VON UNTERDRÜCKUNG, ZORN UND EINSAMKEIT.
GLEICHERMASSEN ERZÄHLT ER VON DER HOFFNUNG, DIE DURCH WIDERSTAND ENTSTEHT.
EINE PERSO DIE SO ETWAS SCHREIBT, ...
... WÜRDE DICH NICHT ABLEHNEN.
!
IHR ...
IHR HABT RECHT!
WAAAAH
HUH HUH
Jawohl!
KANN ES SEIN ...
... DASS IHR EBENFALLS EINEN ROMAN SCHREIBT?

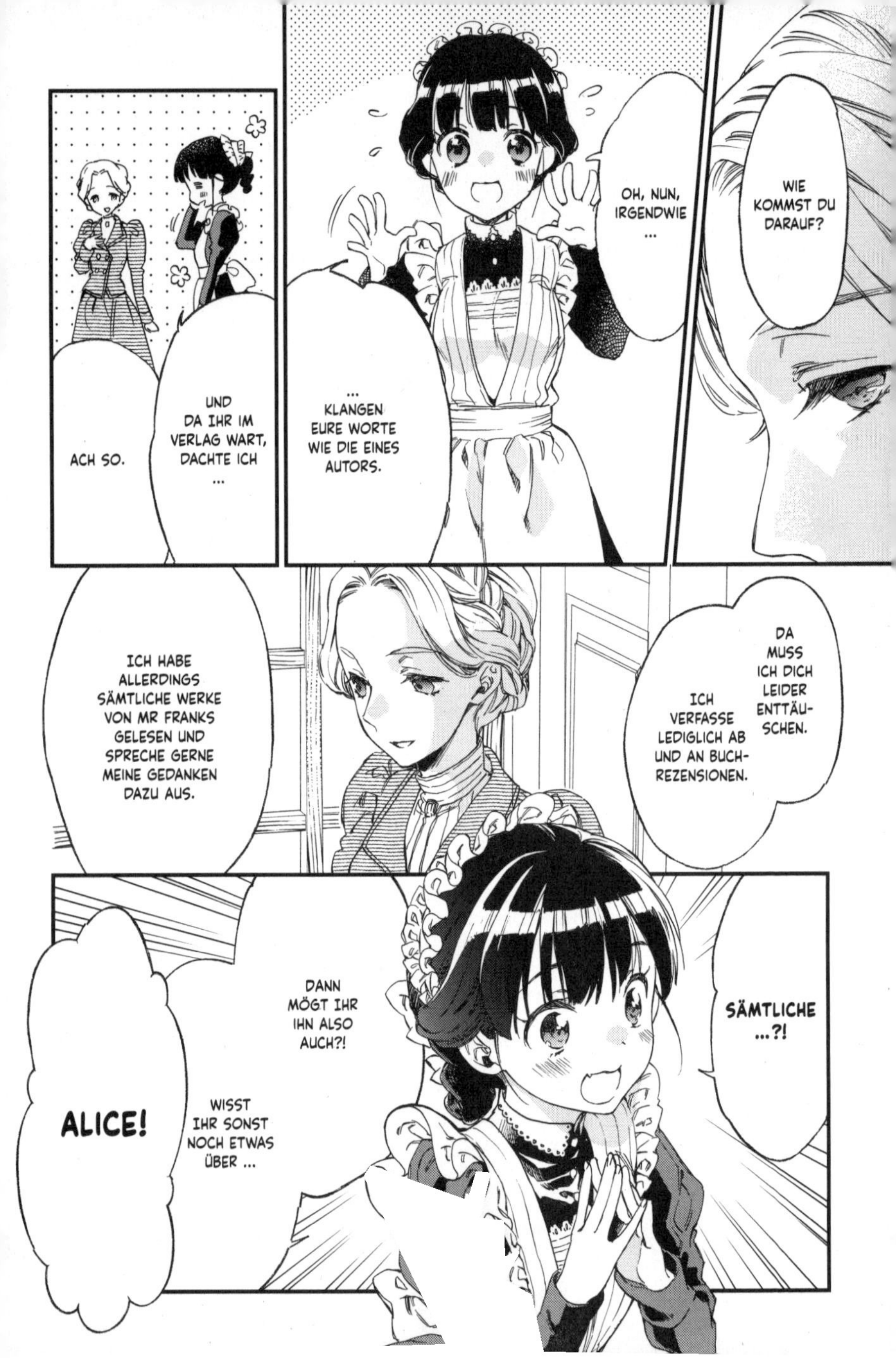
WIE KOMMST DU DARAUF?
OH, NUN, IRGENDWIE ...
... KLANGEN EURE WORTE WIE DIE EINES AUTORS.
UND DA IHR IM VERLAG WART, DACHTE ICH ...
ACH SO.
DA MUSS ICH DICH LEIDER ENTTÄUSCHEN.
ICH VERFASSE LEDIGLICH AB UND AN BUCHREZENSIONEN.
ICH HABE ALLERDINGS SÄMTLICHE WERKE VON MR FRANKS GELESEN UND SPRECHE GERNE MEINE GEDANKEN DAZU AUS.
SÄMTLICHE ...?!
DANN MÖGT IHR IHN ALSO AUCH?!
WISST IHR SONST NOCH ETWAS ÜBER ...
ALICE!

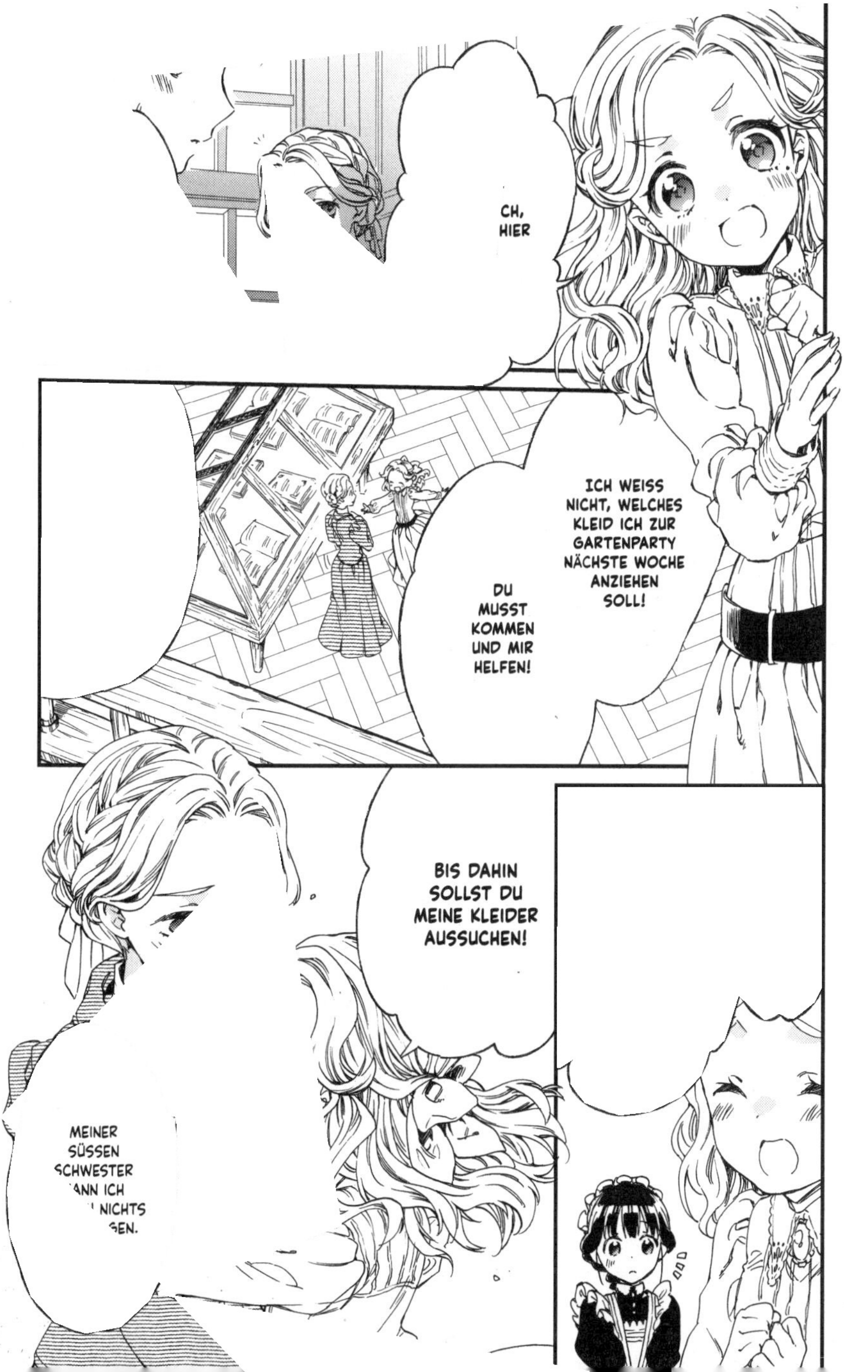
CH, HIER
ICH WEISS NICHT, WELCHES KLEID ICH ZUR GARTENPARTY NÄCHSTE WOCHE ANZIEHEN SOLL!
DU MUSST KOMMEN UND MIR HELFEN!
BIS DAHIN SOLLST DU MEINE KLEIDER AUSSUCHEN!
MEINER SÜSSEN SCHWESTER
NICHTS

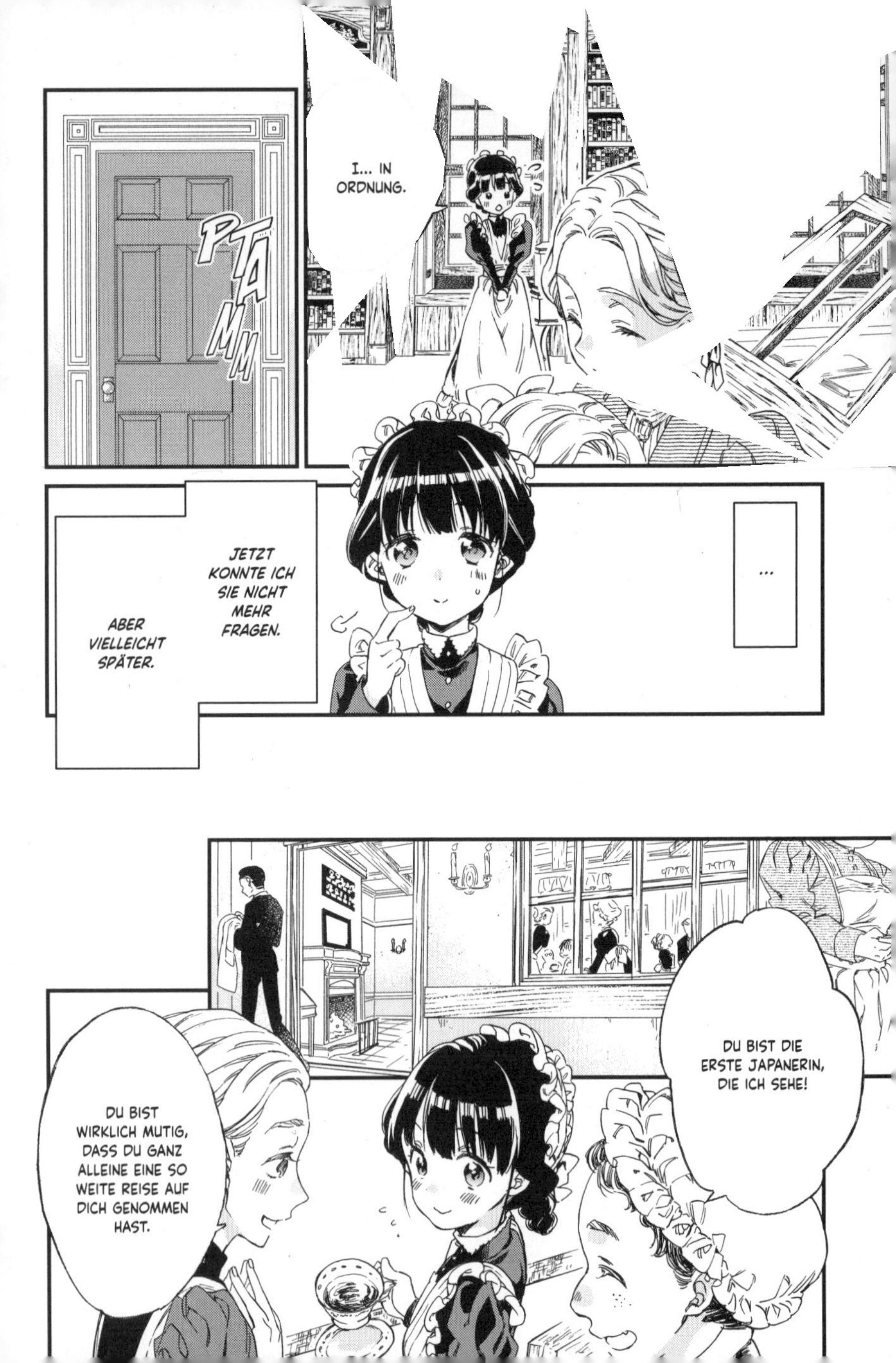
I... IN ORDNUNG.
PTAMM
...
JETZT KONNTE ICH SIE NICHT MEHR FRAGEN.
ABER VIELLEICHT SPÄTER.
DU BIST DIE ERSTE JAPANERIN, DIE ICH SEHE!
DU BIST WIRKLICH MUTIG, DASS DU GANZ ALLEINE EINE SO WEITE REISE AUF DICH GENOMMEN HAST.

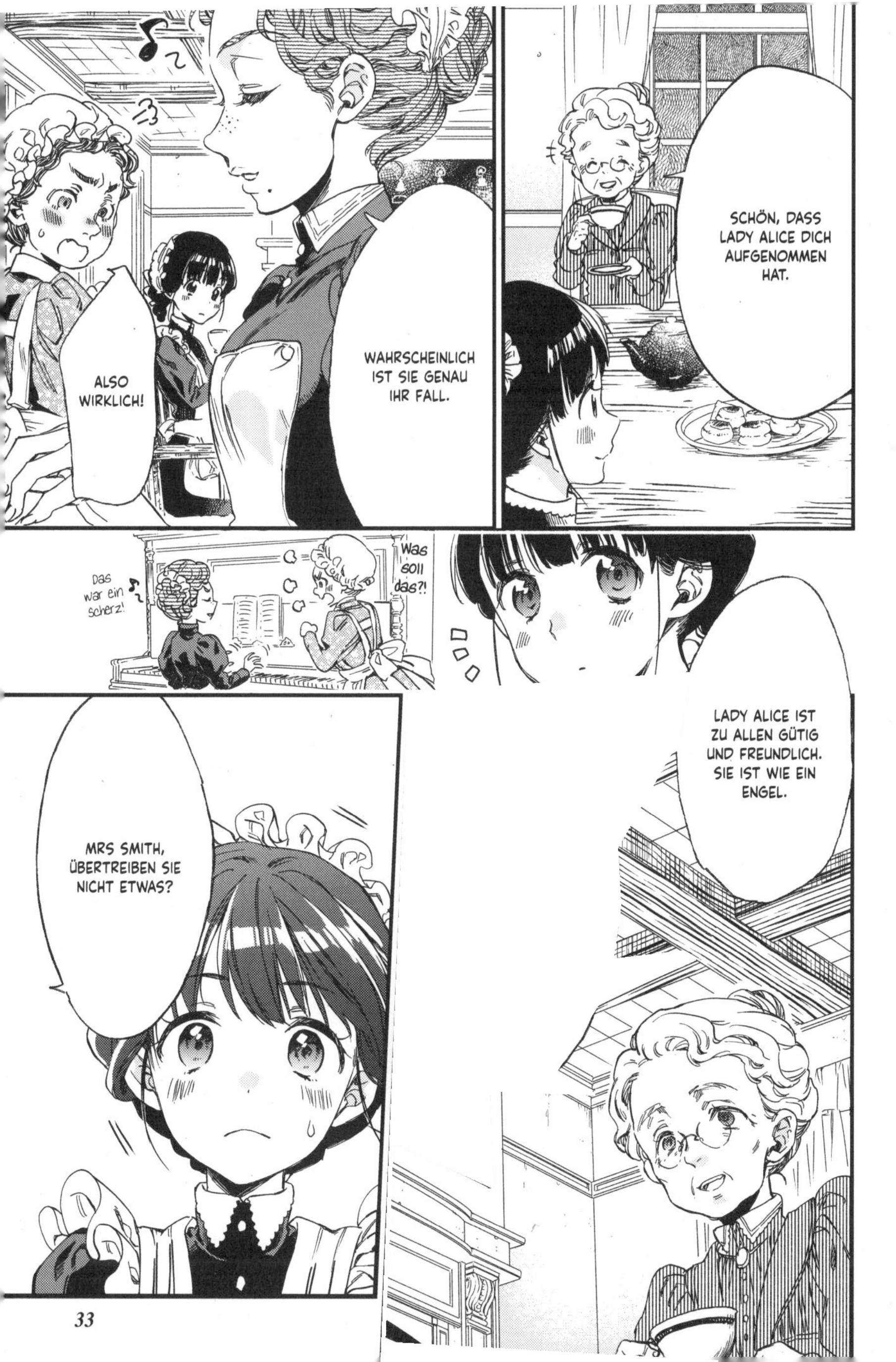
SCHÖN, DASS LADY ALICE DICH AUFGENOMMEN HAT.
WAHRSCHEINLICH IST SIE GENAU IHR FALL.
ALSO WIRKLICH!
Was soll das?!
Das war ein Scherz!
LADY ALICE IST ZU ALLEN GÜTIG UND FREUNDLICH. SIE IST WIE EIN ENGEL.
MRS SMITH, ÜBERTREIBEN SIE NICHT ETWAS?

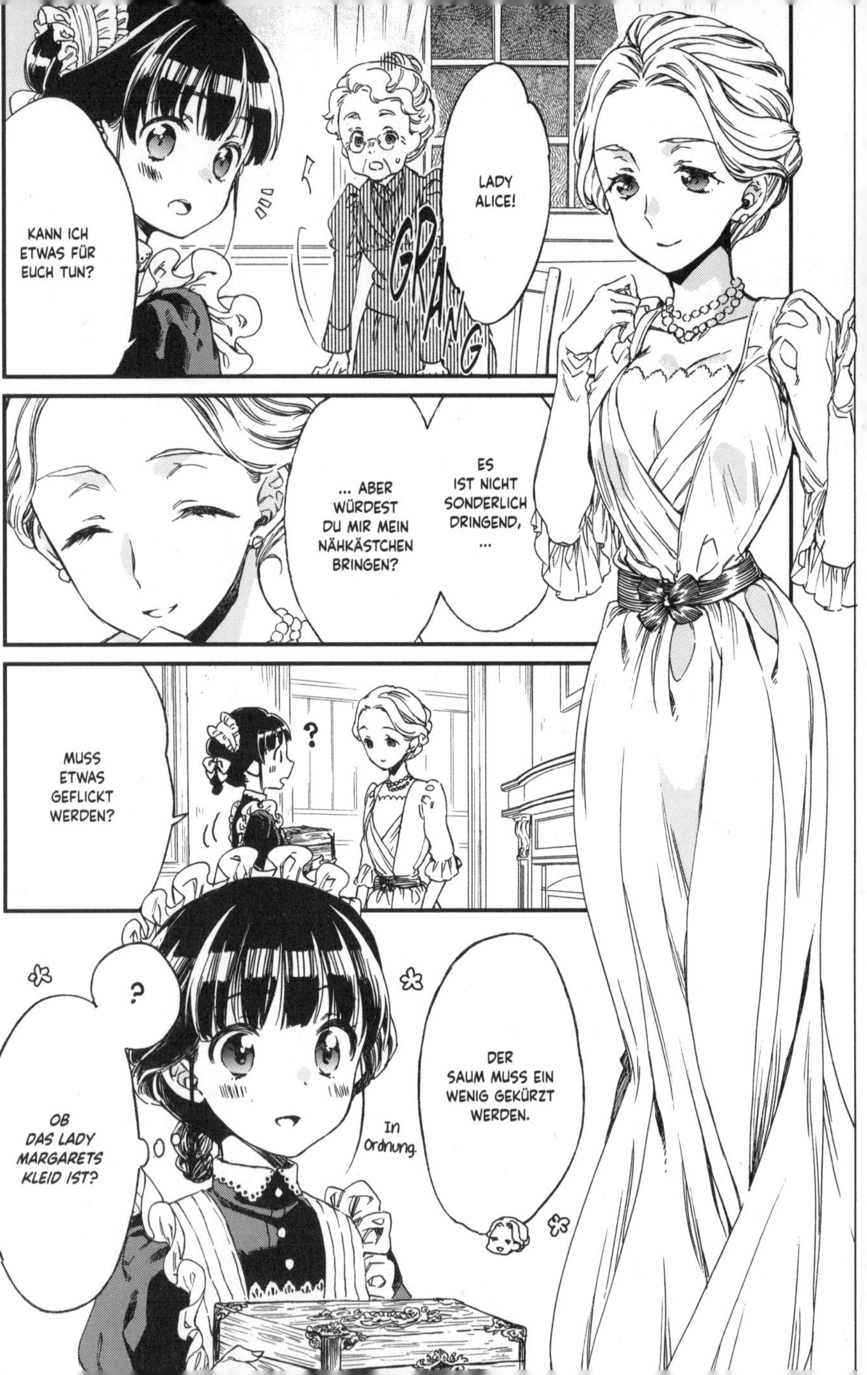
LADY ALICE!
GRANG
KANN ICH ETWAS FÜR EUCH TUN?
ES IST NICHT SONDERLICH DRINGEND, ...
... ABER WÜRDEST DU MIR MEIN NÄHKÄSTCHEN BRINGEN?
MUSS ETWAS GEFLICKT WERDEN?
DER SAUM MUSS EIN WENIG GEKÜRZT WERDEN.
In Ordnung.
?
OB DAS LADY MARGARETS KLEID IST?

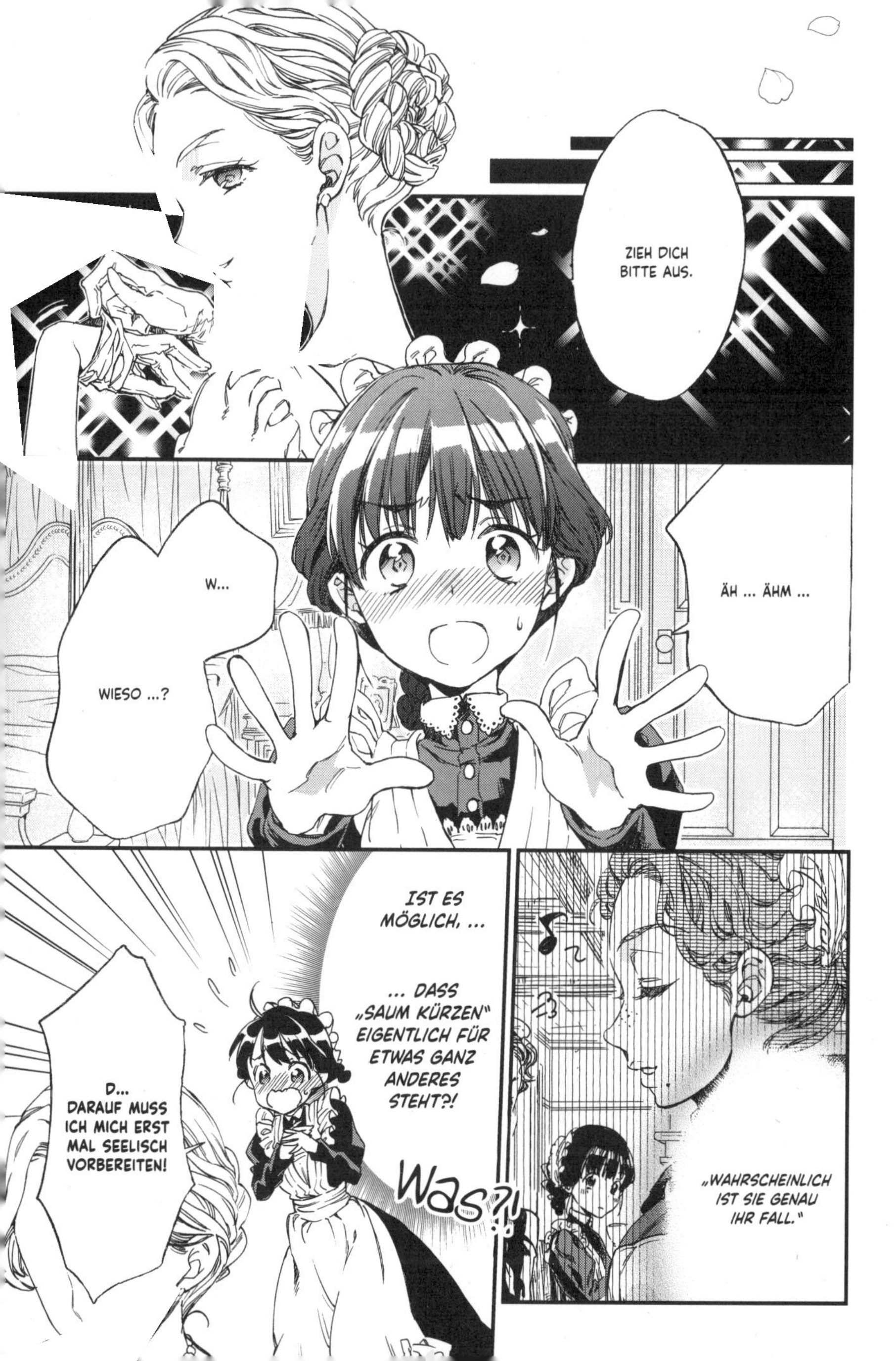
ZIEH DICH BITTE AUS.
ÄH ... ÄHM ...
W...
WIESO ...?
„WAHRSCHEINLICH IST SIE GENAU IHR FALL."
IST ES MÖGLICH, ...
... DASS „SAUM KÜRZEN" EIGENTLICH FÜR ETWAS GANZ ANDERES STEHT?!
Was?!
D... DARAUF MUSS ICH MICH ERST MAL SEELISCH VORBEREITEN!

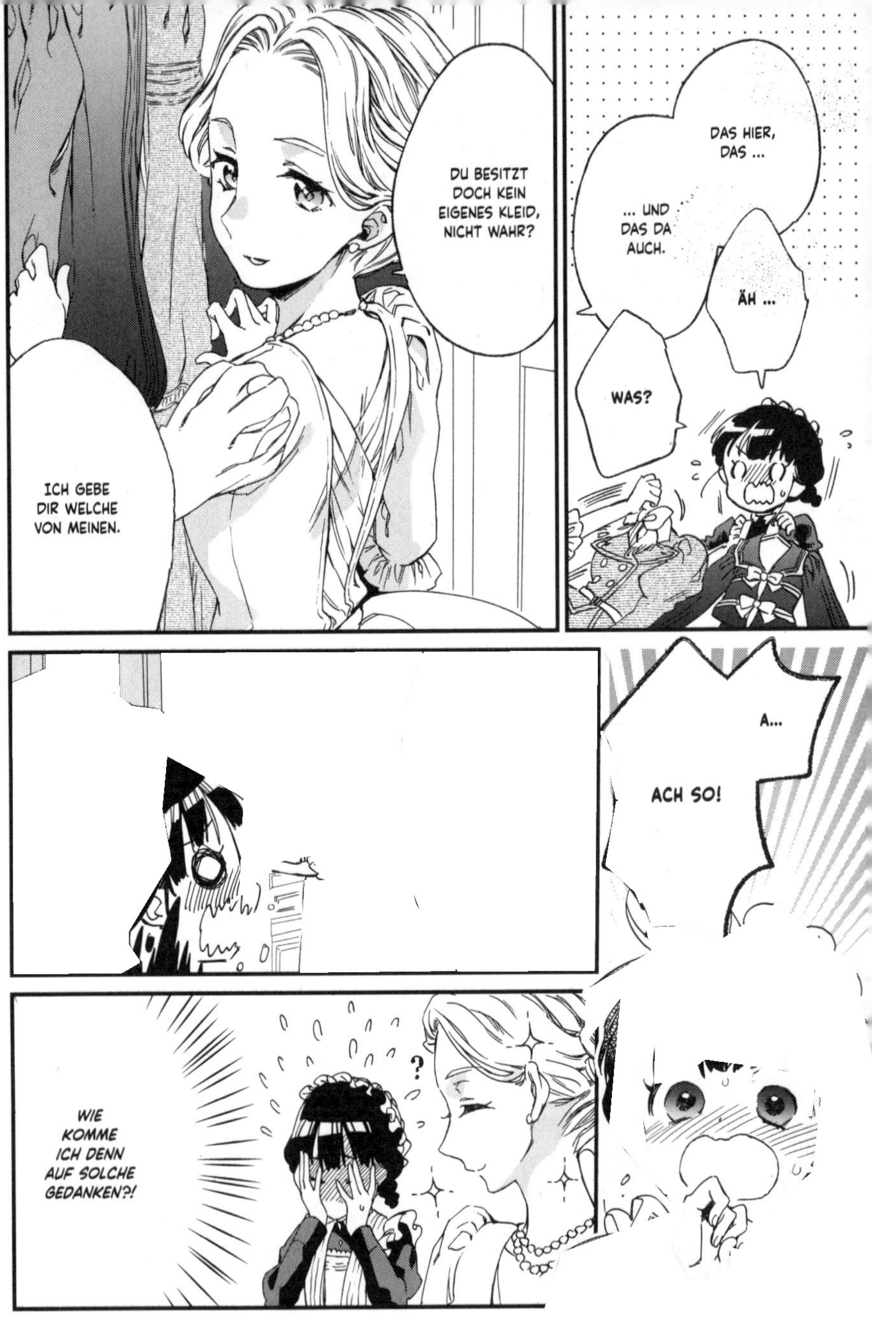
DAS HIER, DAS ...
... UND DAS DA AUCH.
ÄH ...
WAS?
DU BESITZT DOCH KEIN EIGENES KLEID, NICHT WAHR?
ICH GEBE DIR WELCHE VON MEINEN.
A...
ACH SO!
WIE KOMME ICH DENN AUF SOLCHE GEDANKEN?!

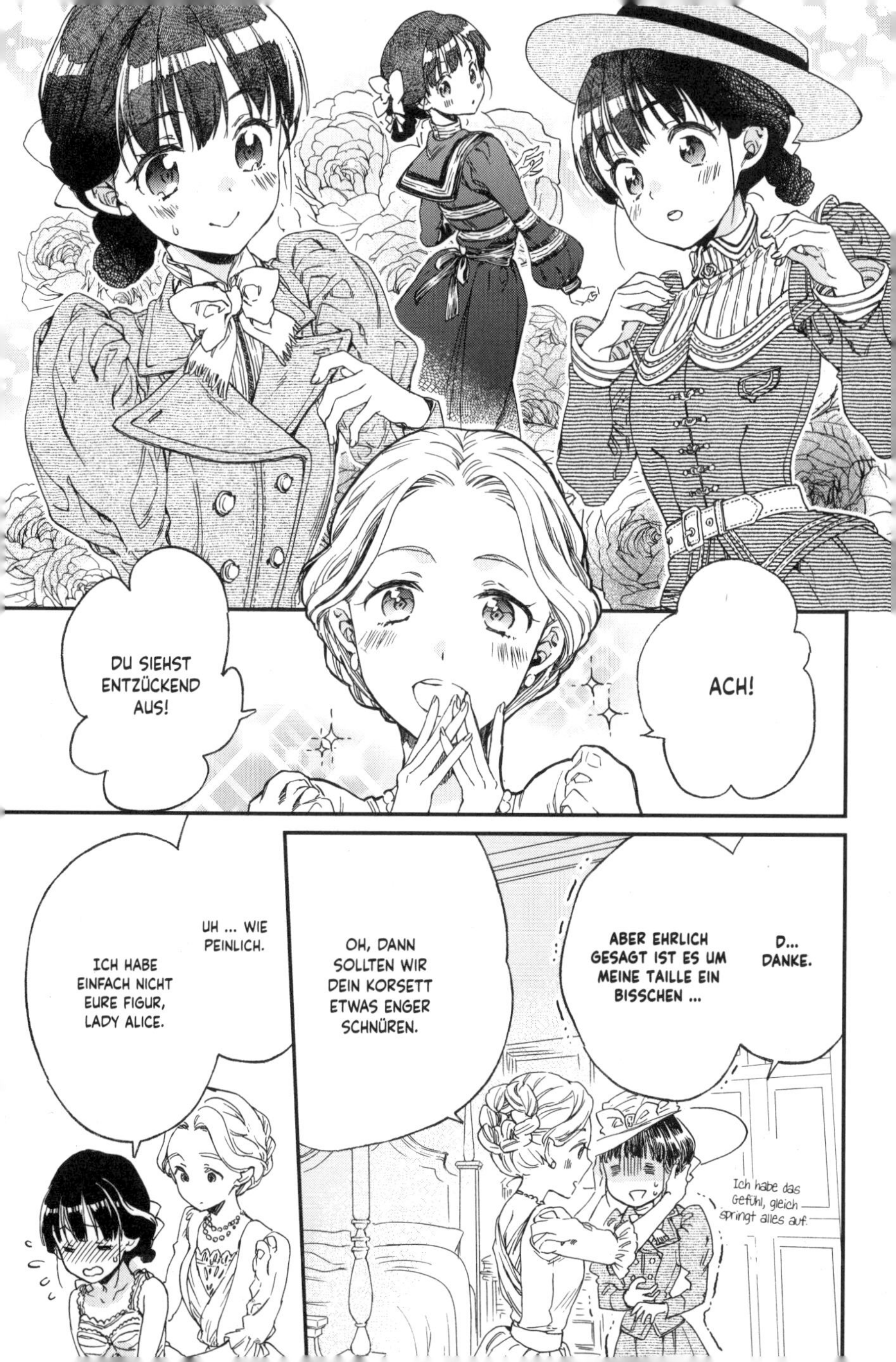
ACH!
DU SIEHST ENTZÜCKEND AUS!
D... DANKE.
ABER EHRLICH GESAGT IST ES UM MEINE TAILLE EIN BISSCHEN ...
Ich habe das Gefühl, gleich springt alles auf.
OH, DANN SOLLTEN WIR DEIN KORSETT ETWAS ENGER SCHNÜREN.
UH ... WIE PEINLICH.
ICH HABE EINFACH NICHT EURE FIGUR, LADY ALICE.

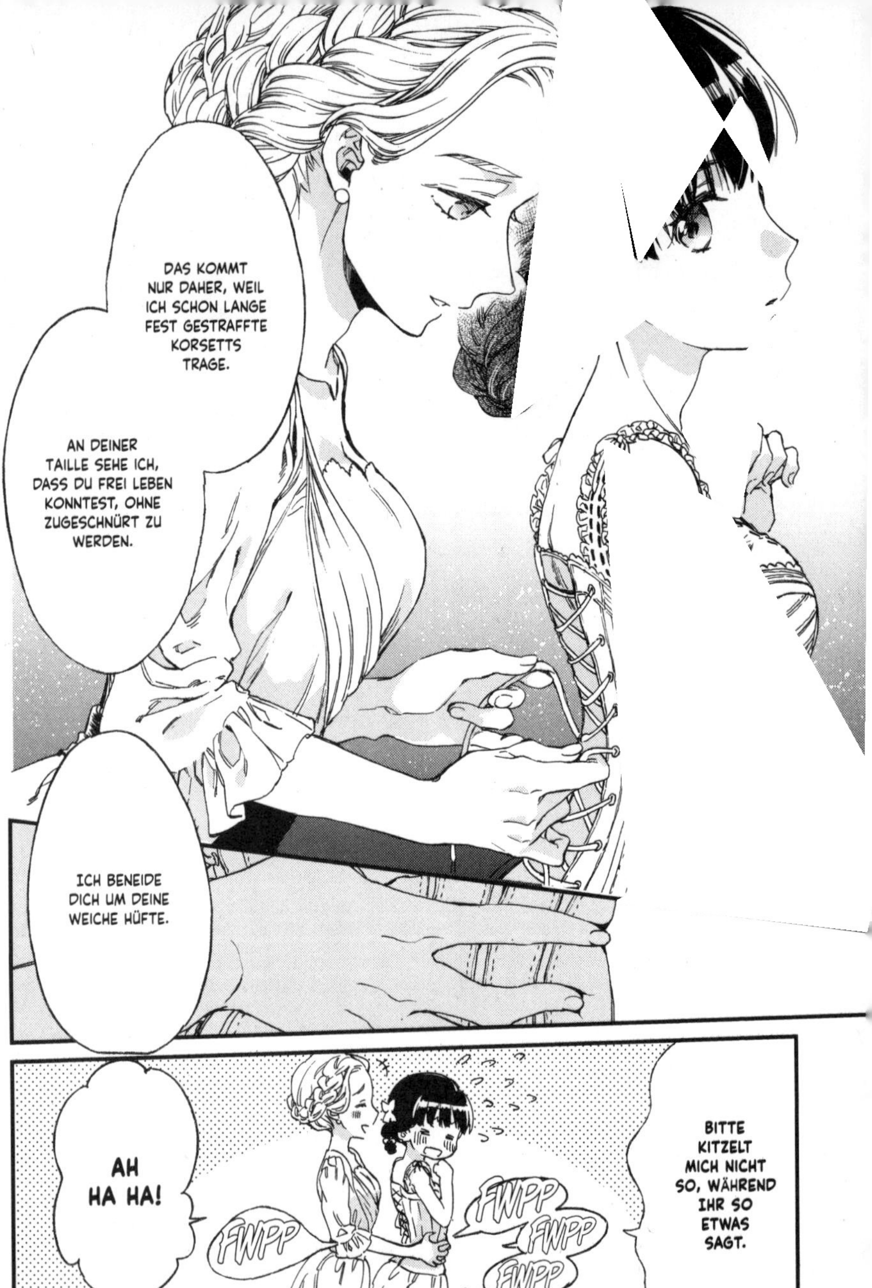
DAS KOMMT NUR DAHER, WEIL ICH SCHON LANGE FEST GESTRAFFTE KORSETTS TRAGE.
AN DEINER TAILLE SEHE ICH, DASS DU FREI LEBEN KONNTEST, OHNE ZUGESCHNÜRT ZU WERDEN.
ICH BENEIDE DICH UM DEINE WEICHE HÜFTE.
BITTE KITZELT MICH NICHT SO, WÄHREND IHR SO ETWAS SAGT.
FWPP
FWPP
FWPP
FWPP
AH HA HA!

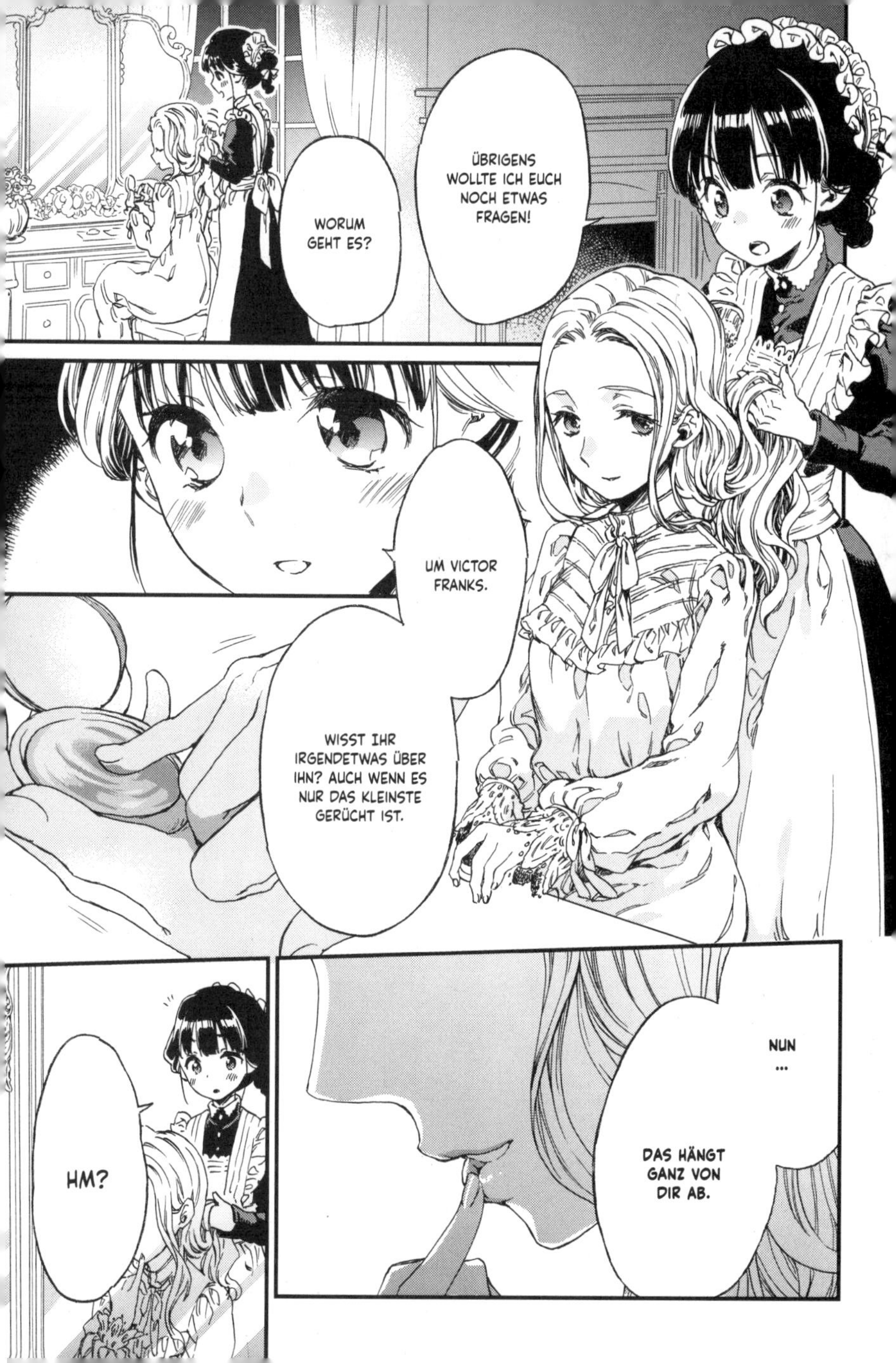
ÜBRIGENS WOLLTE ICH EUCH NOCH ETWAS FRAGEN!
WORUM GEHT ES?
UM VICTOR FRANKS.
WISST IHR IRGENDETWAS ÜBER IHN? AUCH WENN ES NUR DAS KLEINSTE GERÜCHT IST.
NUN ...
DAS HÄNGT GANZ VON DIR AB.
HM?

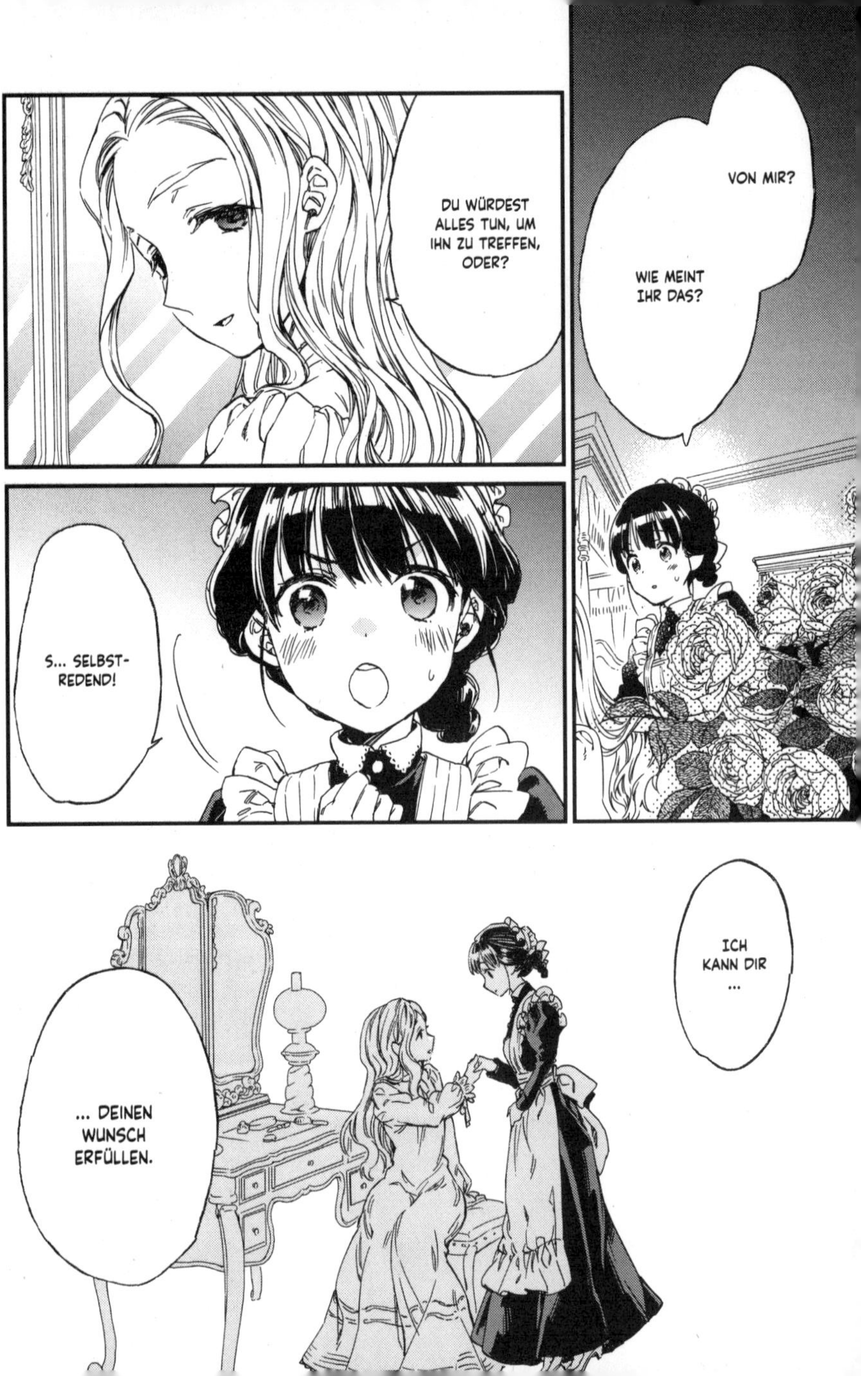
VON MIR?
WIE MEINT IHR DAS?
DU WÜRDEST ALLES TUN, UM IHN ZU TREFFEN, ODER?
S... SELBST-REDEND!
ICH KANN DIR ...
... DEINEN WUNSCH ERFÜLLEN.

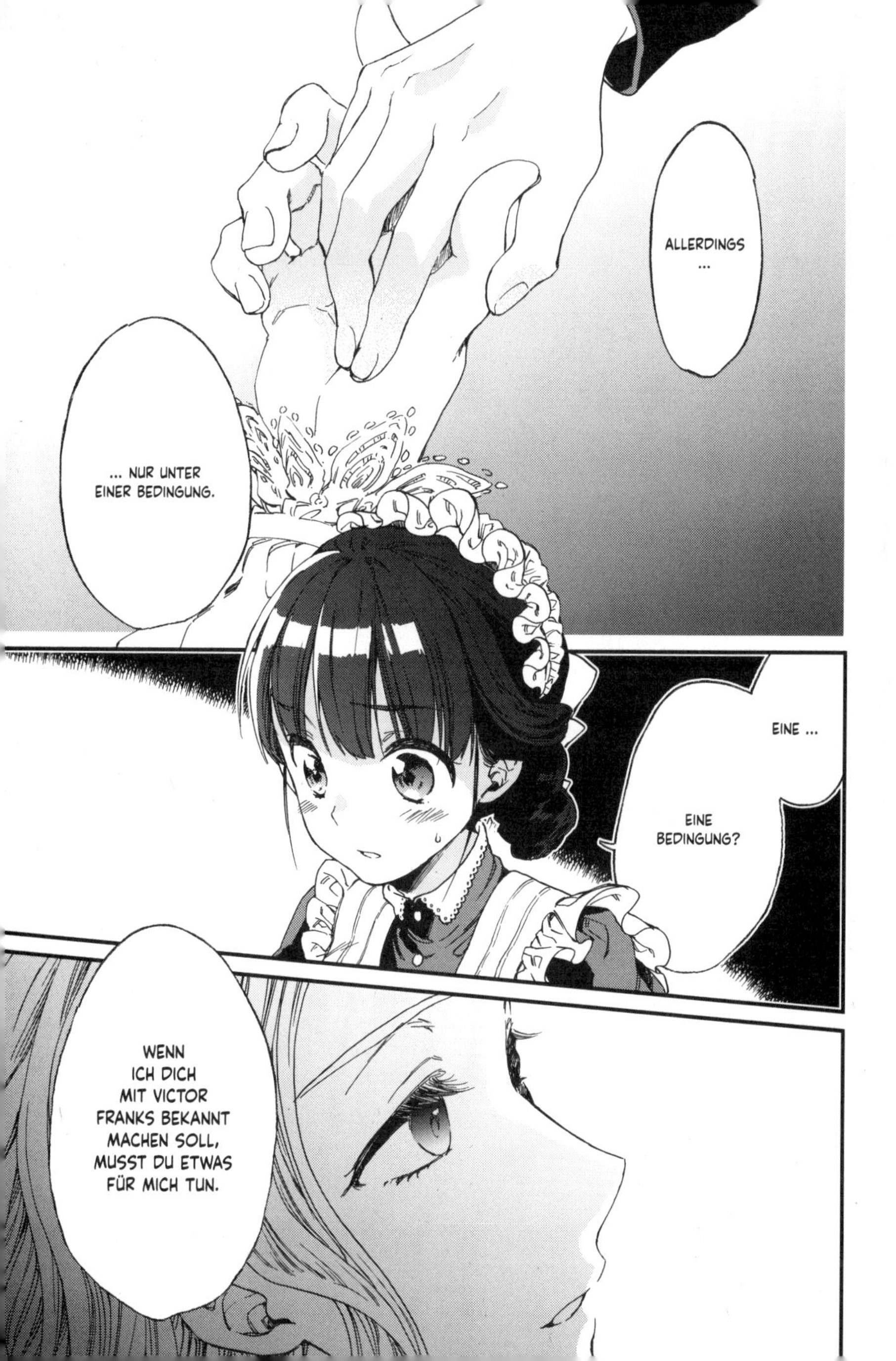
ALLERDINGS ...
... NUR UNTER EINER BEDINGUNG.
EINE ...
EINE BEDINGUNG?
WENN ICH DICH MIT VICTOR FRANKS BEKANNT MACHEN SOLL, MUSST DU ETWAS FÜR MICH TUN.

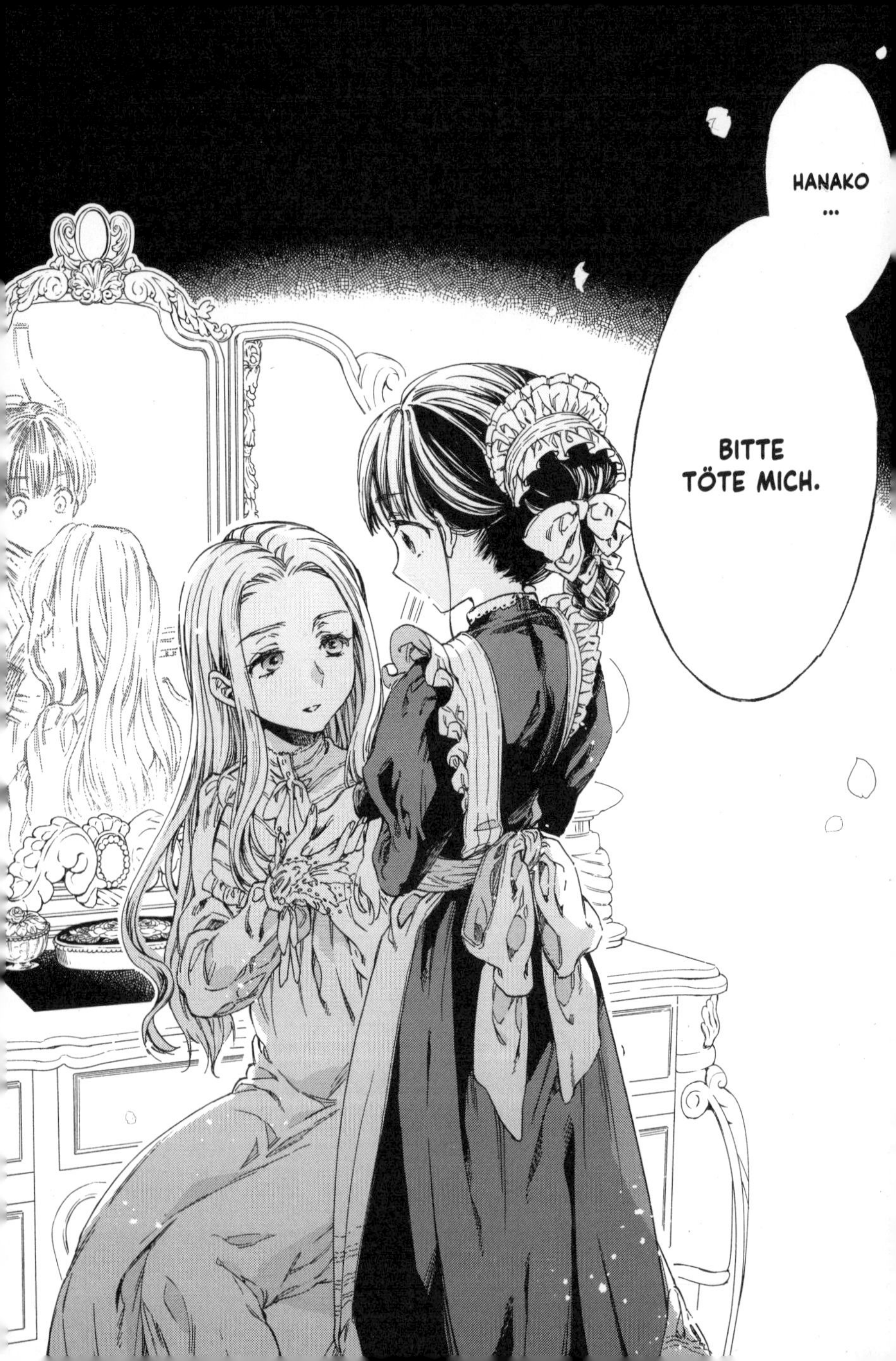
HANAKO
...
BITTE
TÖTE MICH.

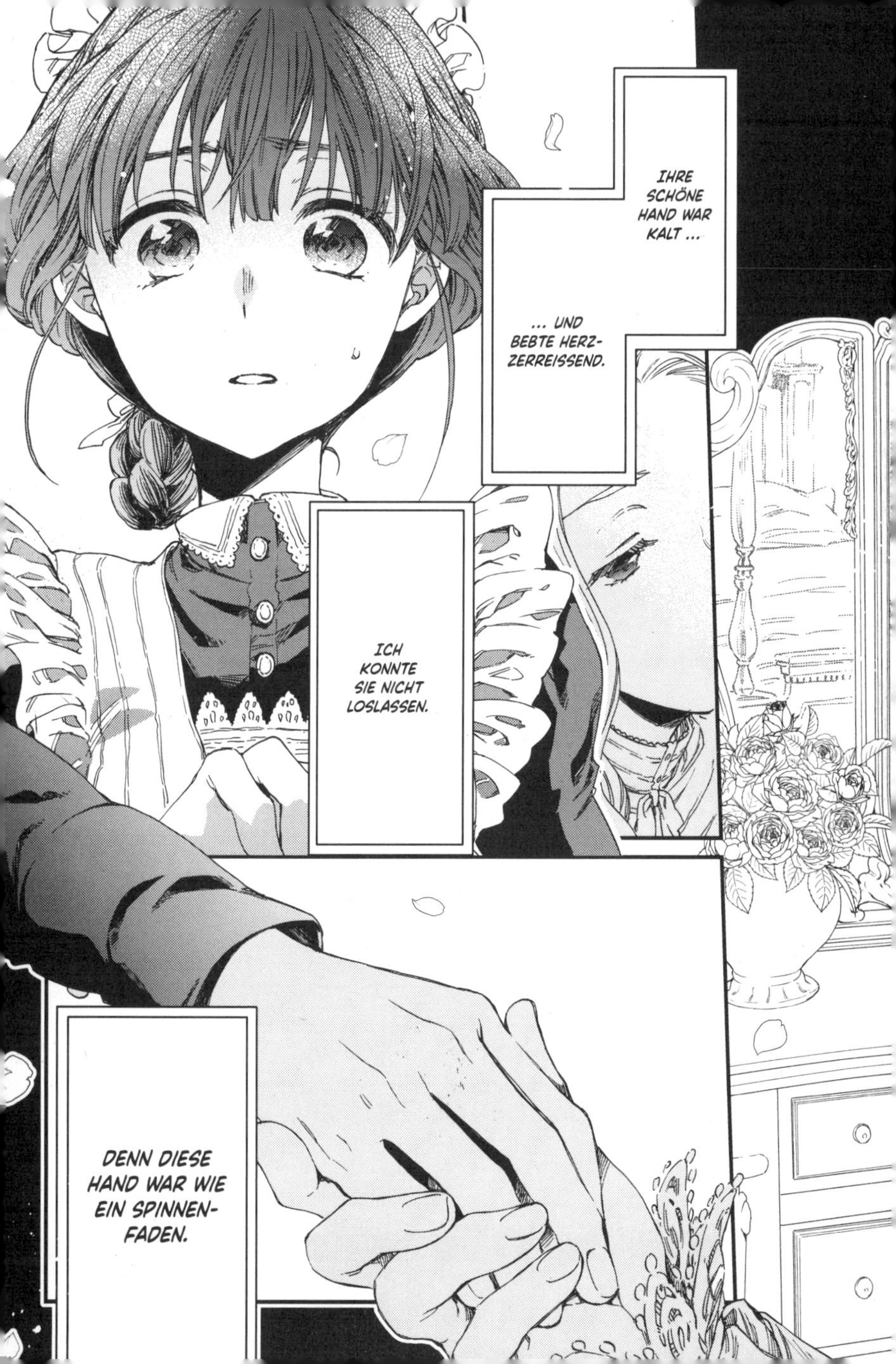
IHRE SCHÖNE HAND WAR KALT …
… UND BEBTE HERZ-ZERREISSEND.
ICH KONNTE SIE NICHT LOSLASSEN.
DENN DIESE HAND WAR WIE EIN SPINNEN-FADEN.

Leb wohl,
mein Rosengarten

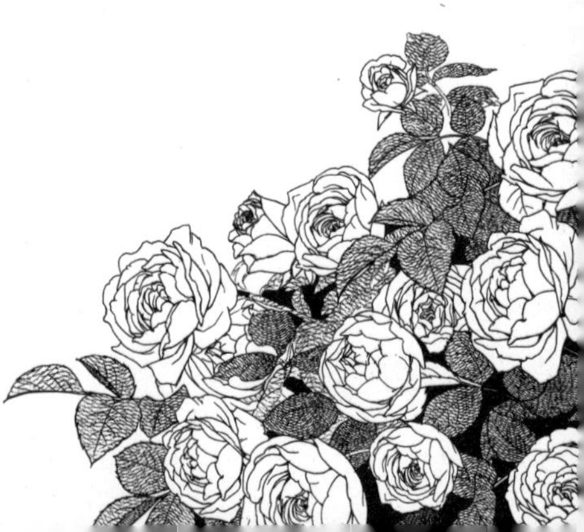

{ Kapitel 2 }

Die Sonne, die Dornen und die Komplizin

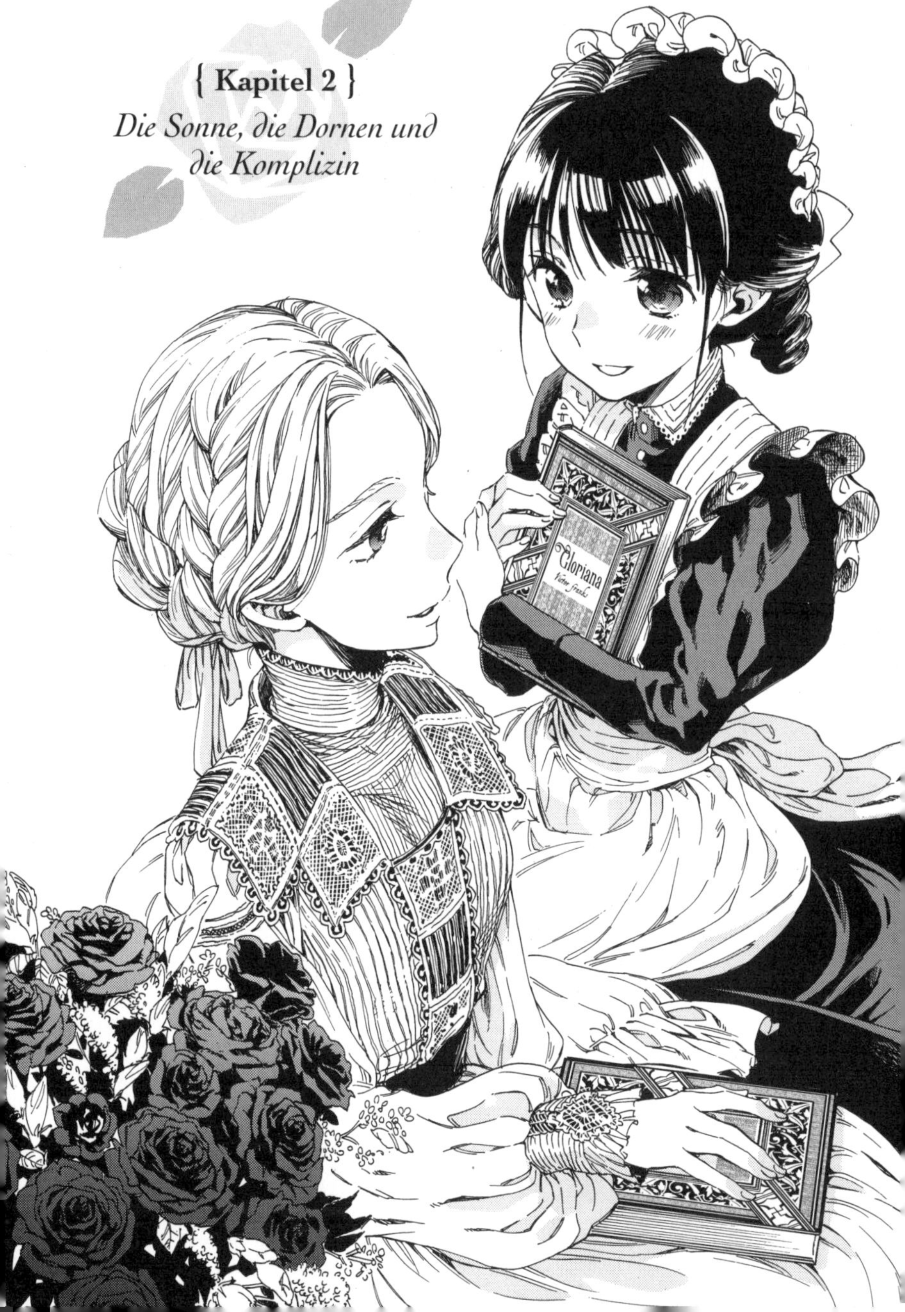

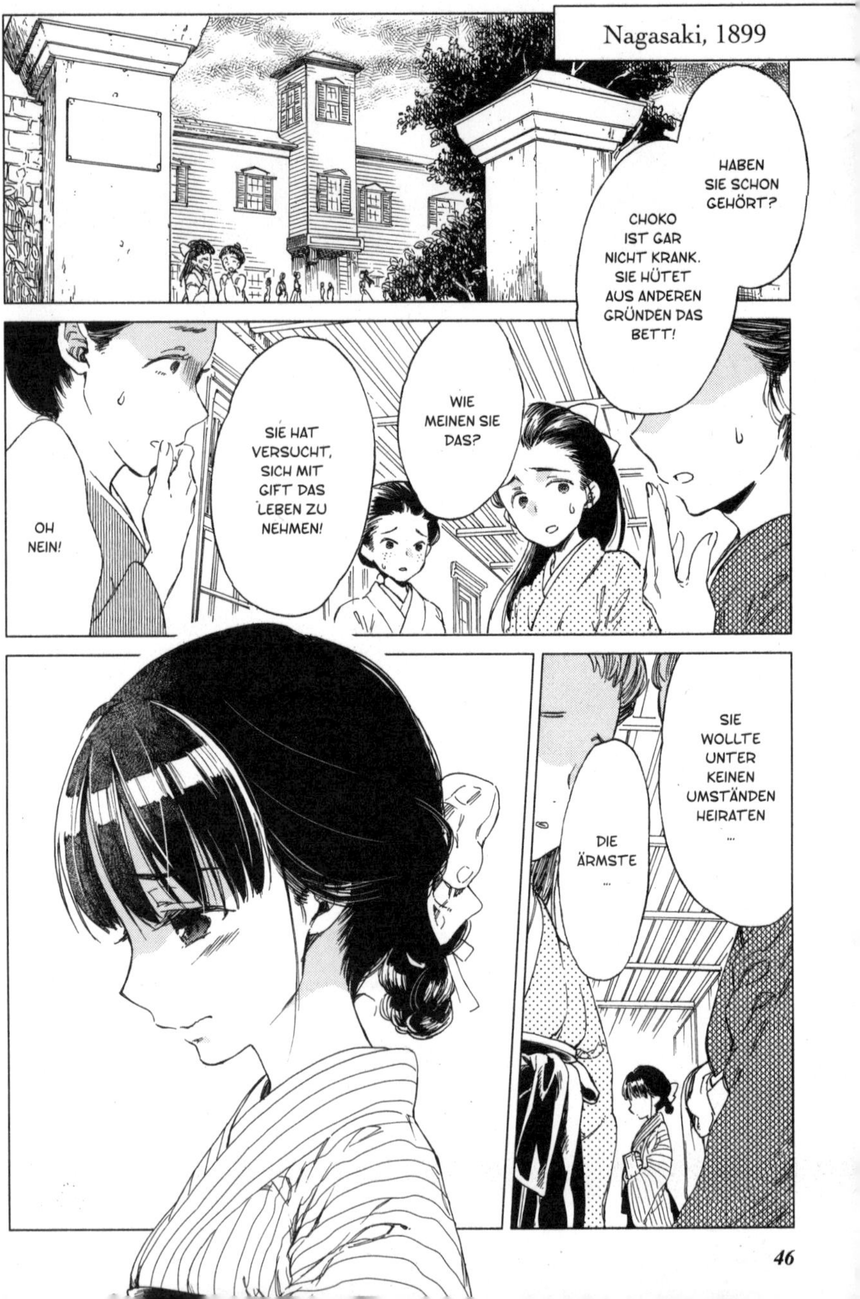
Nagasaki, 1899
HABEN SIE SCHON GEHÖRT?
CHOKO IST GAR NICHT KRANK. SIE HÜTET AUS ANDEREN GRÜNDEN DAS BETT!
WIE MEINEN SIE DAS?
SIE HAT VERSUCHT, SICH MIT GIFT DAS LEBEN ZU NEHMEN!
OH NEIN!
SIE WOLLTE UNTER KEINEN UMSTÄNDEN HEIRATEN ...
DIE ÄRMSTE ...

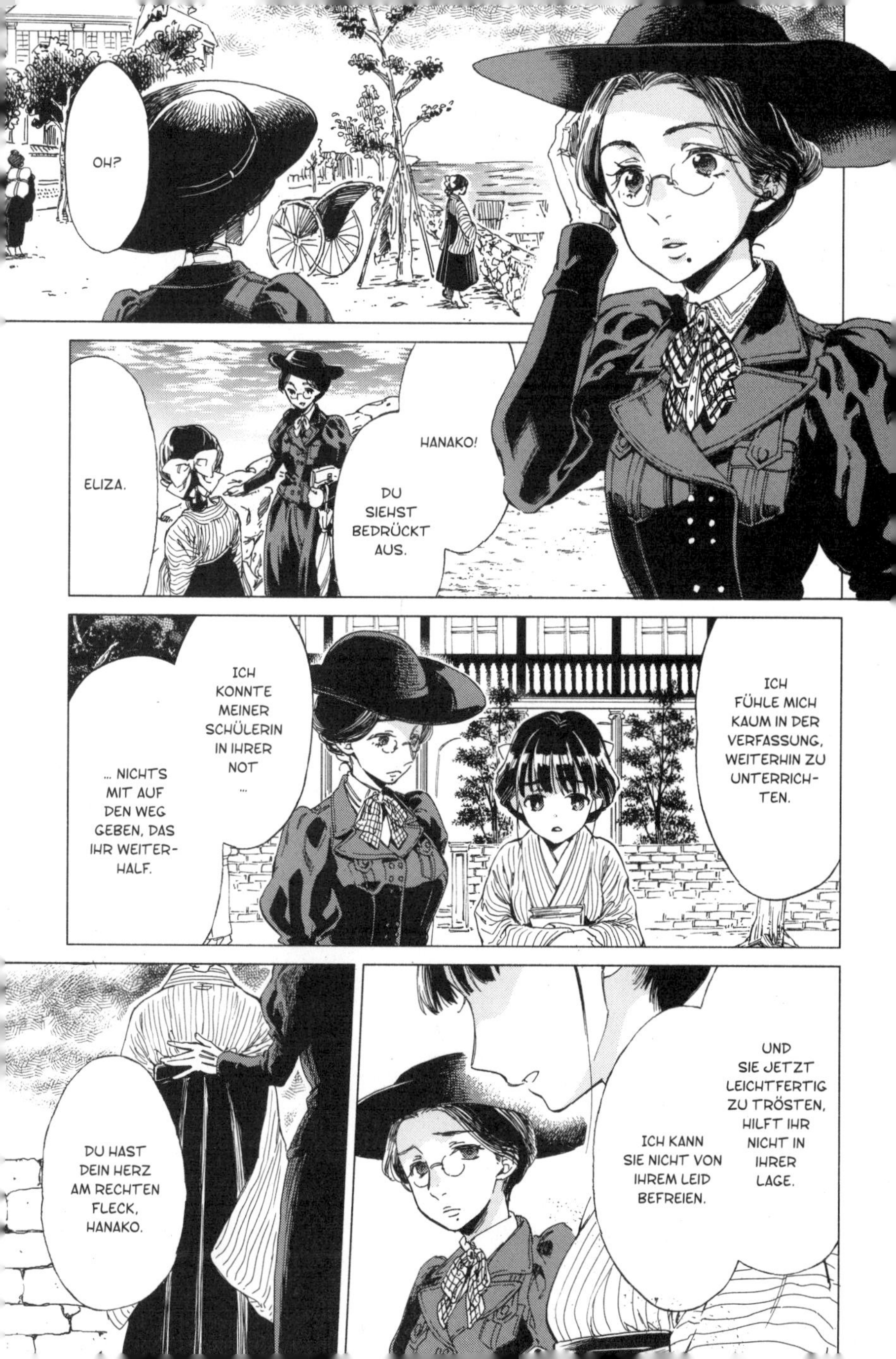
OH?
HANAKO!
DU SIEHST BEDRÜCKT AUS.
ELIZA.
ICH FÜHLE MICH KAUM IN DER VERFASSUNG, WEITERHIN ZU UNTERRICH-TEN.
ICH KONNTE MEINER SCHÜLERIN IN IHRER NOT …
… NICHTS MIT AUF DEN WEG GEBEN, DAS IHR WEITER-HALF.
UND SIE JETZT LEICHTFERTIG ZU TRÖSTEN, HILFT IHR NICHT IN IHRER LAGE.
ICH KANN SIE NICHT VON IHREM LEID BEFREIEN.
DU HAST DEIN HERZ AM RECHTEN FLECK, HANAKO.

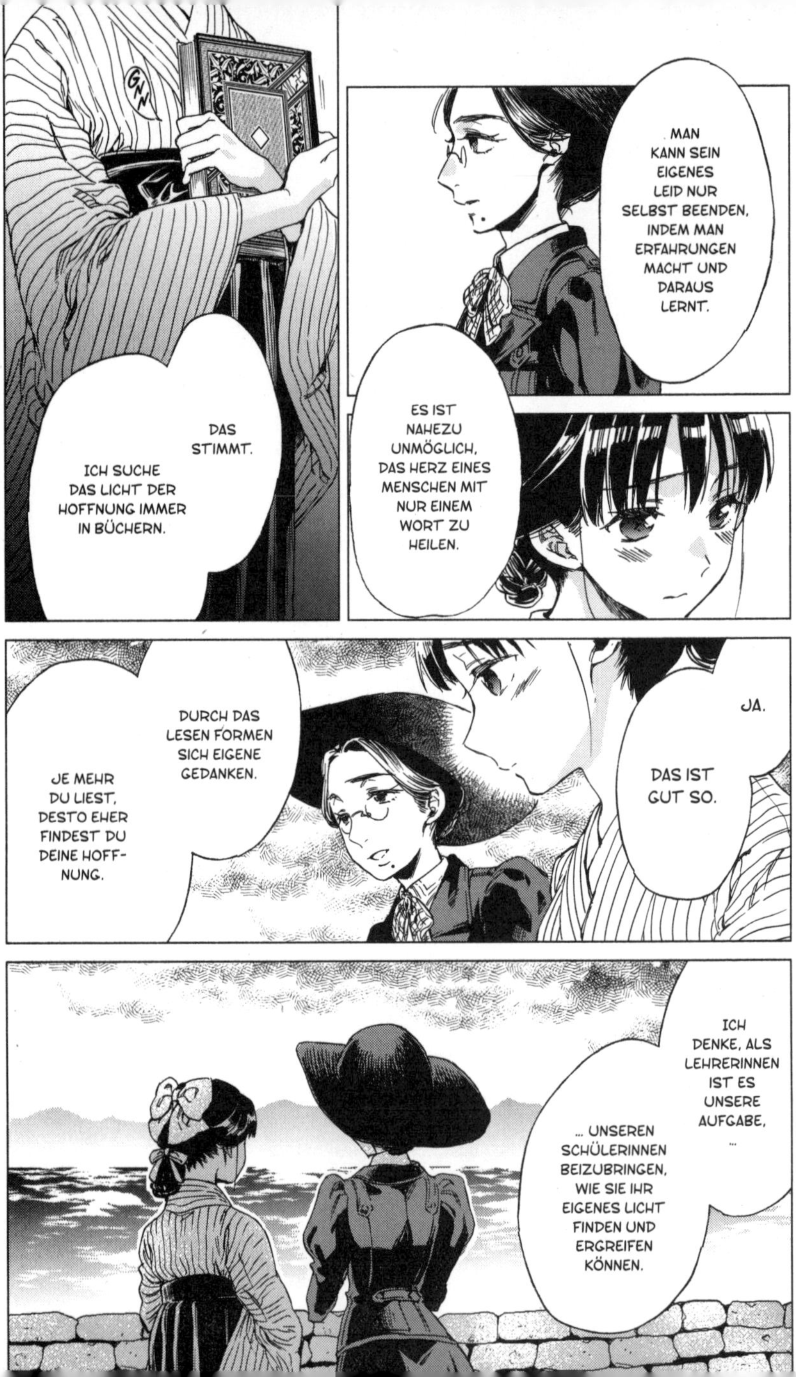
GNN
MAN KANN SEIN EIGENES LEID NUR SELBST BEENDEN, INDEM MAN ERFAHRUNGEN MACHT UND DARAUS LERNT.
ES IST NAHEZU UNMÖGLICH, DAS HERZ EINES MENSCHEN MIT NUR EINEM WORT ZU HEILEN.
DAS STIMMT.
ICH SUCHE DAS LICHT DER HOFFNUNG IMMER IN BÜCHERN.
JA.
DAS IST GUT SO.
DURCH DAS LESEN FORMEN SICH EIGENE GEDANKEN.
JE MEHR DU LIEST, DESTO EHER FINDEST DU DEINE HOFF-NUNG.
ICH DENKE, ALS LEHRERINNEN IST ES UNSERE AUFGABE, ...
... UNSEREN SCHÜLERINNEN BEIZUBRINGEN, WIE SIE IHR EIGENES LICHT FINDEN UND ERGREIFEN KÖNNEN.

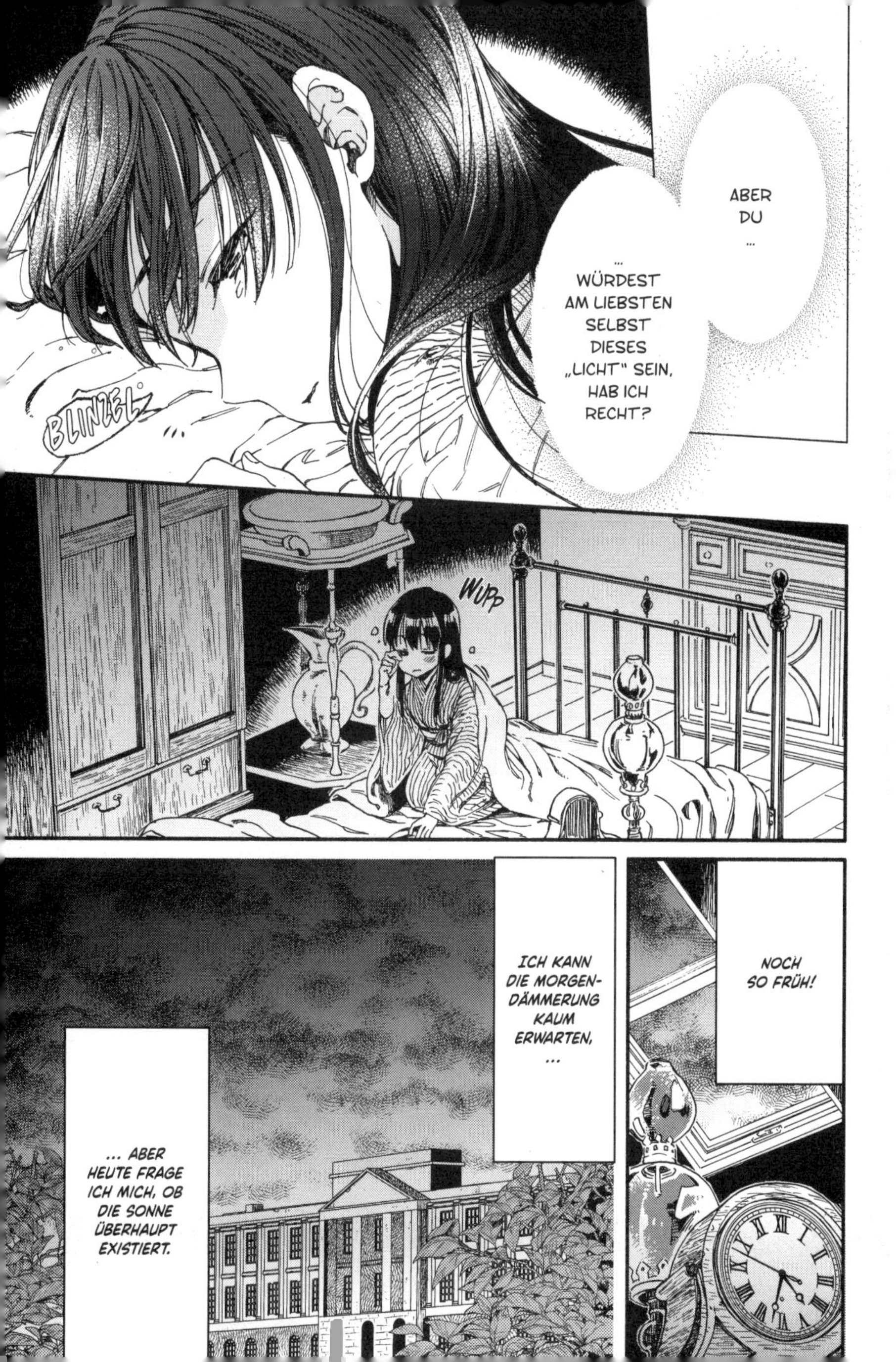
ABER DU ...
... WÜRDEST AM LIEBSTEN SELBST DIESES „LICHT" SEIN, HAB ICH RECHT?
BLINZEL
WUPP
NOCH SO FRÜH!
ICH KANN DIE MORGEN-DÄMMERUNG KAUM ERWARTEN, ...
... ABER HEUTE FRAGE ICH MICH, OB DIE SONNE ÜBERHAUPT EXISTIERT.

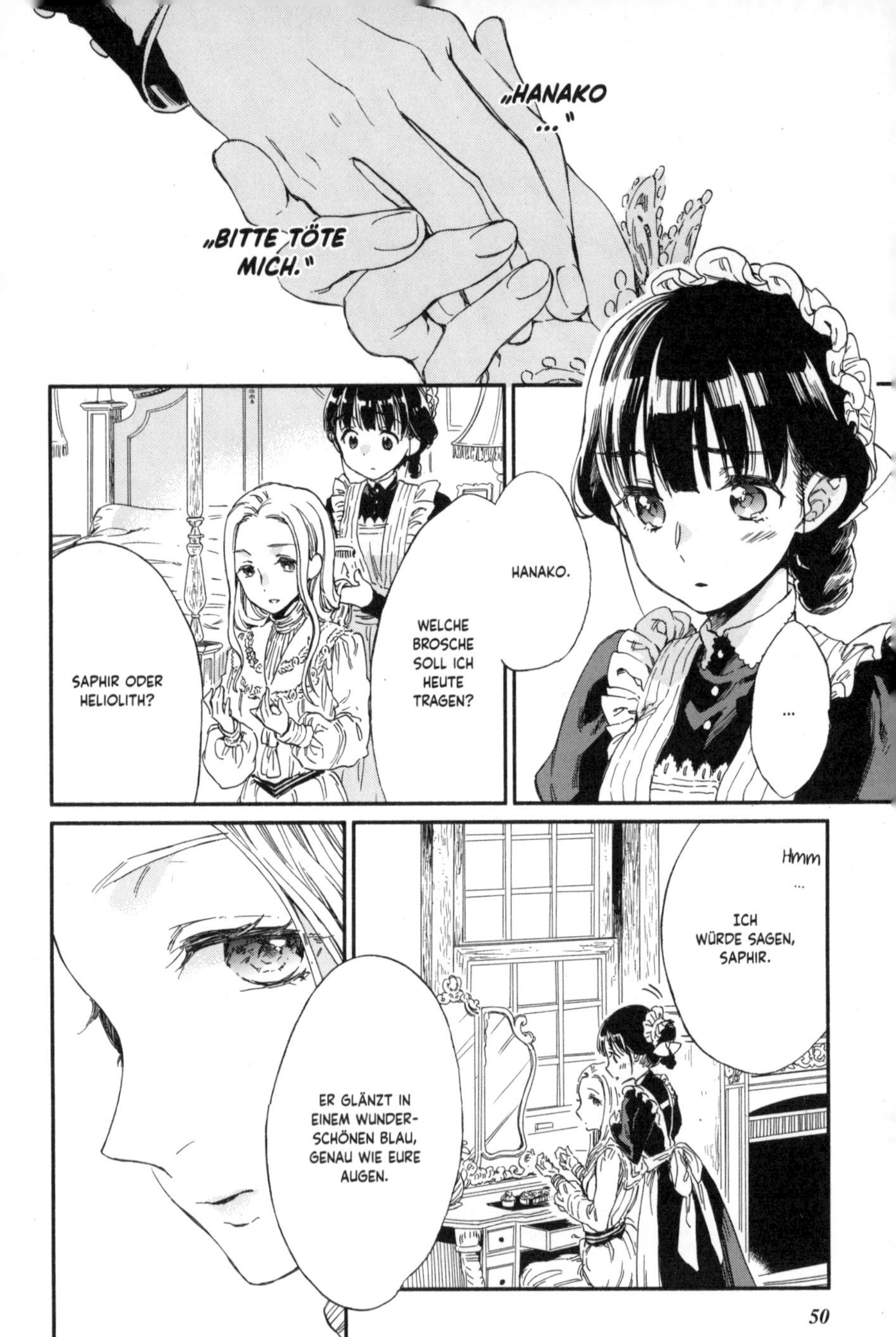
„HANAKO …"
„BITTE TÖTE MICH."
HANAKO.
…
WELCHE BROSCHE SOLL ICH HEUTE TRAGEN?
SAPHIR ODER HELIOLITH?
Hmm …
ICH WÜRDE SAGEN, SAPHIR.
ER GLÄNZT IN EINEM WUNDERSCHÖNEN BLAU, GENAU WIE EURE AUGEN.

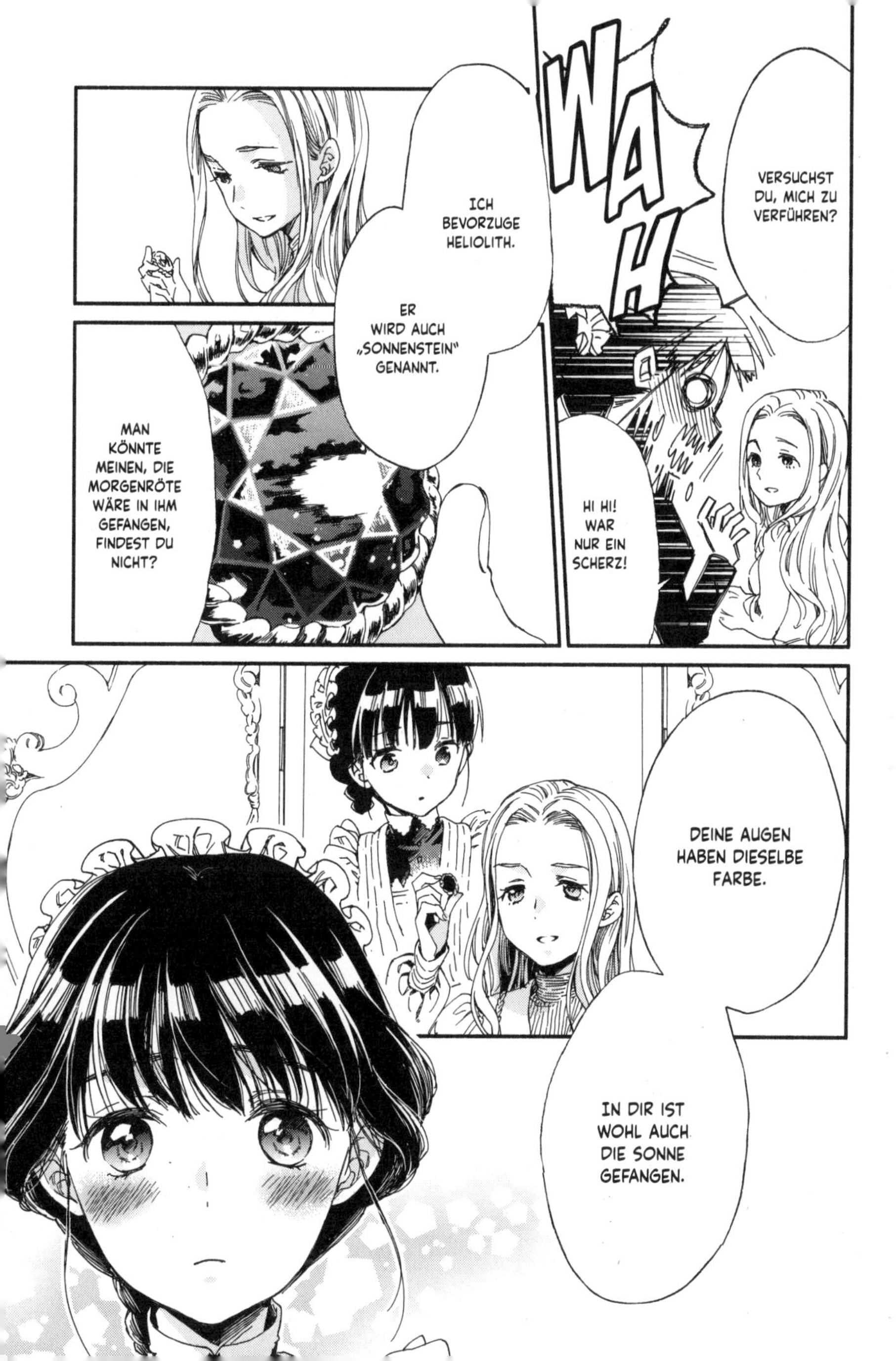
ICH BEVORZUGE HELIOLITH.
ER WIRD AUCH „SONNENSTEIN" GENANNT.
MAN KÖNNTE MEINEN, DIE MORGENRÖTE WÄRE IN IHM GEFANGEN, FINDEST DU NICHT?
VERSUCHST DU, MICH ZU VERFÜHREN?
WAH
HI HI! WAR NUR EIN SCHERZ!
DEINE AUGEN HABEN DIESELBE FARBE.
IN DIR IST WOHL AUCH DIE SONNE GEFANGEN.

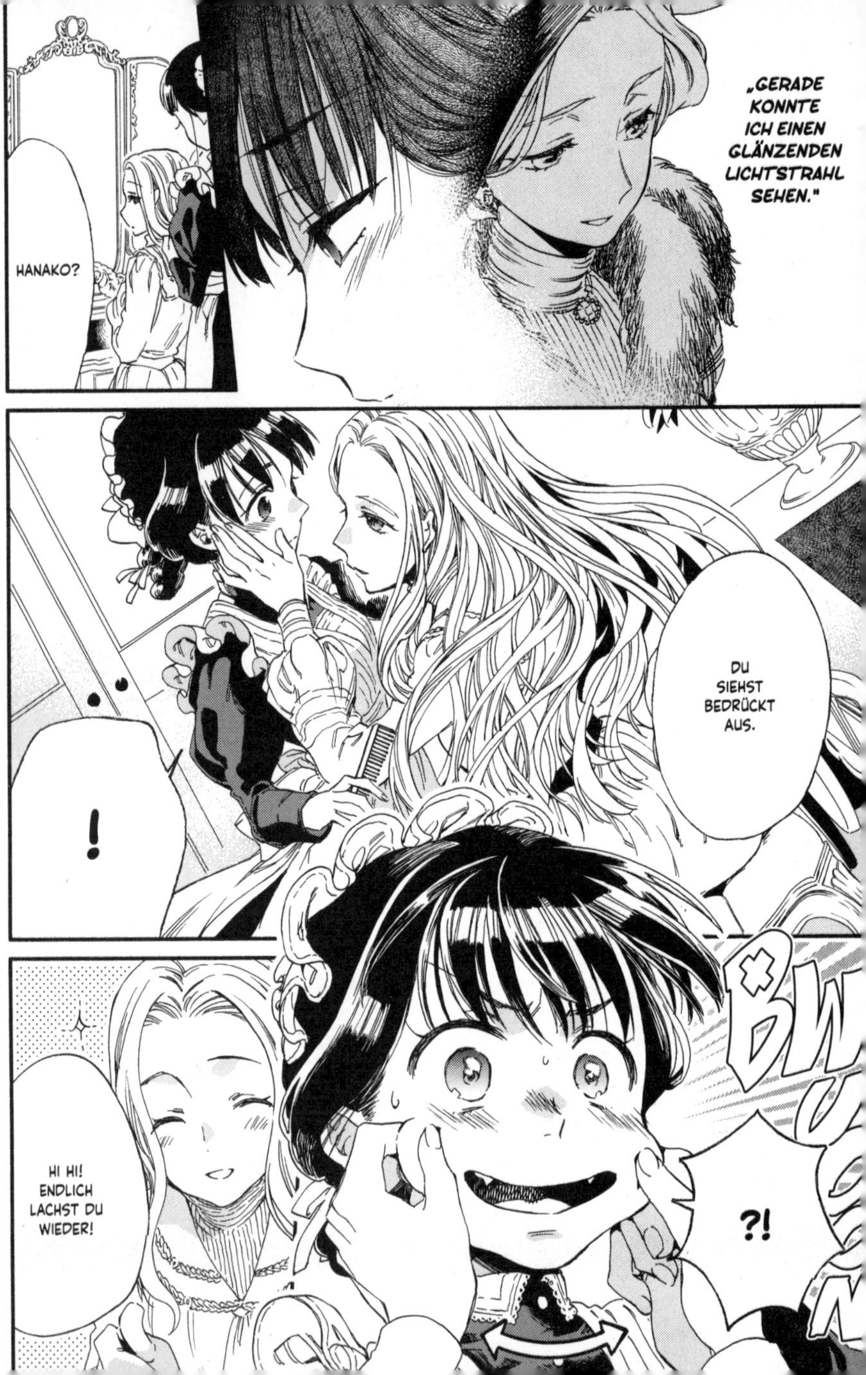
„GERADE KONNTE ICH EINEN GLÄNZENDEN LICHTSTRAHL SEHEN.“
HANAKO?
DU SIEHST BEDRÜCKT AUS.
!
?!
HI HI! ENDLICH LACHST DU WIEDER!

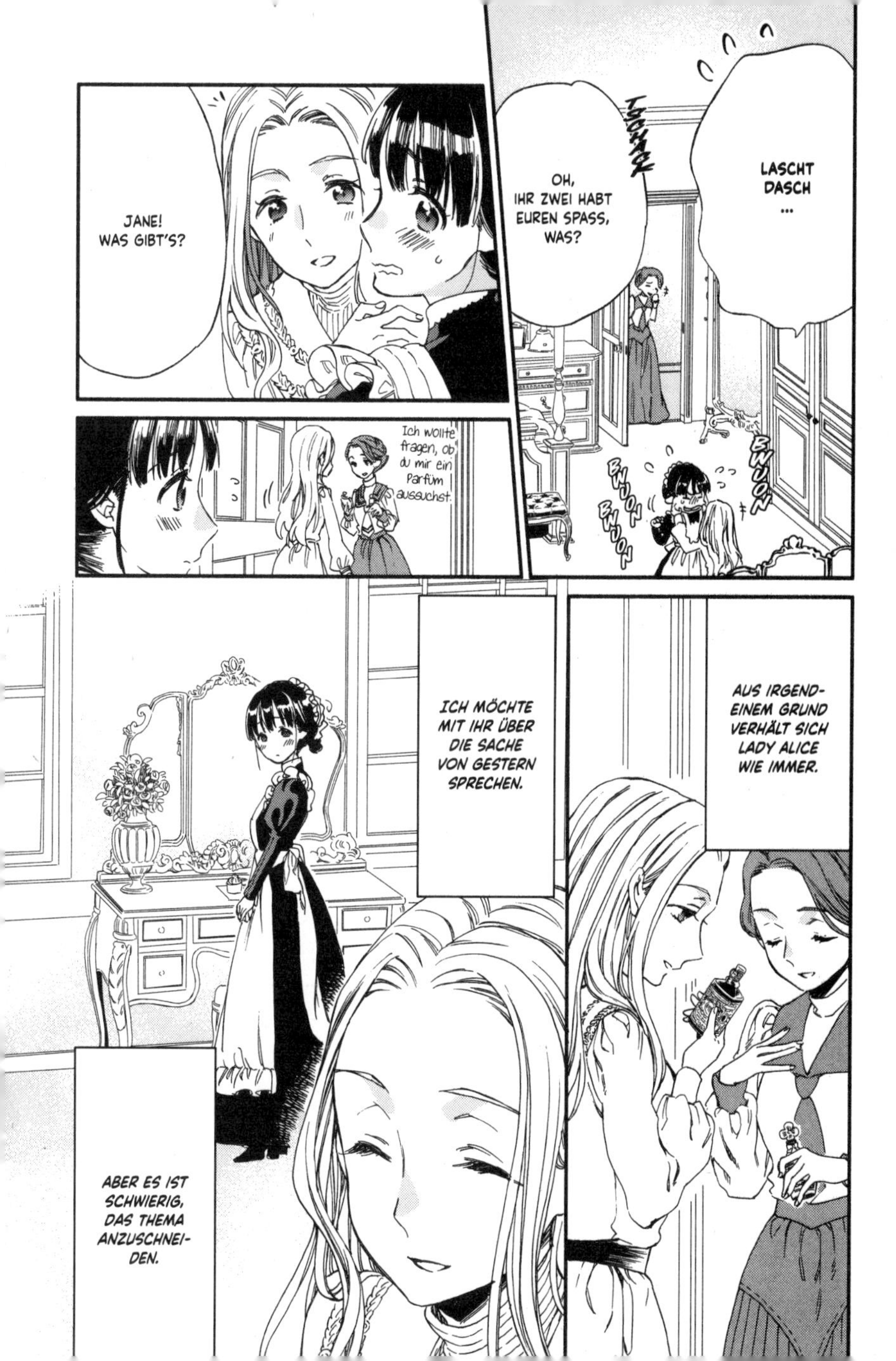

LASCHT DASCH ...
OH, IHR ZWEI HABT EUREN SPASS, WAS?
BWUON
BWUON
BWUON
JANE! WAS GIBT'S?
Ich wollte fragen, ob du mir ein Parfüm aussuchst.
AUS IRGEND-EINEM GRUND VERHÄLT SICH LADY ALICE WIE IMMER.
ICH MÖCHTE MIT IHR ÜBER DIE SACHE VON GESTERN SPRECHEN.
ABER ES IST SCHWIERIG, DAS THEMA ANZUSCHNEI-DEN.

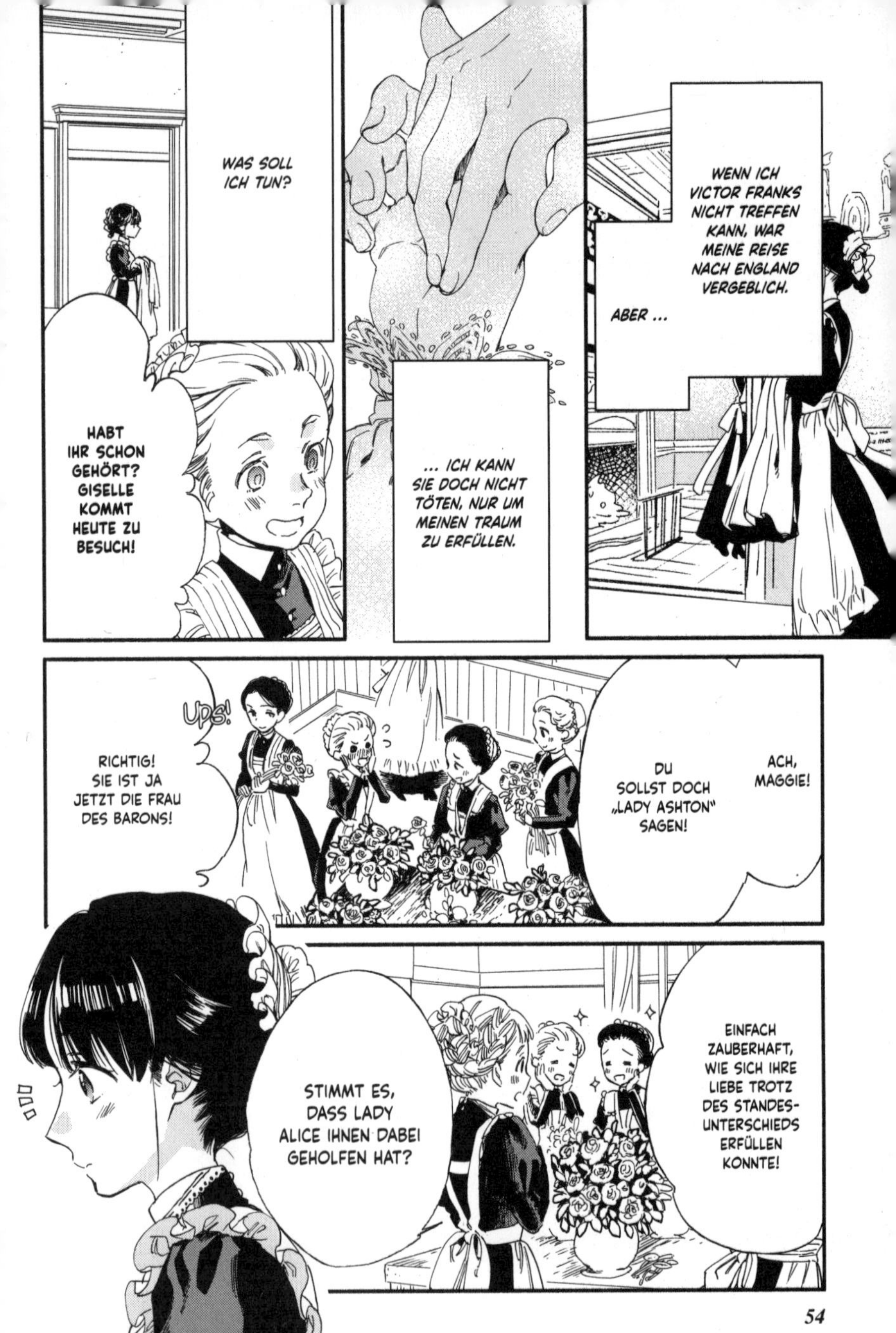
WENN ICH VICTOR FRANKS NICHT TREFFEN KANN, WAR MEINE REISE NACH ENGLAND VERGEBLICH.
ABER ...
... ICH KANN SIE DOCH NICHT TÖTEN, NUR UM MEINEN TRAUM ZU ERFÜLLEN.
WAS SOLL ICH TUN?
HABT IHR SCHON GEHÖRT? GISELLE KOMMT HEUTE ZU BESUCH!
ACH, MAGGIE!
DU SOLLST DOCH „LADY ASHTON" SAGEN!
Ups!
RICHTIG! SIE IST JA JETZT DIE FRAU DES BARONS!
EINFACH ZAUBERHAFT, WIE SICH IHRE LIEBE TROTZ DES STANDES-UNTERSCHIEDS ERFÜLLEN KONNTE!
STIMMT ES, DASS LADY ALICE IHNEN DABEI GEHOLFEN HAT?

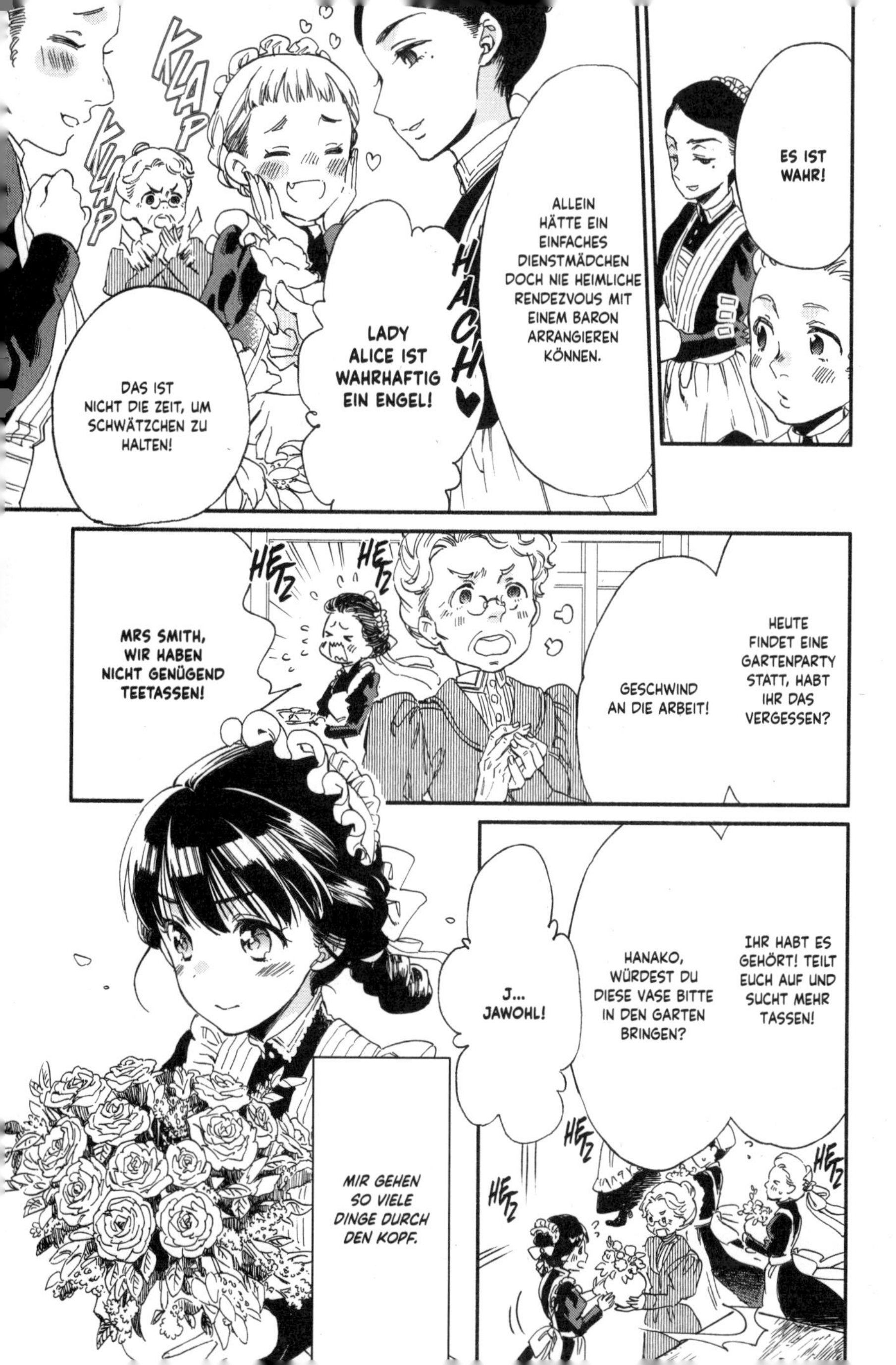
ES IST WAHR!
ALLEIN HÄTTE EIN EINFACHES DIENSTMÄDCHEN DOCH NIE HEIMLICHE RENDEZVOUS MIT EINEM BARON ARRANGIEREN KÖNNEN.
HACH
LADY ALICE IST WAHRHAFTIG EIN ENGEL!
KLAP
KLAP
KLAP
DAS IST NICHT DIE ZEIT, UM SCHWÄTZCHEN ZU HALTEN!
HEUTE FINDET EINE GARTENPARTY STATT, HABT IHR DAS VERGESSEN?
GESCHWIND AN DIE ARBEIT!
HETZ
HETZ
MRS SMITH, WIR HABEN NICHT GENÜGEND TEETASSEN!
IHR HABT ES GEHÖRT! TEILT EUCH AUF UND SUCHT MEHR TASSEN!
HANAKO, WÜRDEST DU DIESE VASE BITTE IN DEN GARTEN BRINGEN?
J... JAWOHL!
HETZ
HETZ
HETZ
MIR GEHEN SO VIELE DINGE DURCH DEN KOPF.

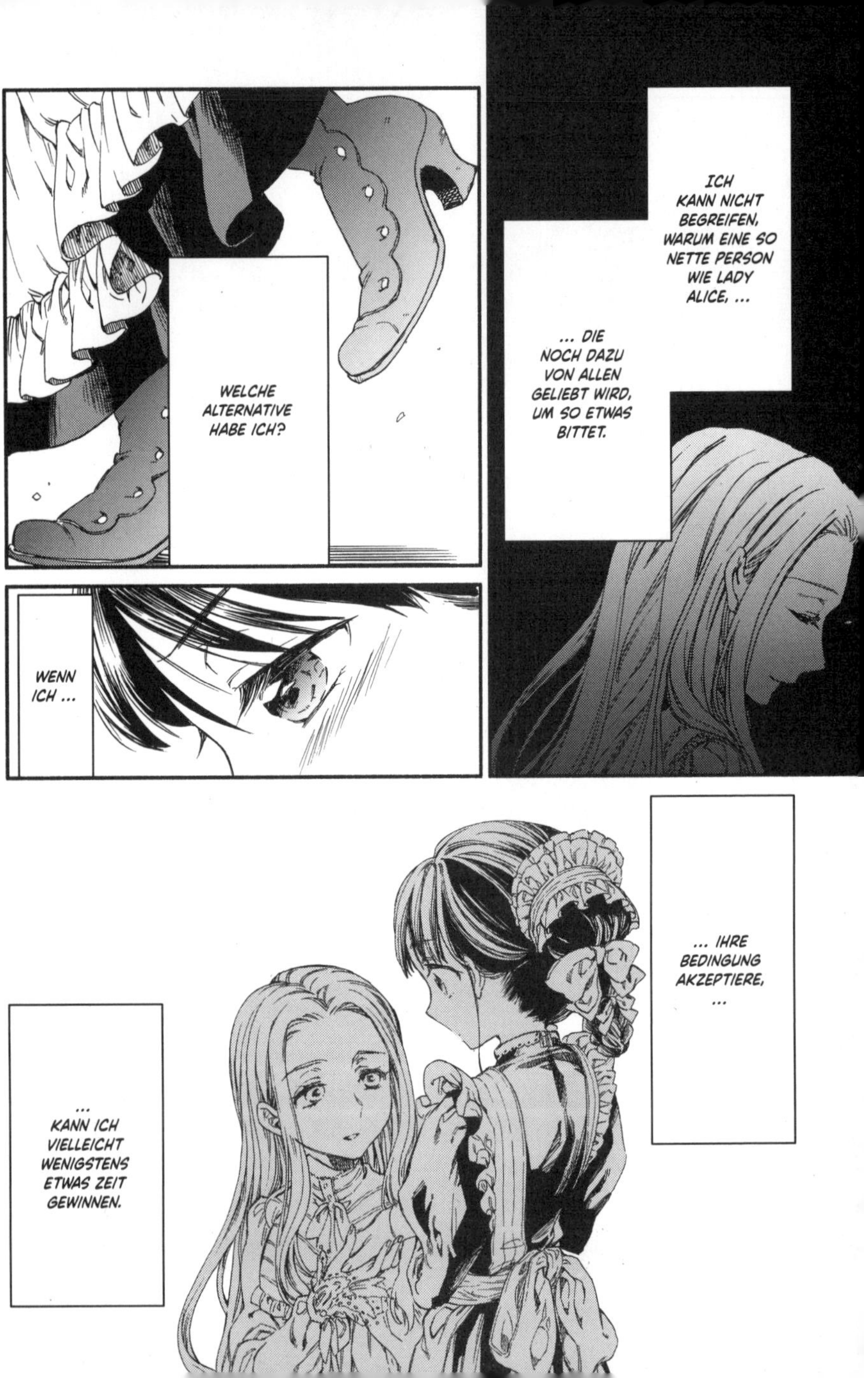
ICH KANN NICHT BEGREIFEN, WARUM EINE SO NETTE PERSON WIE LADY ALICE, ...
... DIE NOCH DAZU VON ALLEN GELIEBT WIRD, UM SO ETWAS BITTET.
WELCHE ALTERNATIVE HABE ICH?
WENN ICH ...
... IHRE BEDINGUNG AKZEPTIERE, ...
... KANN ICH VIELLEICHT WENIGSTENS ETWAS ZEIT GEWINNEN.

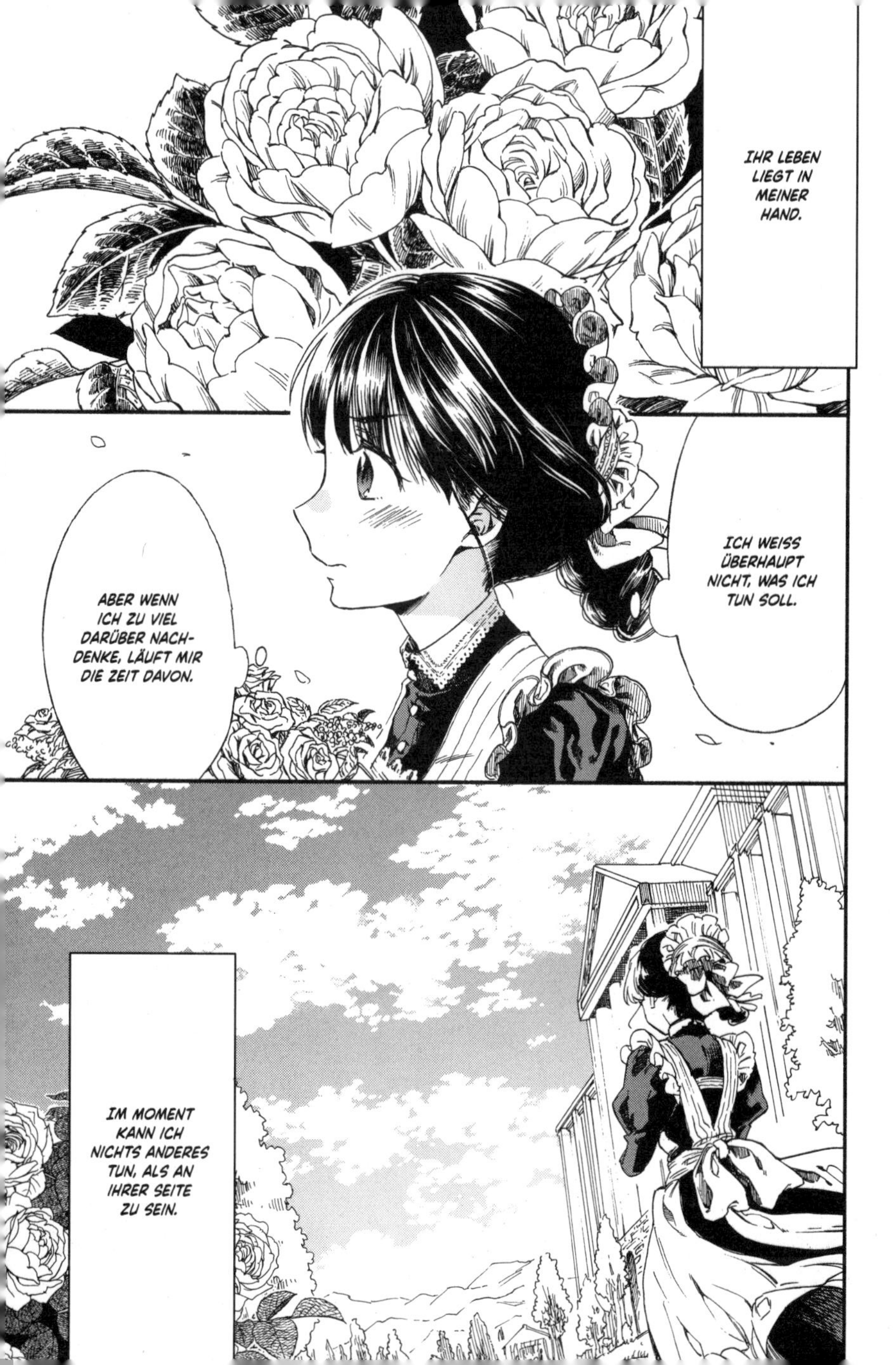
IHR LEBEN LIEGT IN MEINER HAND.
ICH WEISS ÜBERHAUPT NICHT, WAS ICH TUN SOLL.
ABER WENN ICH ZU VIEL DARÜBER NACH-DENKE, LÄUFT MIR DIE ZEIT DAVON.
IM MOMENT KANN ICH NICHTS ANDERES TUN, ALS AN IHRER SEITE ZU SEIN.

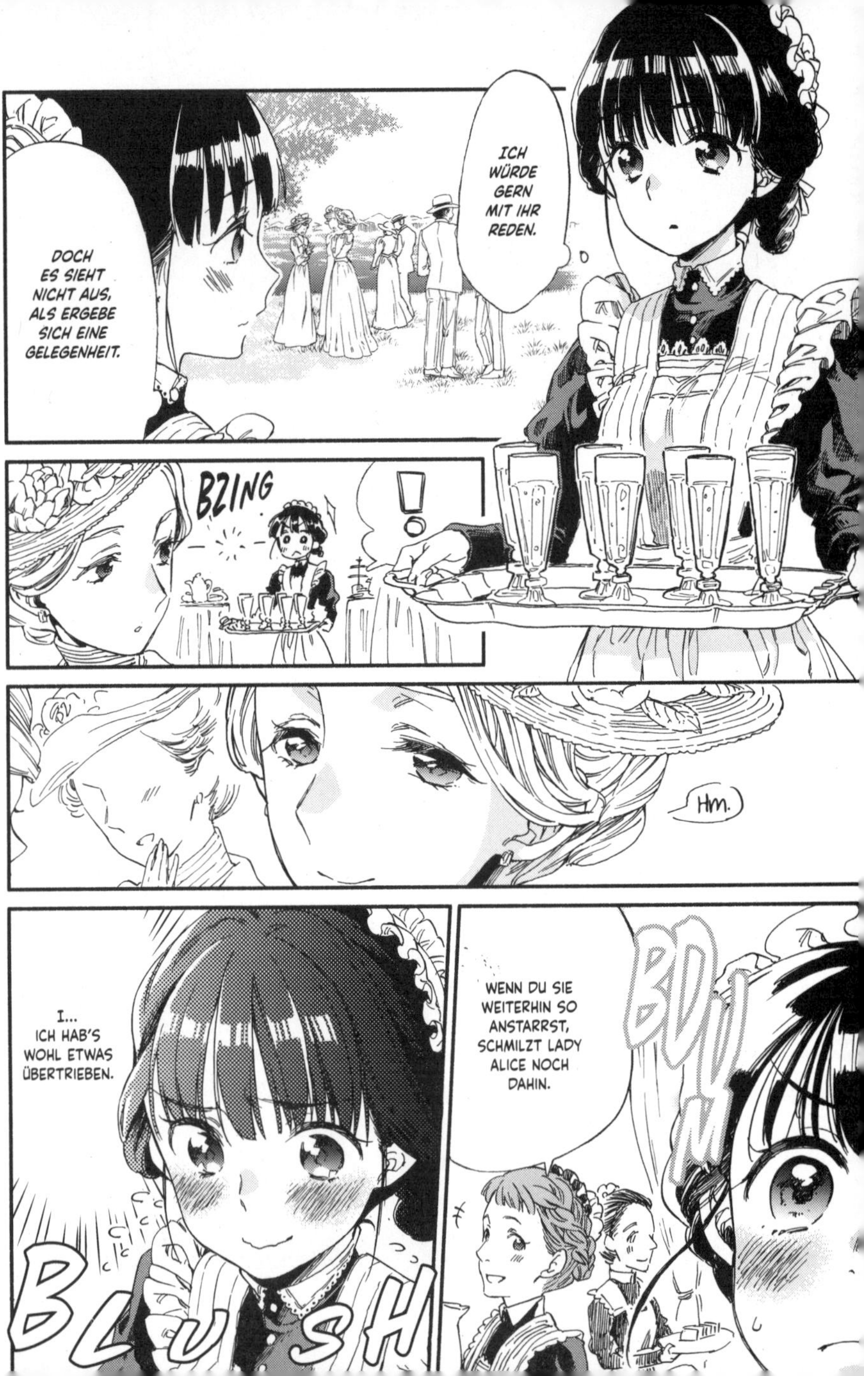
ICH WÜRDE GERN MIT IHR REDEN.
DOCH ES SIEHT NICHT AUS, ALS ERGEBE SICH EINE GELEGENHEIT.
BZING
!
Hm.
WENN DU SIE WEITERHIN SO ANSTARRST, SCHMILZT LADY ALICE NOCH DAHIN.
I... ICH HAB'S WOHL ETWAS ÜBERTRIEBEN.
BLUSH

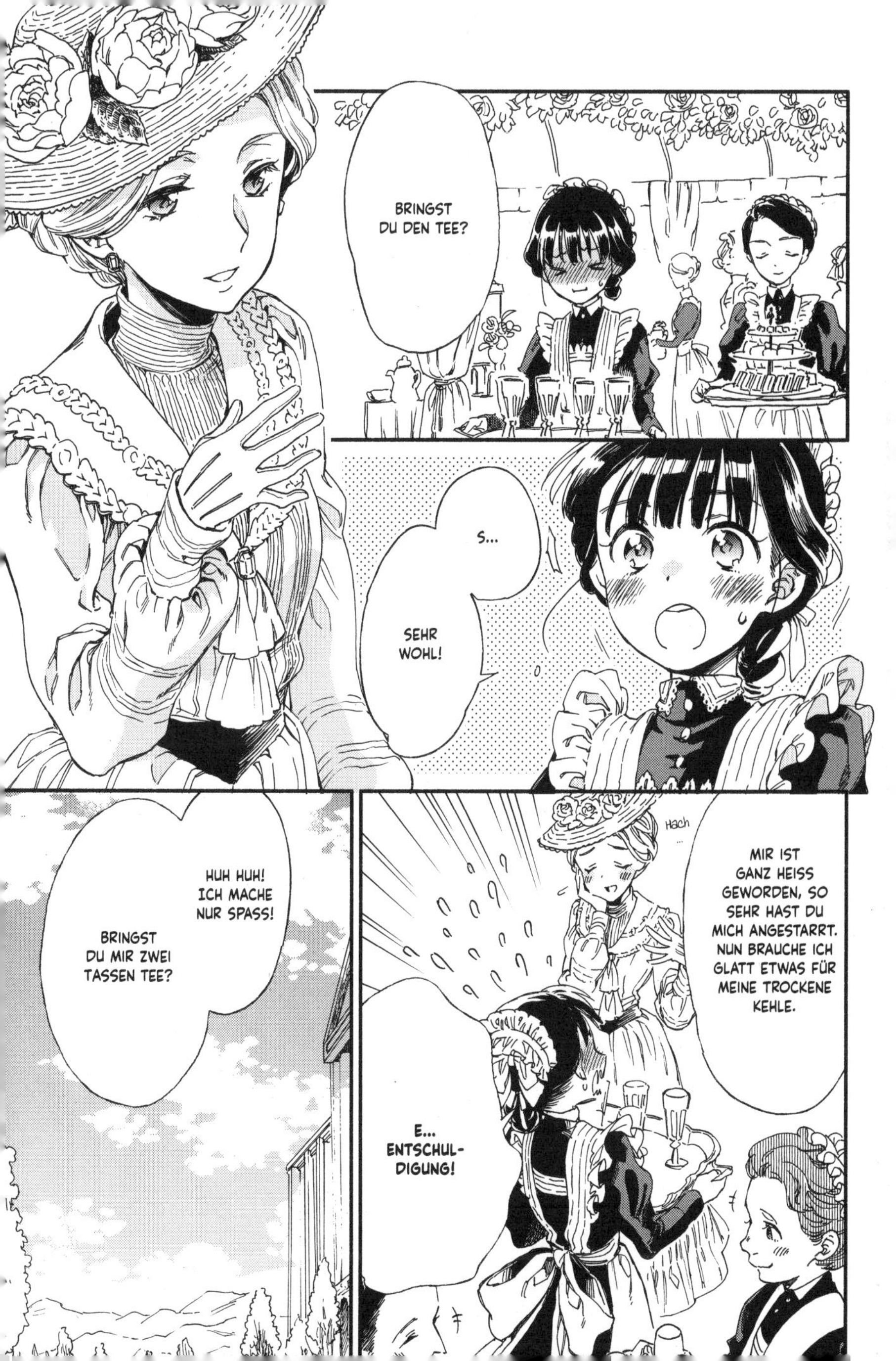
BRINGST DU DEN TEE?
S...
SEHR WOHL!
Hach ...
MIR IST GANZ HEISS GEWORDEN, SO SEHR HAST DU MICH ANGESTARRT. NUN BRAUCHE ICH GLATT ETWAS FÜR MEINE TROCKENE KEHLE.
E... ENTSCHUL-DIGUNG!
HUH HUH! ICH MACHE NUR SPASS!
BRINGST DU MIR ZWEI TASSEN TEE?

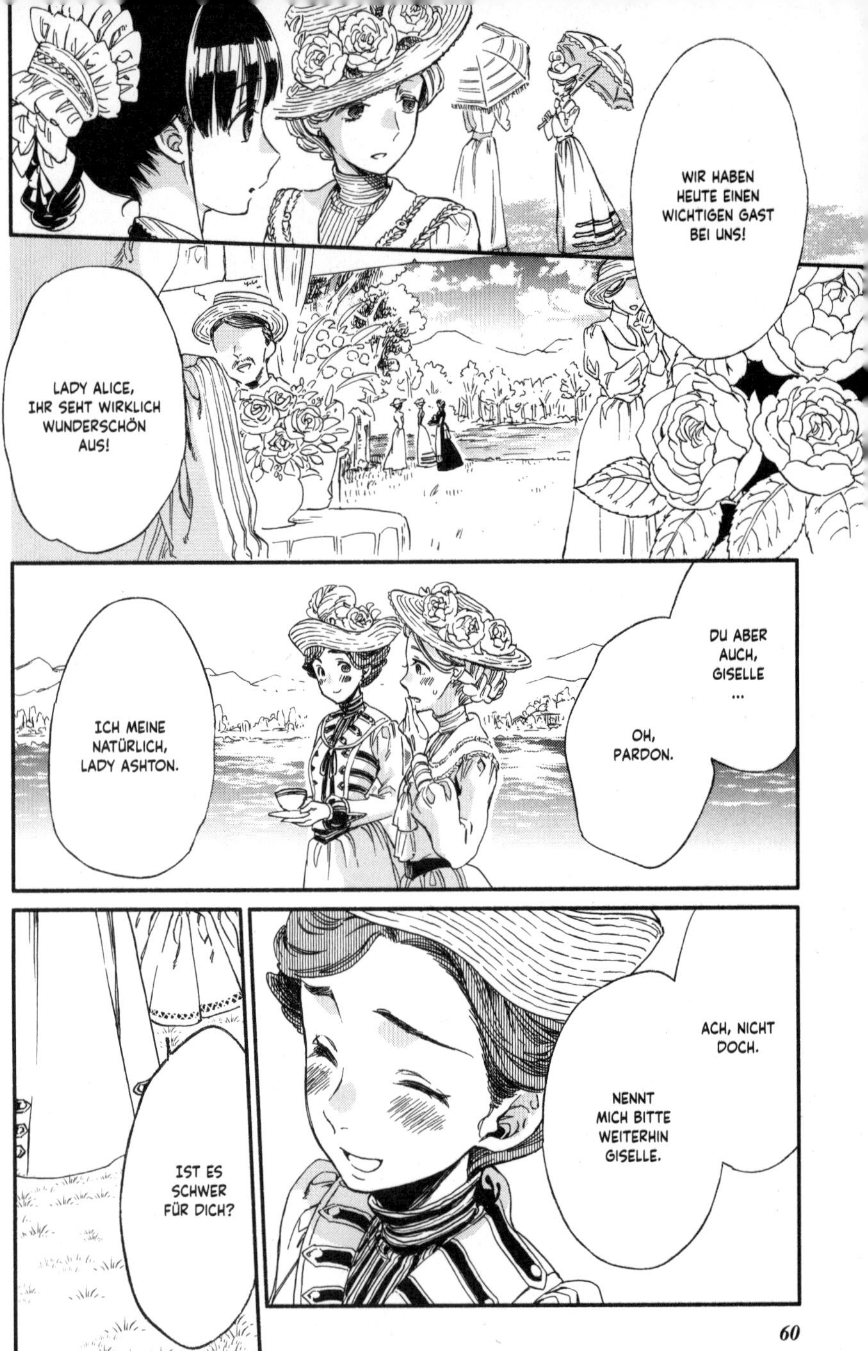
WIR HABEN HEUTE EINEN WICHTIGEN GAST BEI UNS!
LADY ALICE, IHR SEHT WIRKLICH WUNDERSCHÖN AUS!
DU ABER AUCH, GISELLE ...
OH, PARDON.
ICH MEINE NATÜRLICH, LADY ASHTON.
ACH, NICHT DOCH.
NENNT MICH BITTE WEITERHIN GISELLE.
IST ES SCHWER FÜR DICH?

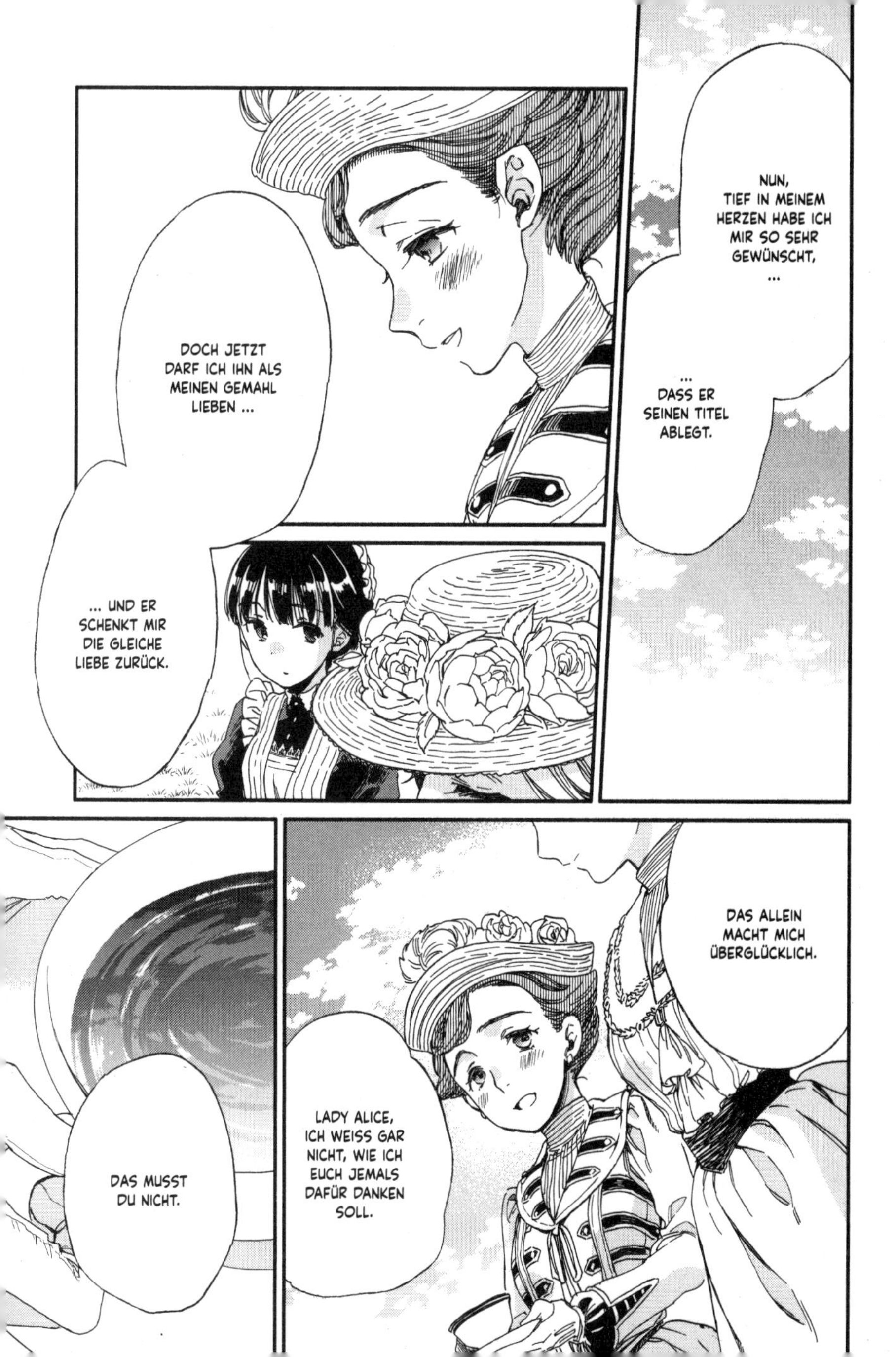
NUN, TIEF IN MEINEM HERZEN HABE ICH MIR SO SEHR GEWÜNSCHT, ...
... DASS ER SEINEN TITEL ABLEGT.
DOCH JETZT DARF ICH IHN ALS MEINEN GEMAHL LIEBEN ...
... UND ER SCHENKT MIR DIE GLEICHE LIEBE ZURÜCK.
DAS ALLEIN MACHT MICH ÜBERGLÜCKLICH.
LADY ALICE, ICH WEISS GAR NICHT, WIE ICH EUCH JEMALS DAFÜR DANKEN SOLL.
DAS MUSST DU NICHT.

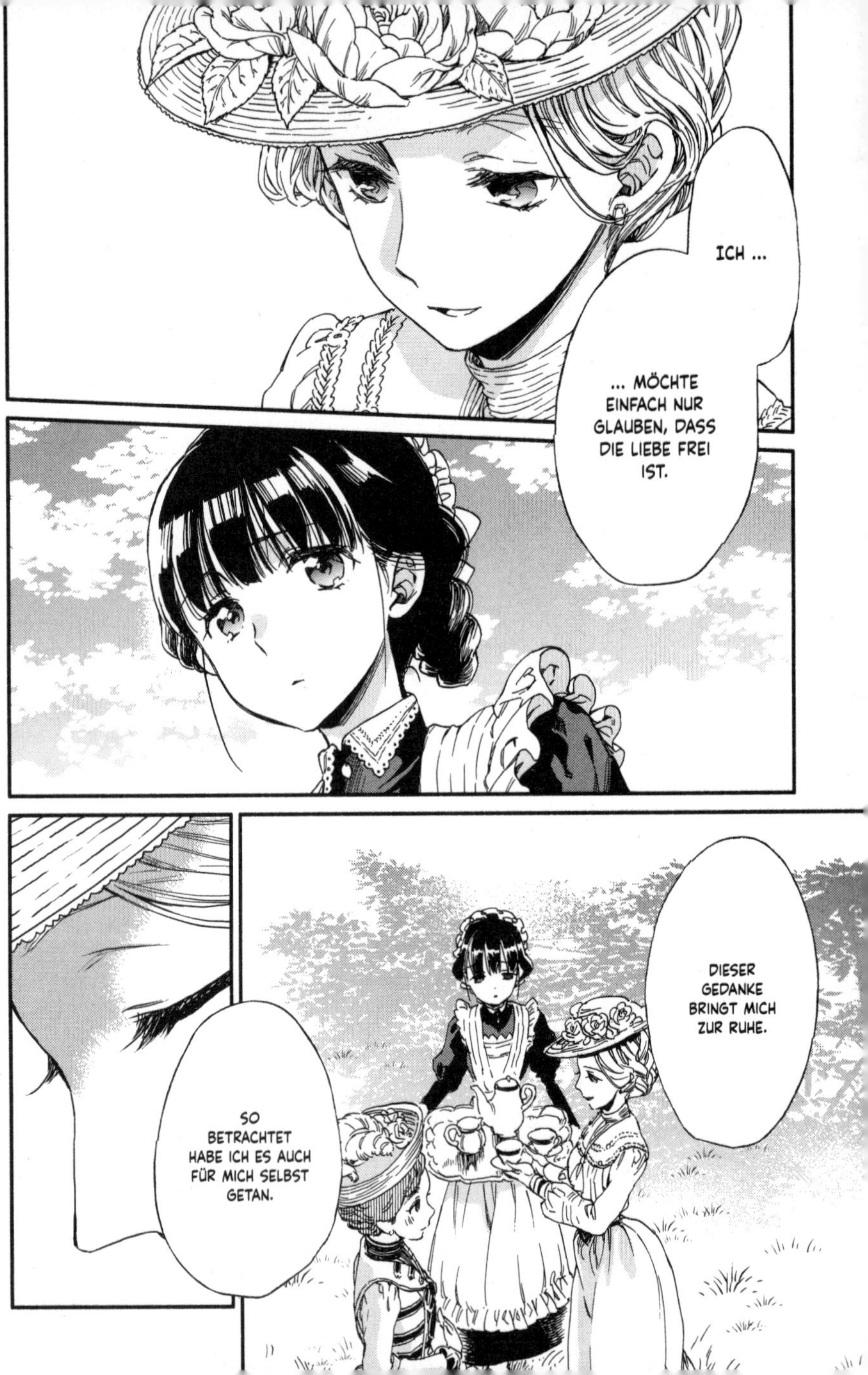
ICH ...
... MÖCHTE EINFACH NUR GLAUBEN, DASS DIE LIEBE FREI IST.
DIESER GEDANKE BRINGT MICH ZUR RUHE.
SO BETRACHTET HABE ICH ES AUCH FÜR MICH SELBST GETAN.

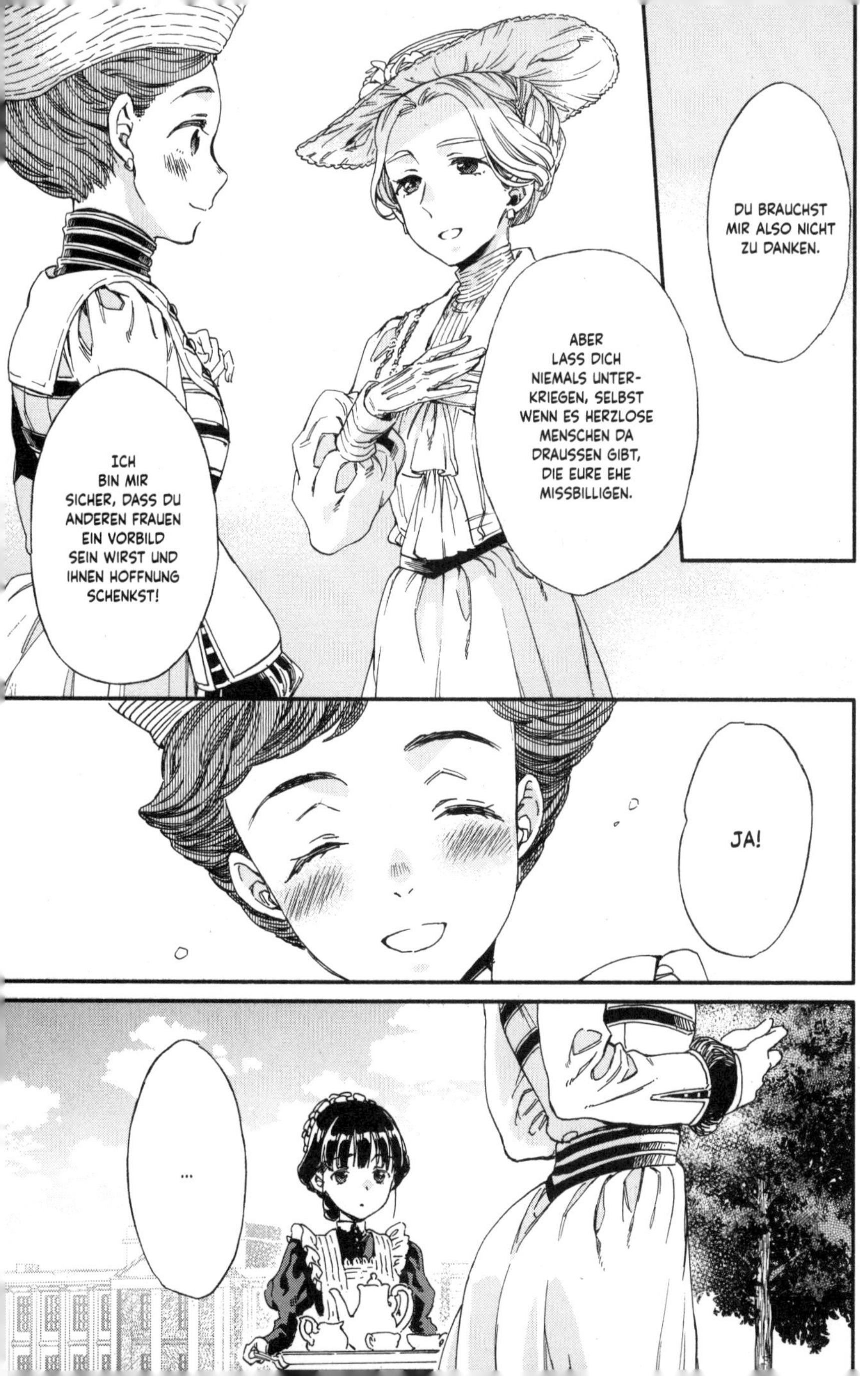
DU BRAUCHST MIR ALSO NICHT ZU DANKEN.
ABER LASS DICH NIEMALS UNTER-KRIEGEN, SELBST WENN ES HERZLOSE MENSCHEN DA DRAUSSEN GIBT, DIE EURE EHE MISSBILLIGEN.
ICH BIN MIR SICHER, DASS DU ANDEREN FRAUEN EIN VORBILD SEIN WIRST UND IHNEN HOFFNUNG SCHENKST!
JA!
...

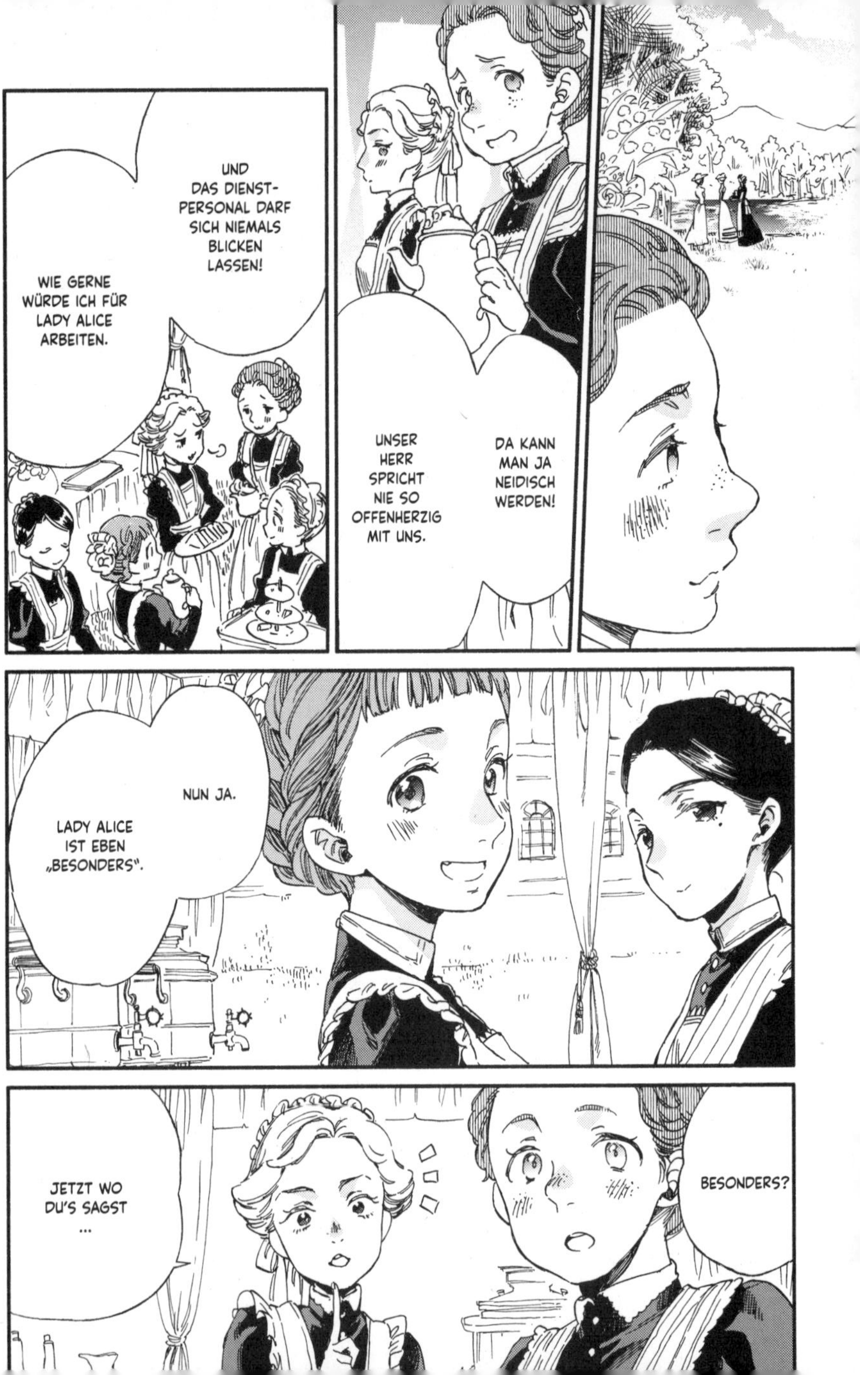
DA KANN MAN JA NEIDISCH WERDEN!
UNSER HERR SPRICHT NIE SO OFFENHERZIG MIT UNS.
UND DAS DIENST-PERSONAL DARF SICH NIEMALS BLICKEN LASSEN!
WIE GERNE WÜRDE ICH FÜR LADY ALICE ARBEITEN.
NUN JA.
LADY ALICE IST EBEN „BESONDERS".
BESONDERS?
JETZT WO DU'S SAGST ...

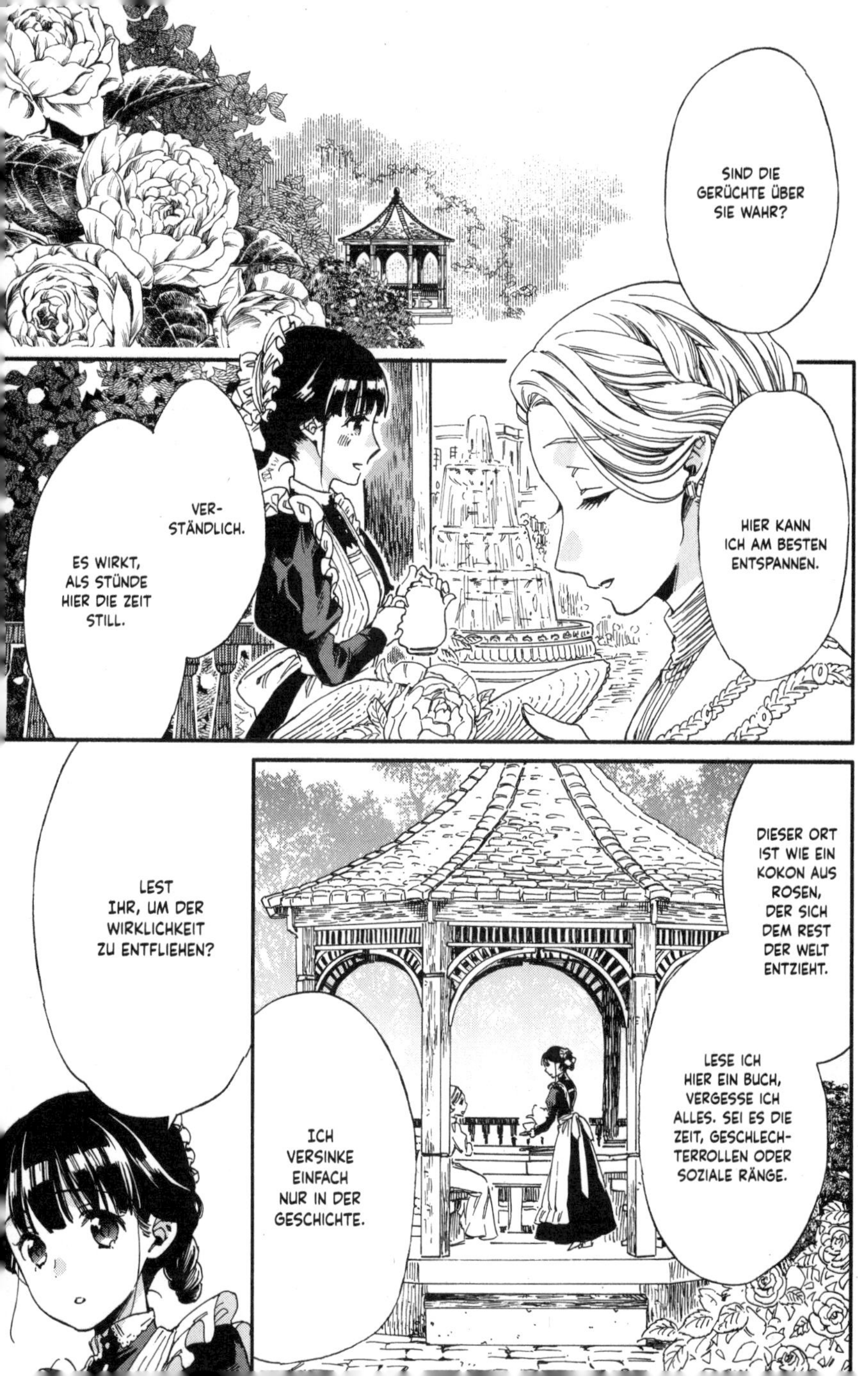
SIND DIE GERÜCHTE ÜBER SIE WAHR?
HIER KANN ICH AM BESTEN ENTSPANNEN.
VERSTÄNDLICH.
ES WIRKT, ALS STÜNDE HIER DIE ZEIT STILL.
DIESER ORT IST WIE EIN KOKON AUS ROSEN, DER SICH DEM REST DER WELT ENTZIEHT.
LESE ICH HIER EIN BUCH, VERGESSE ICH ALLES. SEI ES DIE ZEIT, GESCHLECHTERROLLEN ODER SOZIALE RÄNGE.
ICH VERSINKE EINFACH NUR IN DER GESCHICHTE.
LEST IHR, UM DER WIRKLICHKEIT ZU ENTFLIEHEN?

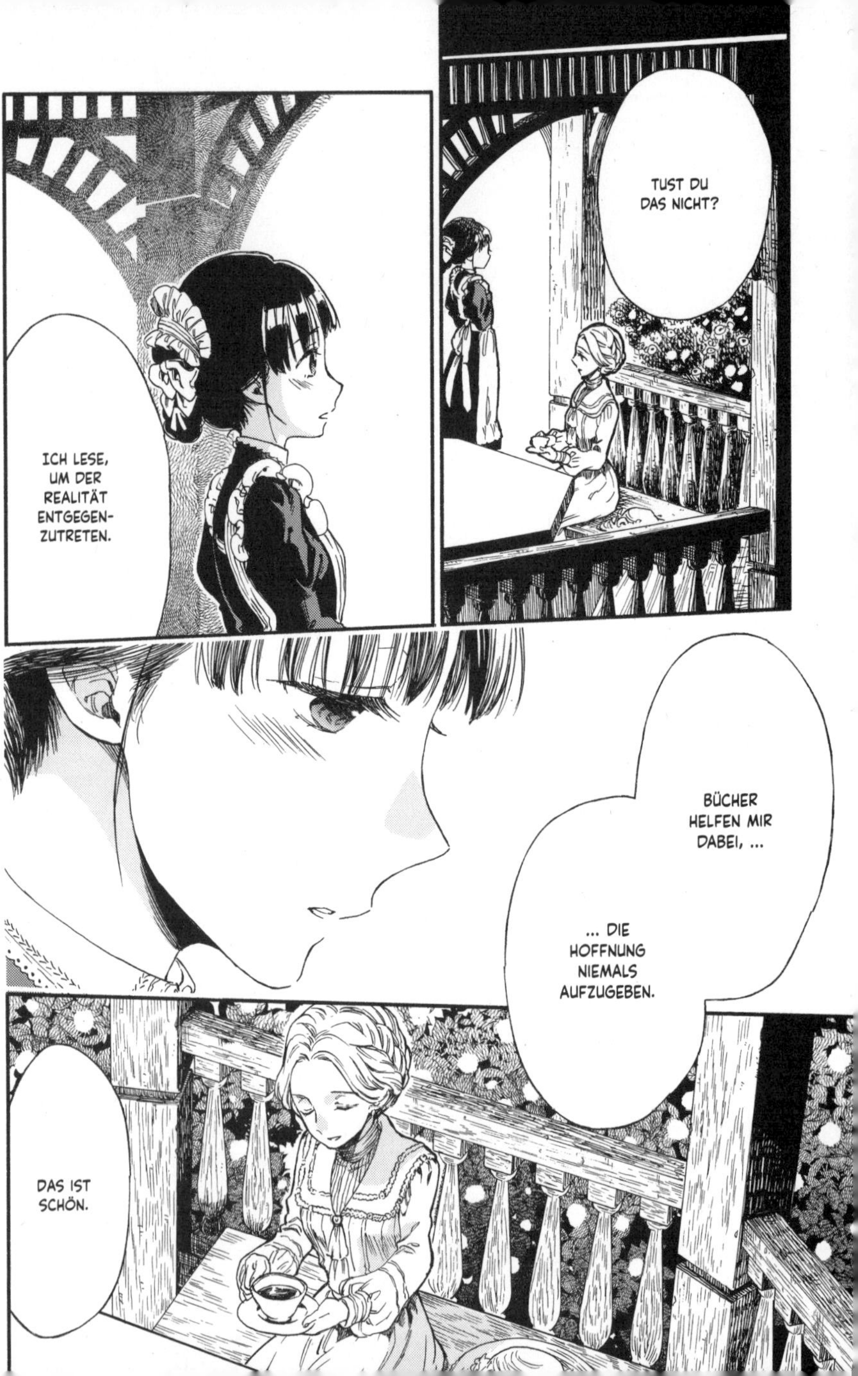
TUST DU
DAS NICHT?
ICH LESE,
UM DER
REALITÄT
ENTGEGEN-
ZUTRETEN.
BÜCHER
HELFEN MIR
DABEI, ...
... DIE
HOFFNUNG
NIEMALS
AUFZUGEBEN.
DAS IST
SCHÖN.

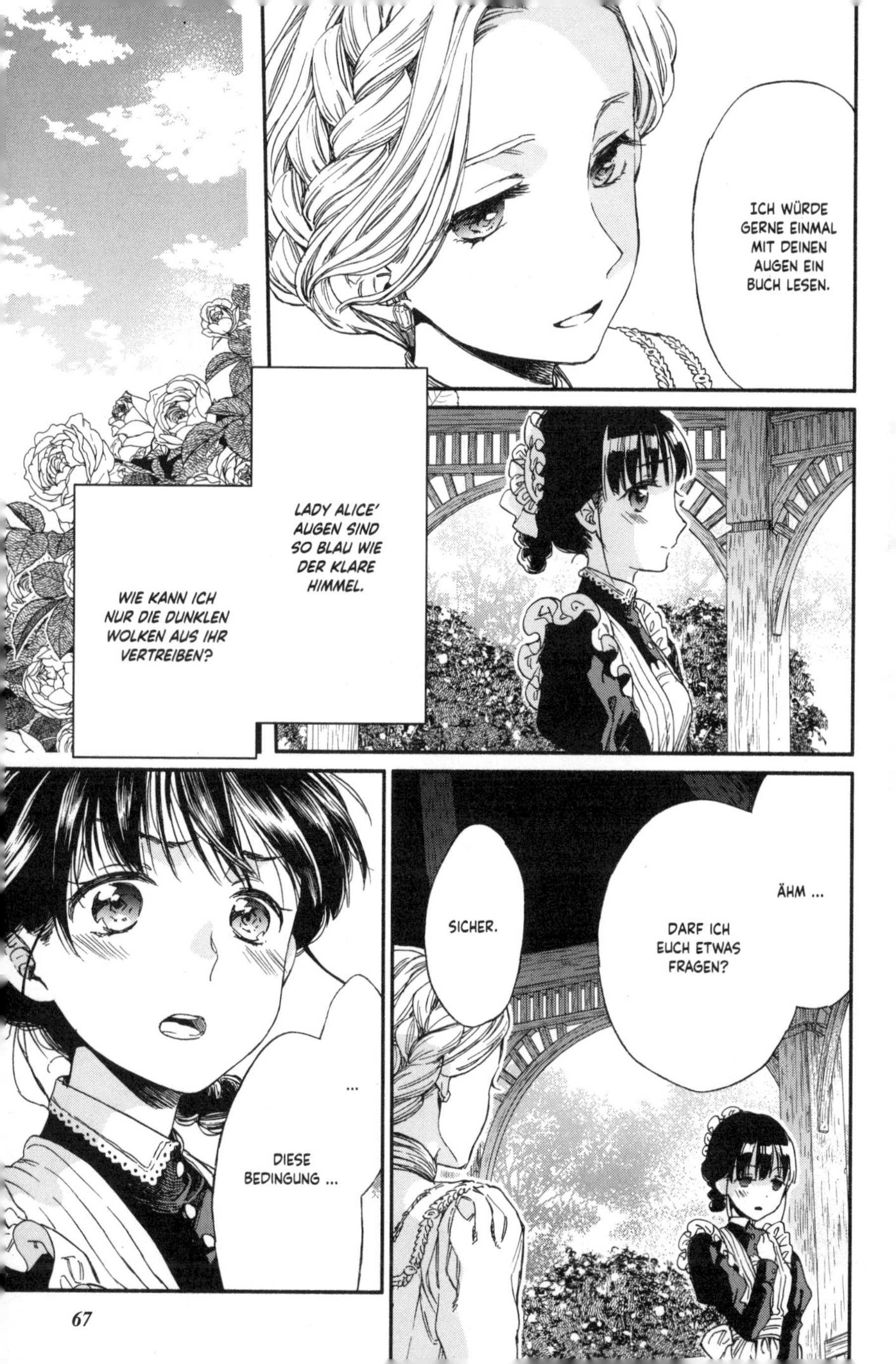
ICH WÜRDE GERNE EINMAL MIT DEINEN AUGEN EIN BUCH LESEN.
LADY ALICE' AUGEN SIND SO BLAU WIE DER KLARE HIMMEL.
WIE KANN ICH NUR DIE DUNKLEN WOLKEN AUS IHR VERTREIBEN?
ÄHM ...
DARF ICH EUCH ETWAS FRAGEN?
SICHER.
...
DIESE BEDINGUNG ...

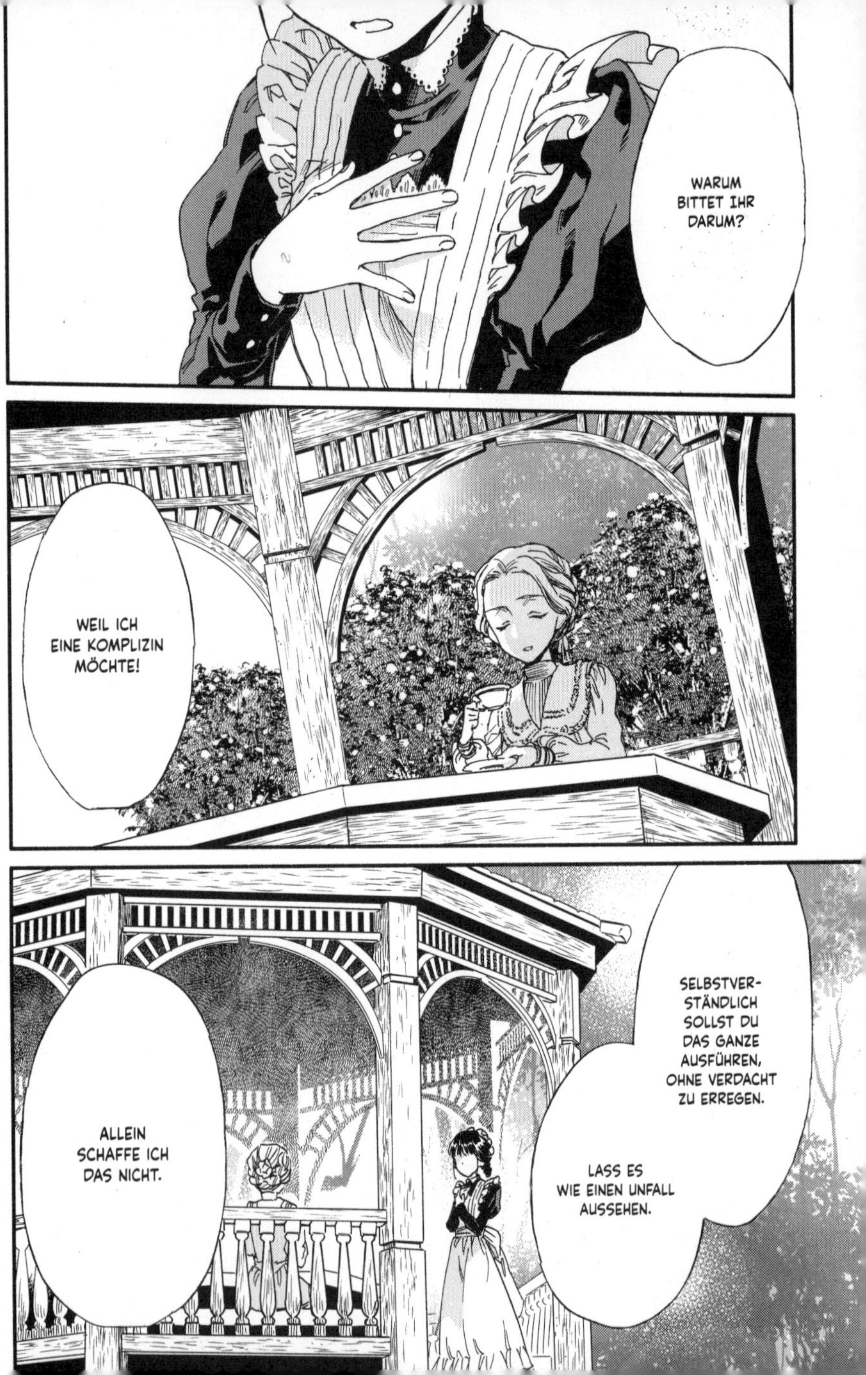
WARUM BITTET IHR DARUM?
WEIL ICH EINE KOMPLIZIN MÖCHTE!
SELBSTVERSTÄNDLICH SOLLST DU DAS GANZE AUSFÜHREN, OHNE VERDACHT ZU ERREGEN.
LASS ES WIE EINEN UNFALL AUSSEHEN.
ALLEIN SCHAFFE ICH DAS NICHT.

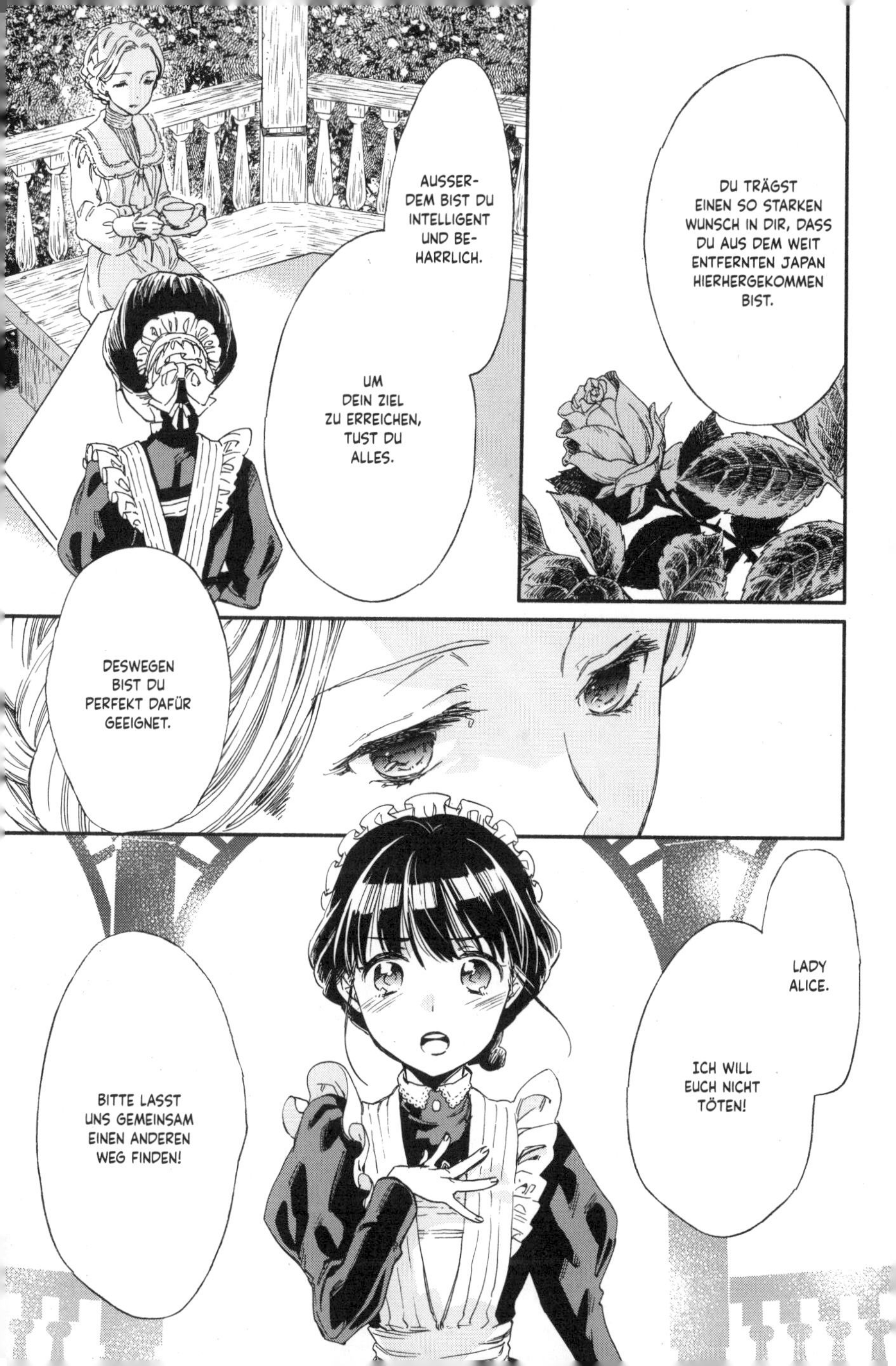

DU TRÄGST EINEN SO STARKEN WUNSCH IN DIR, DASS DU AUS DEM WEIT ENTFERNTEN JAPAN HIERHERGEKOMMEN BIST.
AUSSERDEM BIST DU INTELLIGENT UND BEHARRLICH.
UM DEIN ZIEL ZU ERREICHEN, TUST DU ALLES.
DESWEGEN BIST DU PERFEKT DAFÜR GEEIGNET.
LADY ALICE.
ICH WILL EUCH NICHT TÖTEN!
BITTE LASST UNS GEMEINSAM EINEN ANDEREN WEG FINDEN!

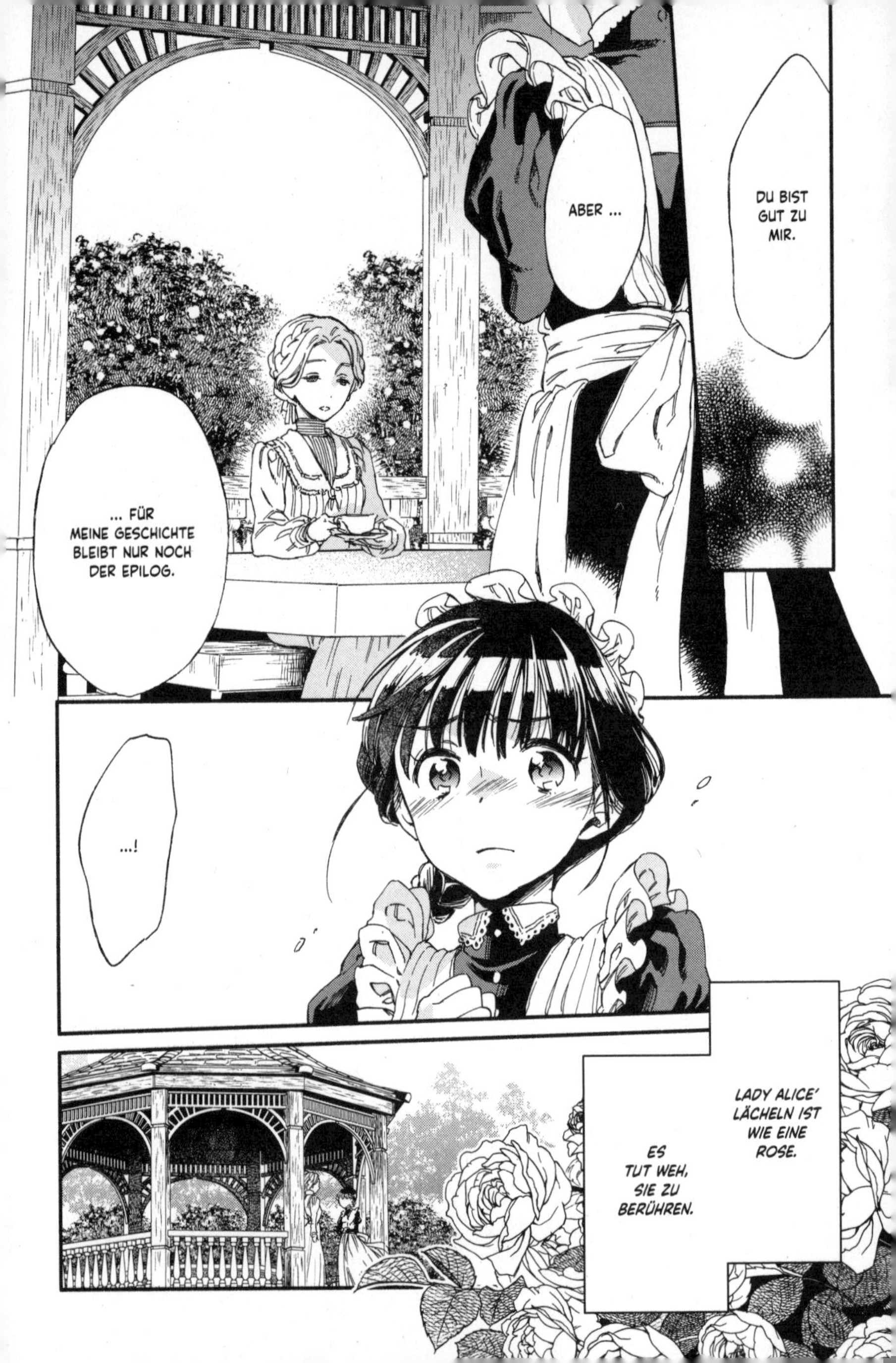
DU BIST GUT ZU MIR.
ABER ...
... FÜR MEINE GESCHICHTE BLEIBT NUR NOCH DER EPILOG.
...!
LADY ALICE' LÄCHELN IST WIE EINE ROSE.
ES TUT WEH, SIE ZU BERÜHREN.

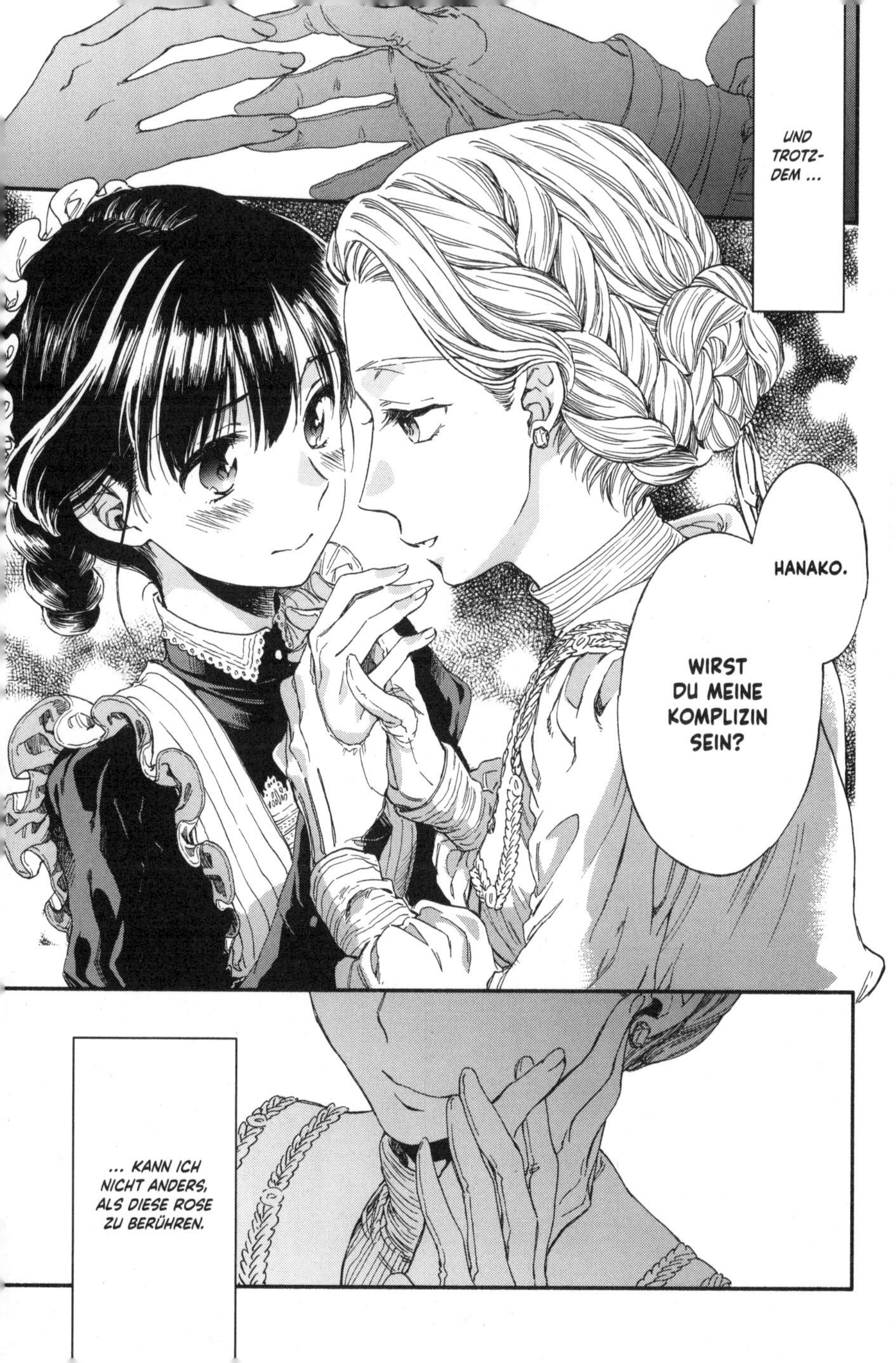
UND TROTZ-DEM ...
HANAKO.
WIRST DU MEINE KOMPLIZIN SEIN?
... KANN ICH NICHT ANDERS, ALS DIESE ROSE ZU BERÜHREN.

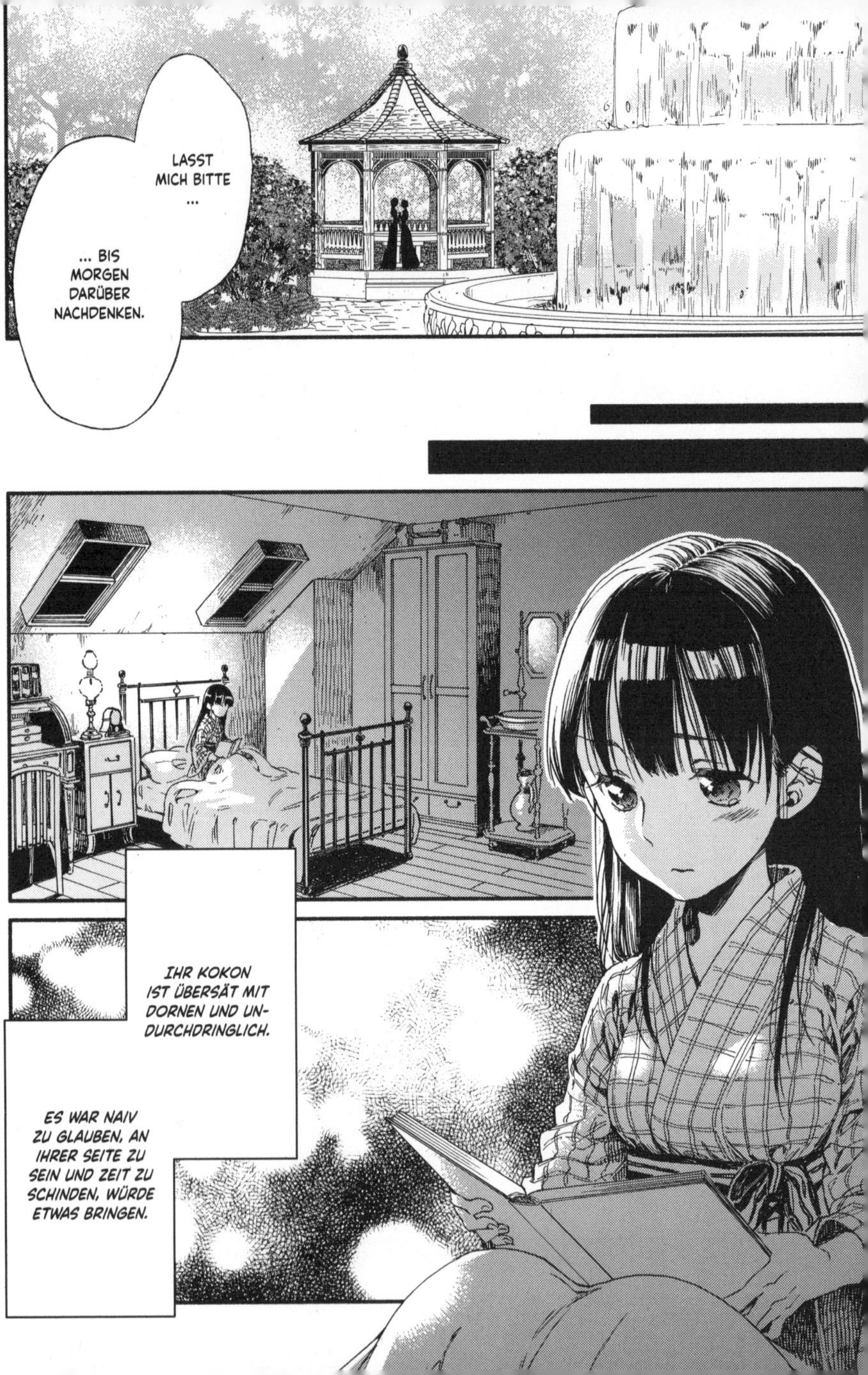
LASST MICH BITTE ...
... BIS MORGEN DARÜBER NACHDENKEN.
IHR KOKON IST ÜBERSÄT MIT DORNEN UND UN-DURCHDRINGLICH.
ES WAR NAIV ZU GLAUBEN, AN IHRER SEITE ZU SEIN UND ZEIT ZU SCHINDEN, WÜRDE ETWAS BRINGEN.

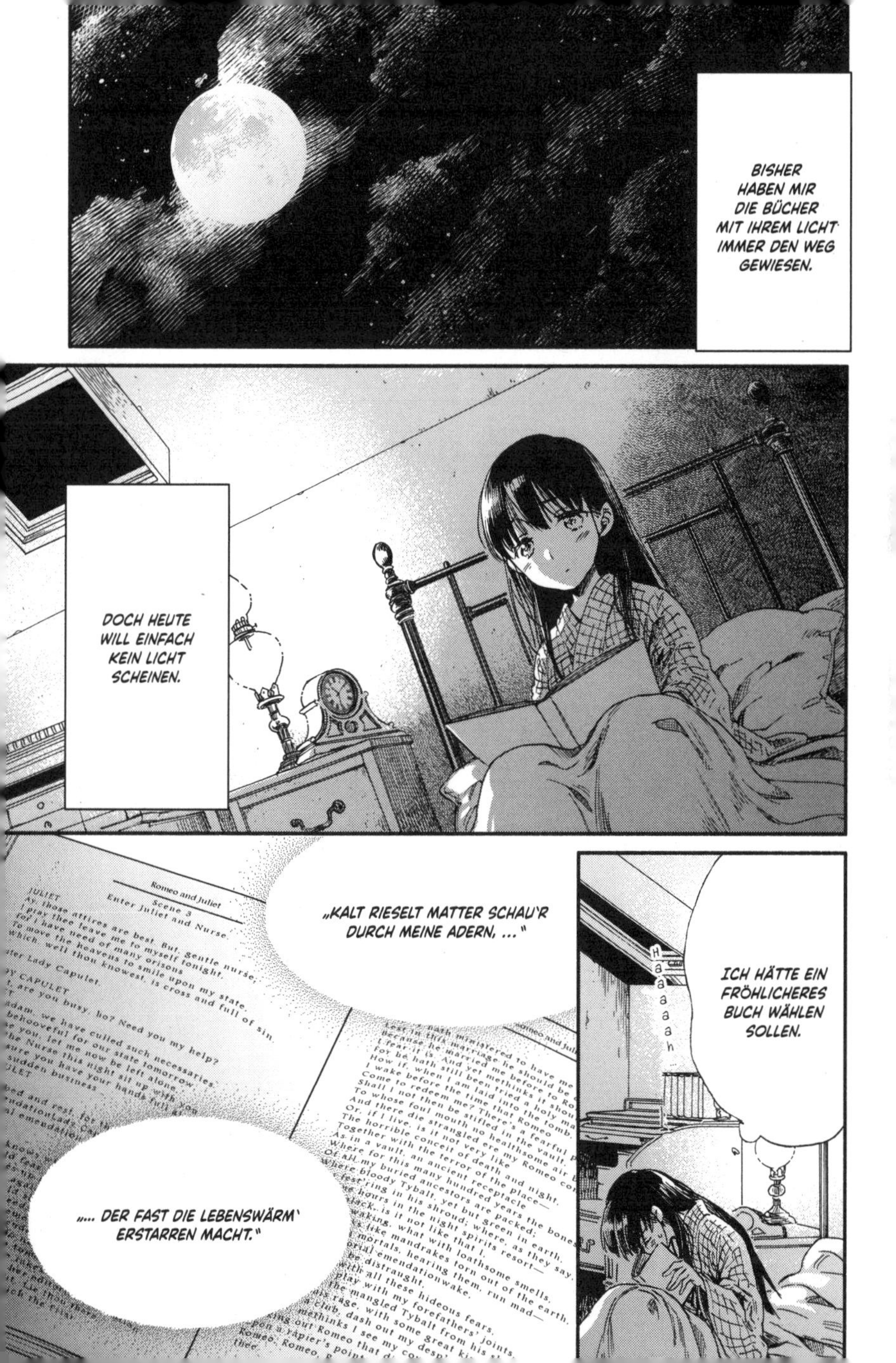
BISHER HABEN MIR DIE BÜCHER MIT IHREM LICHT IMMER DEN WEG GEWIESEN.
DOCH HEUTE WILL EINFACH KEIN LICHT SCHEINEN.
ICH HÄTTE EIN FRÖHLICHERES BUCH WÄHLEN SOLLEN.
Haaaaah ...
„KALT RIESELT MATTER SCHAU'R DURCH MEINE ADERN, ..."
„... DER FAST DIE LEBENSWÄRM' ERSTARREN MACHT."
Romeo and Juliet
Scene 3
Enter Juliet and Nurse.

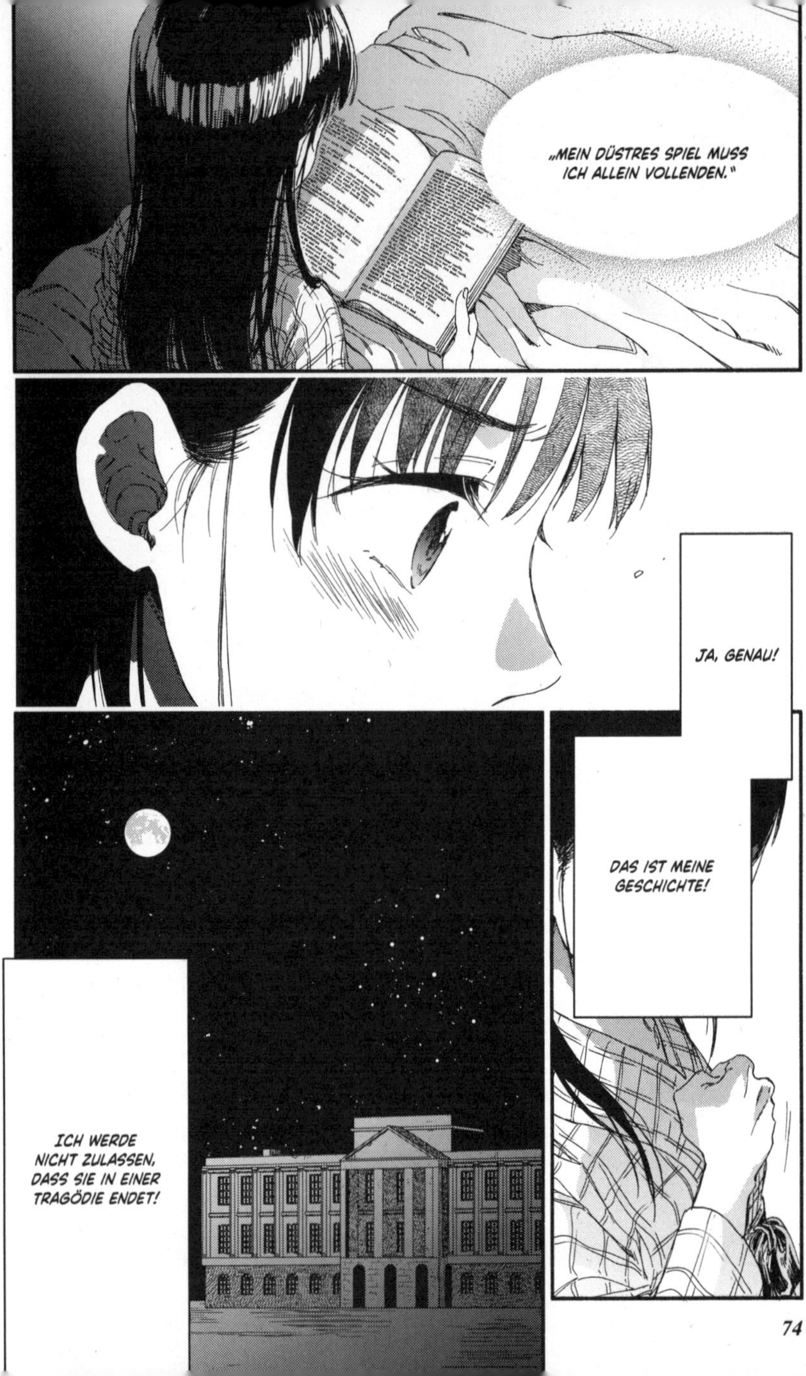
„MEIN DÜSTRES SPIEL MUSS ICH ALLEIN VOLLENDEN."
JA, GENAU!
DAS IST MEINE GESCHICHTE!
ICH WERDE NICHT ZULASSEN, DASS SIE IN EINER TRAGÖDIE ENDET!

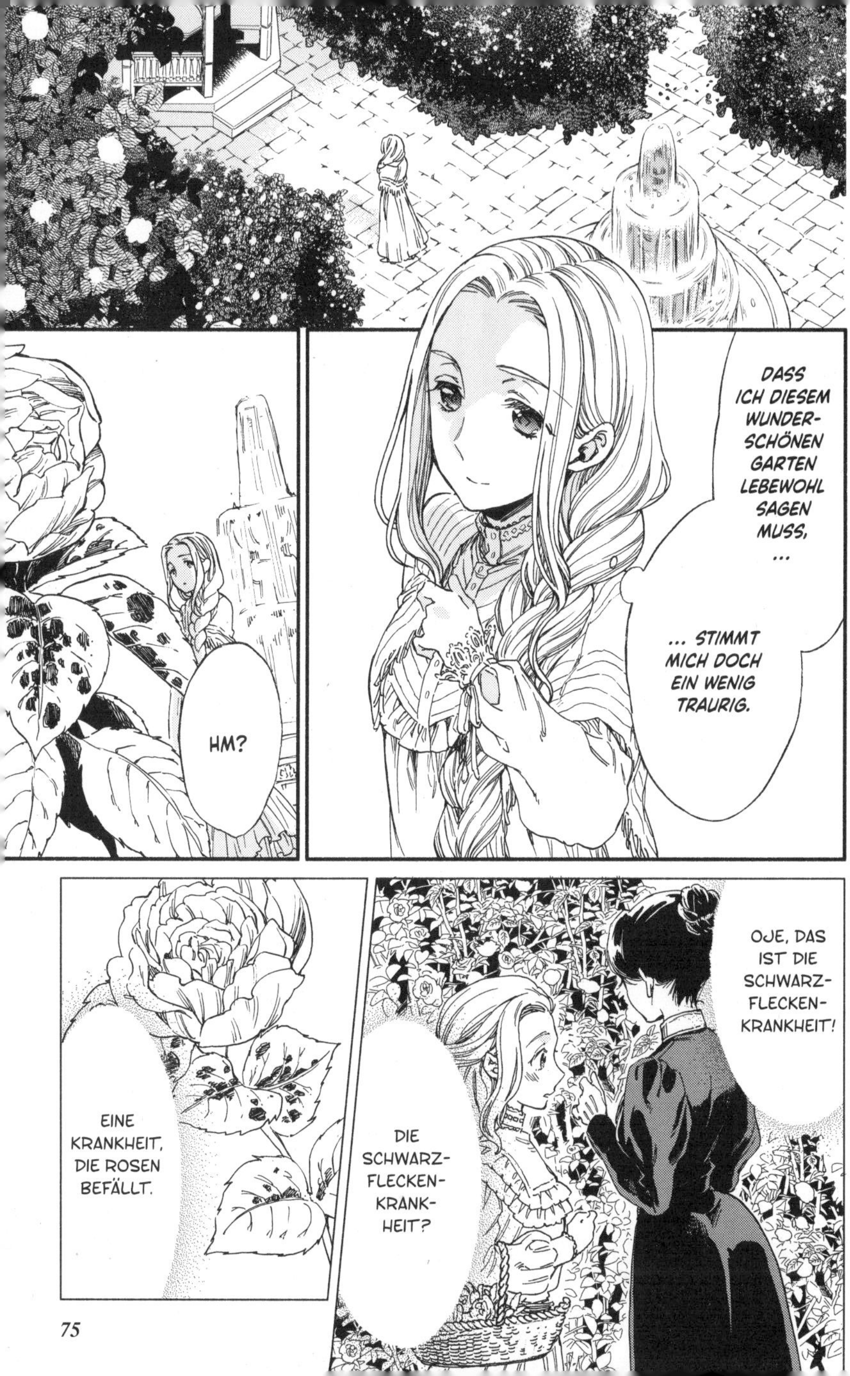
DASS ICH DIESEM WUNDER-SCHÖNEN GARTEN LEBEWOHL SAGEN MUSS, ...
... STIMMT MICH DOCH EIN WENIG TRAURIG.
HM?
OJE, DAS IST DIE SCHWARZ-FLECKEN-KRANKHEIT!
DIE SCHWARZ-FLECKEN-KRANK-HEIT?
EINE KRANKHEIT, DIE ROSEN BEFÄLLT.

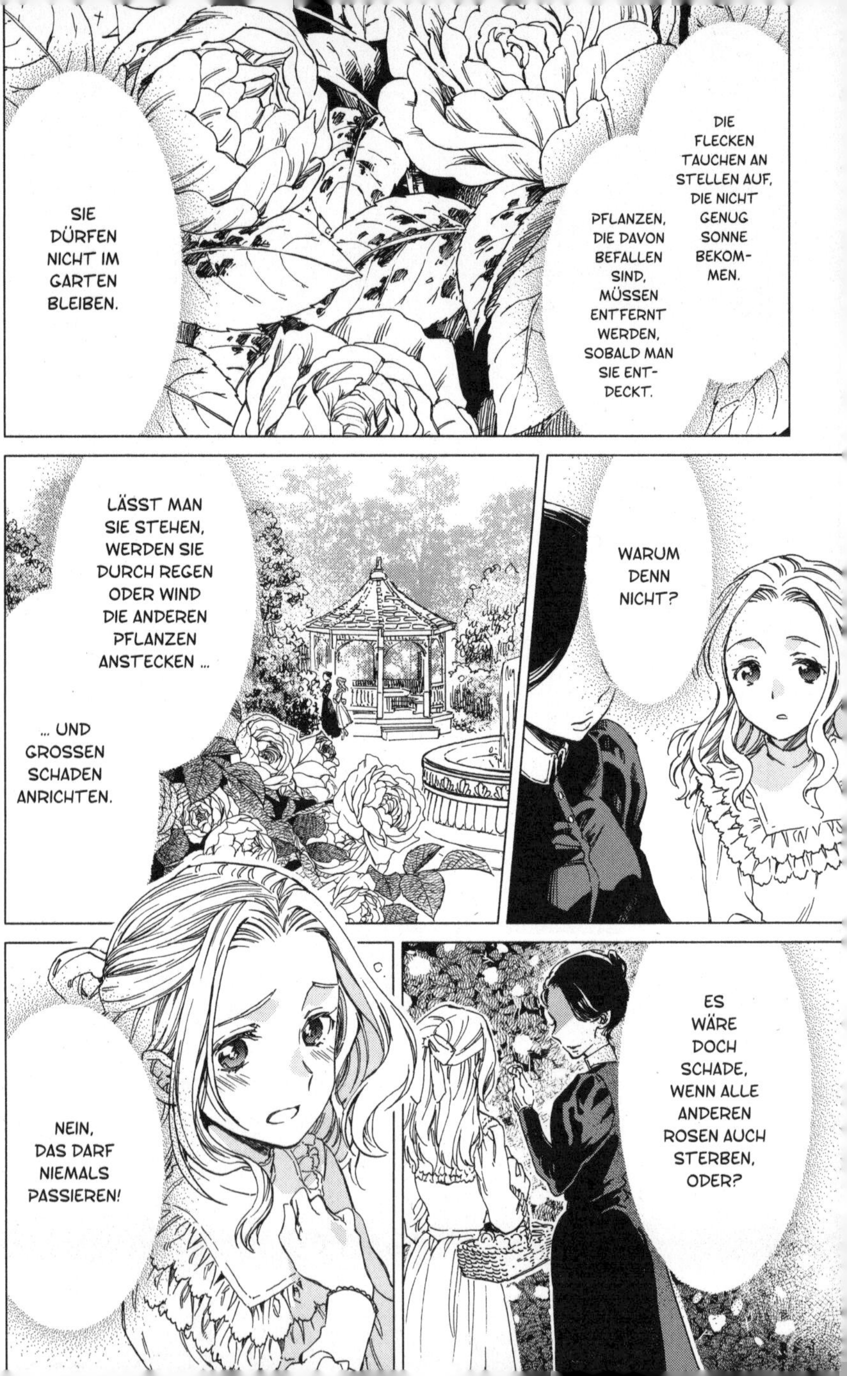
DIE FLECKEN TAUCHEN AN STELLEN AUF, DIE NICHT GENUG SONNE BEKOMMEN.
PFLANZEN, DIE DAVON BEFALLEN SIND, MÜSSEN ENTFERNT WERDEN, SOBALD MAN SIE ENTDECKT.
SIE DÜRFEN NICHT IM GARTEN BLEIBEN.
WARUM DENN NICHT?
LÄSST MAN SIE STEHEN, WERDEN SIE DURCH REGEN ODER WIND DIE ANDEREN PFLANZEN ANSTECKEN ...
... UND GROSSEN SCHADEN ANRICHTEN.
ES WÄRE DOCH SCHADE, WENN ALLE ANDEREN ROSEN AUCH STERBEN, ODER?
NEIN, DAS DARF NIEMALS PASSIEREN!

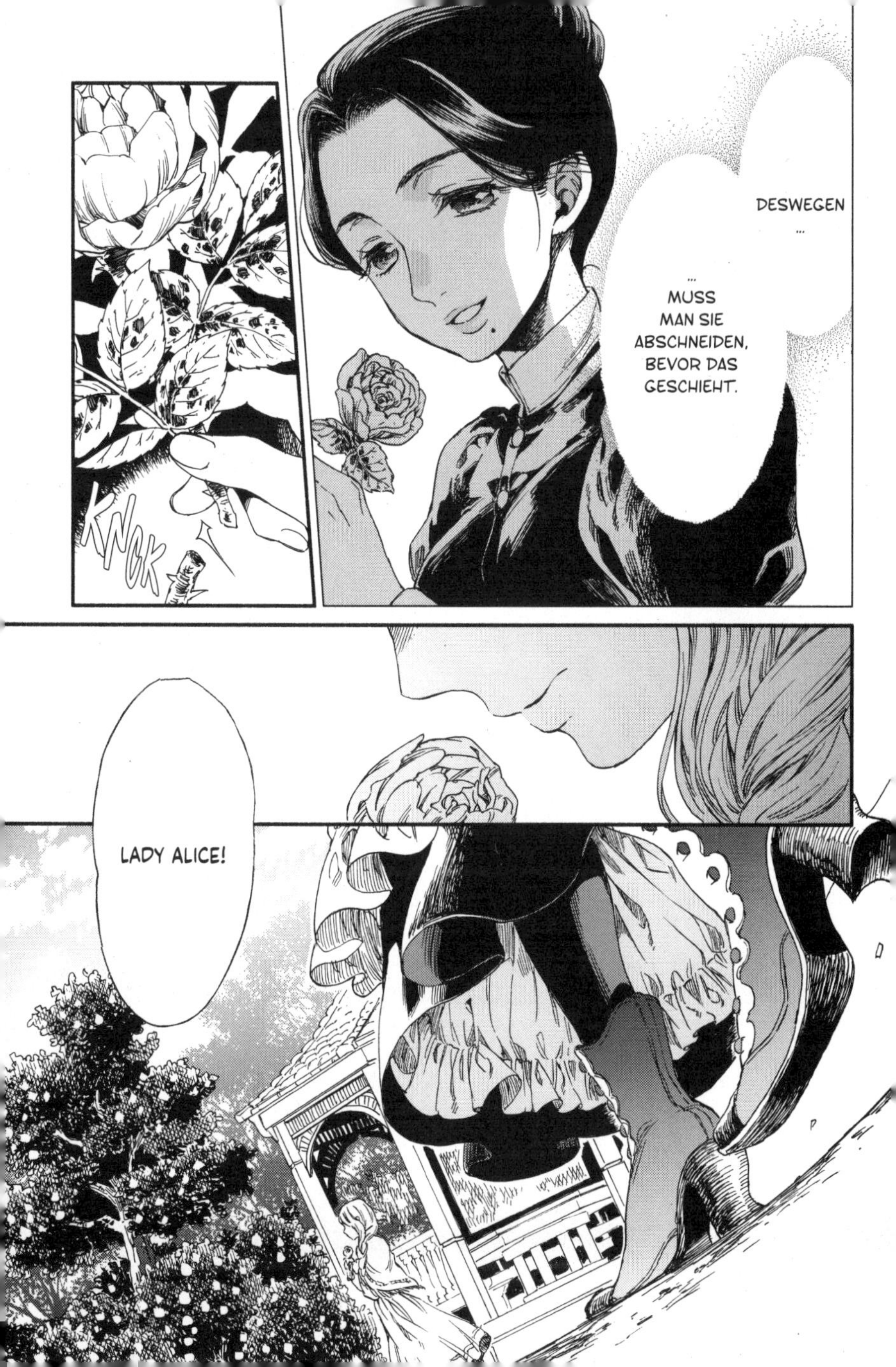
KNCK
DESWEGEN ...
... MUSS MAN SIE ABSCHNEIDEN, BEVOR DAS GESCHIEHT.
LADY ALICE!

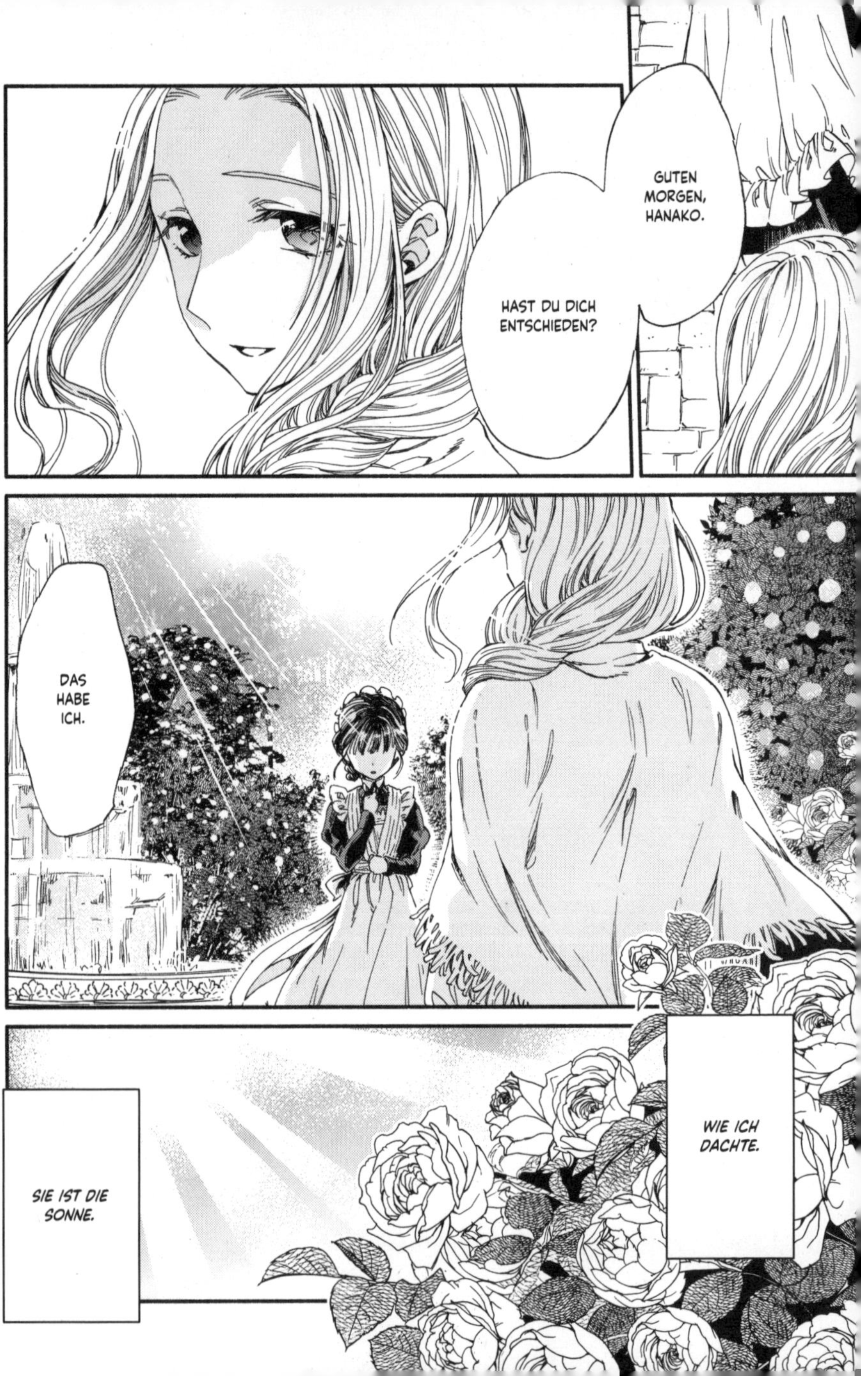
GUTEN MORGEN, HANAKO.
HAST DU DICH ENTSCHIEDEN?
DAS HABE ICH.
WIE ICH DACHTE.
SIE IST DIE SONNE.

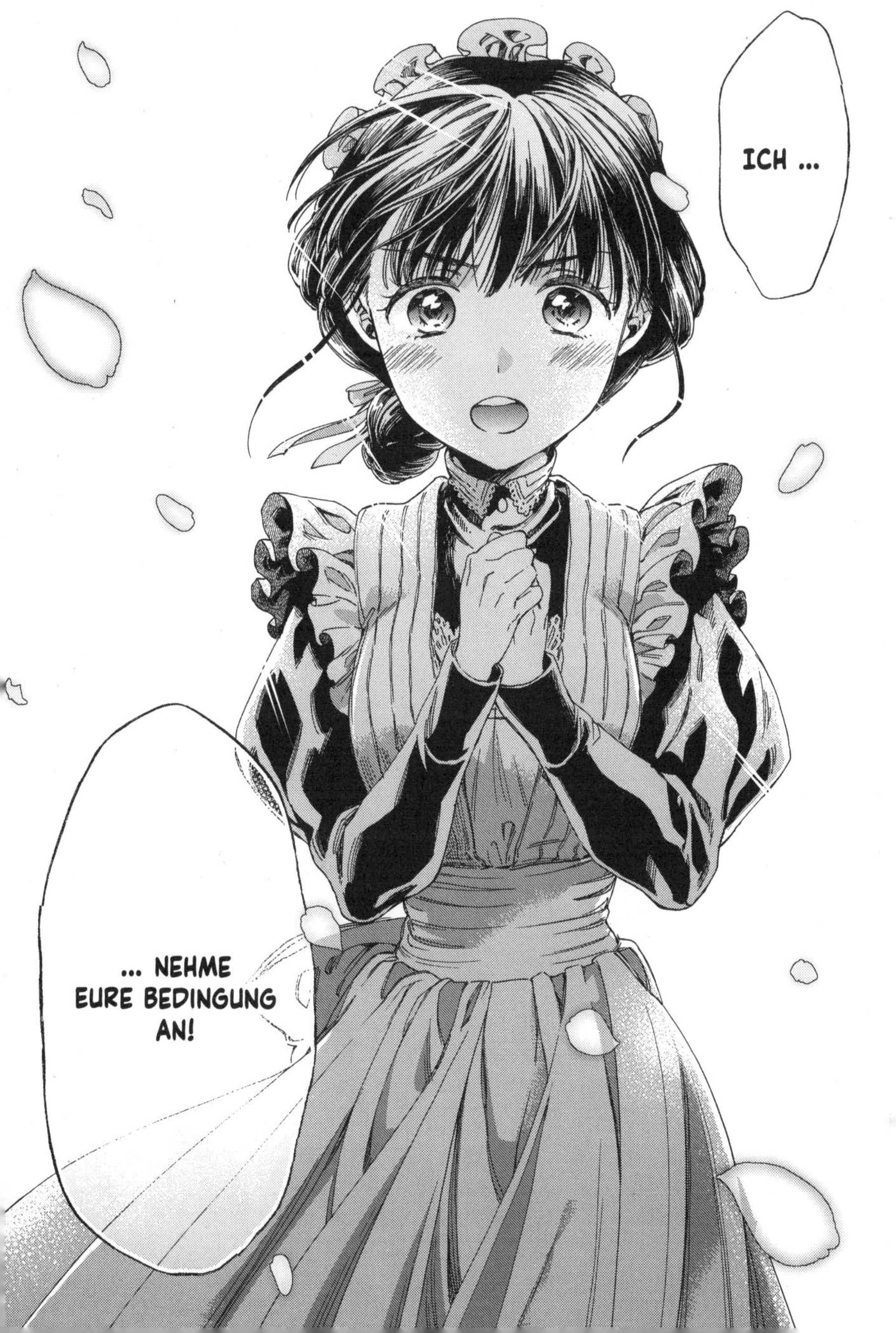
ICH ...
... NEHME EURE BEDINGUNG AN!

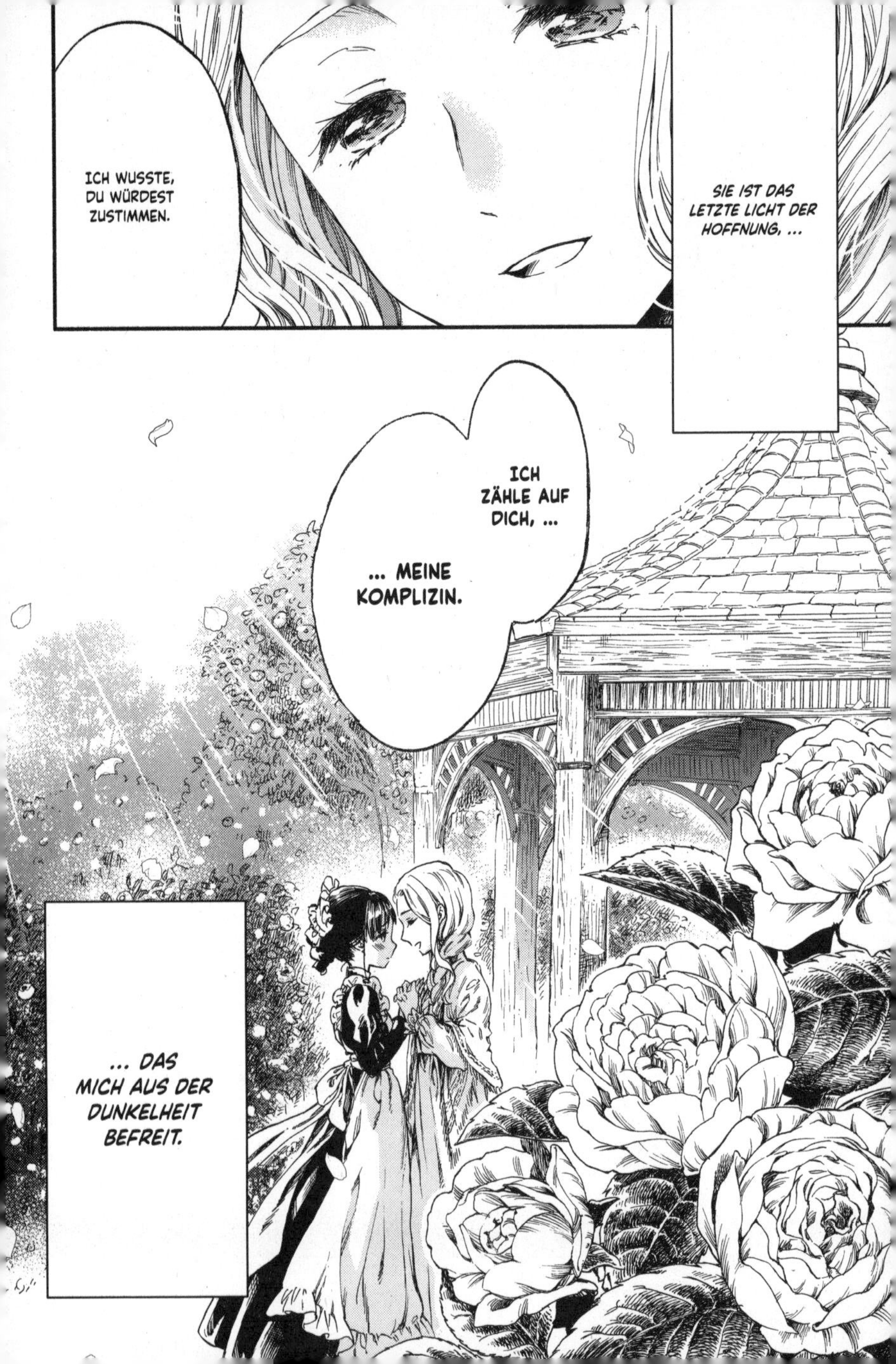
Sie ist das letzte Licht der Hoffnung, ...
Ich wusste, du würdest zustimmen.
Ich zähle auf dich, ...
... meine Komplizin.
... das mich aus der Dunkelheit befreit.

{ Kapitel 3 }

Die Schwarzfleckenkrankheit, die mich zerfrisst

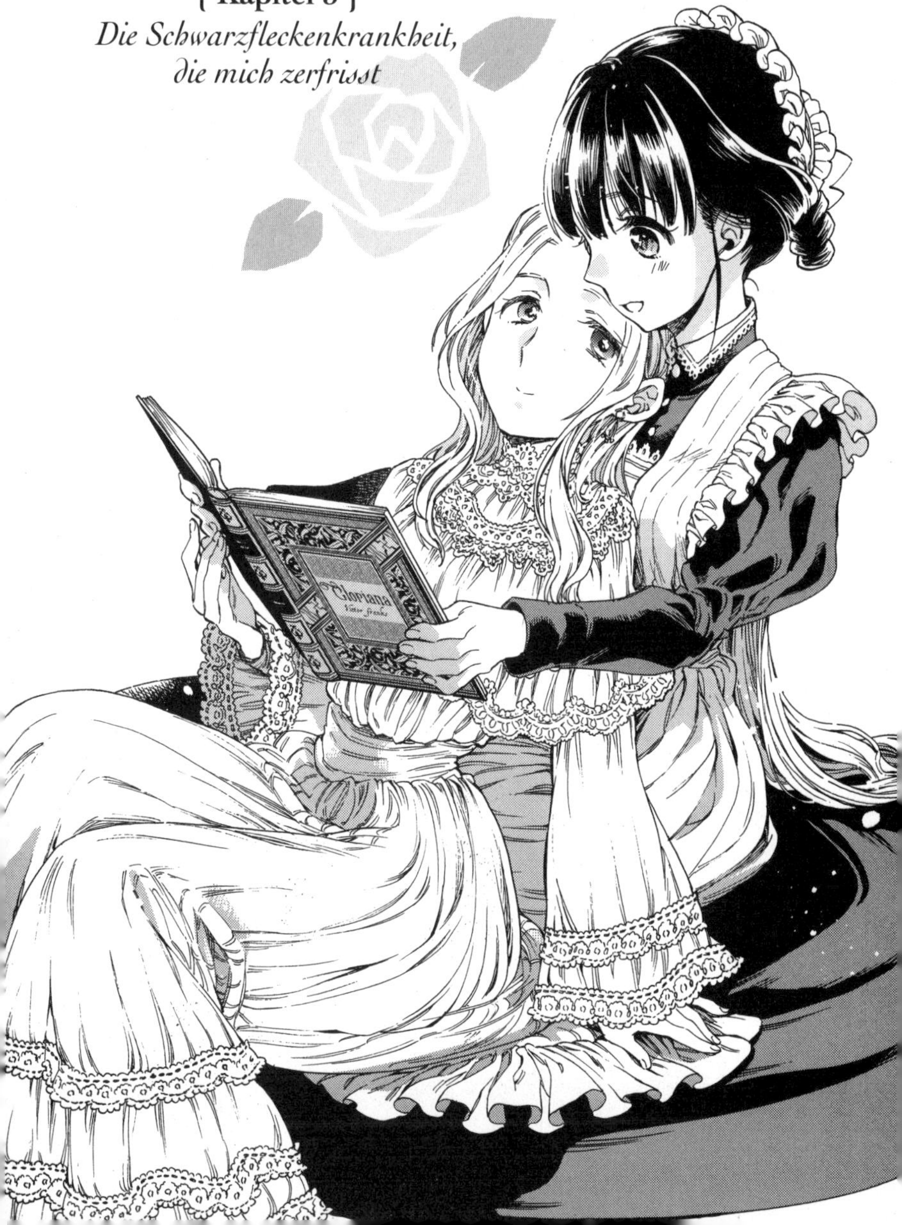

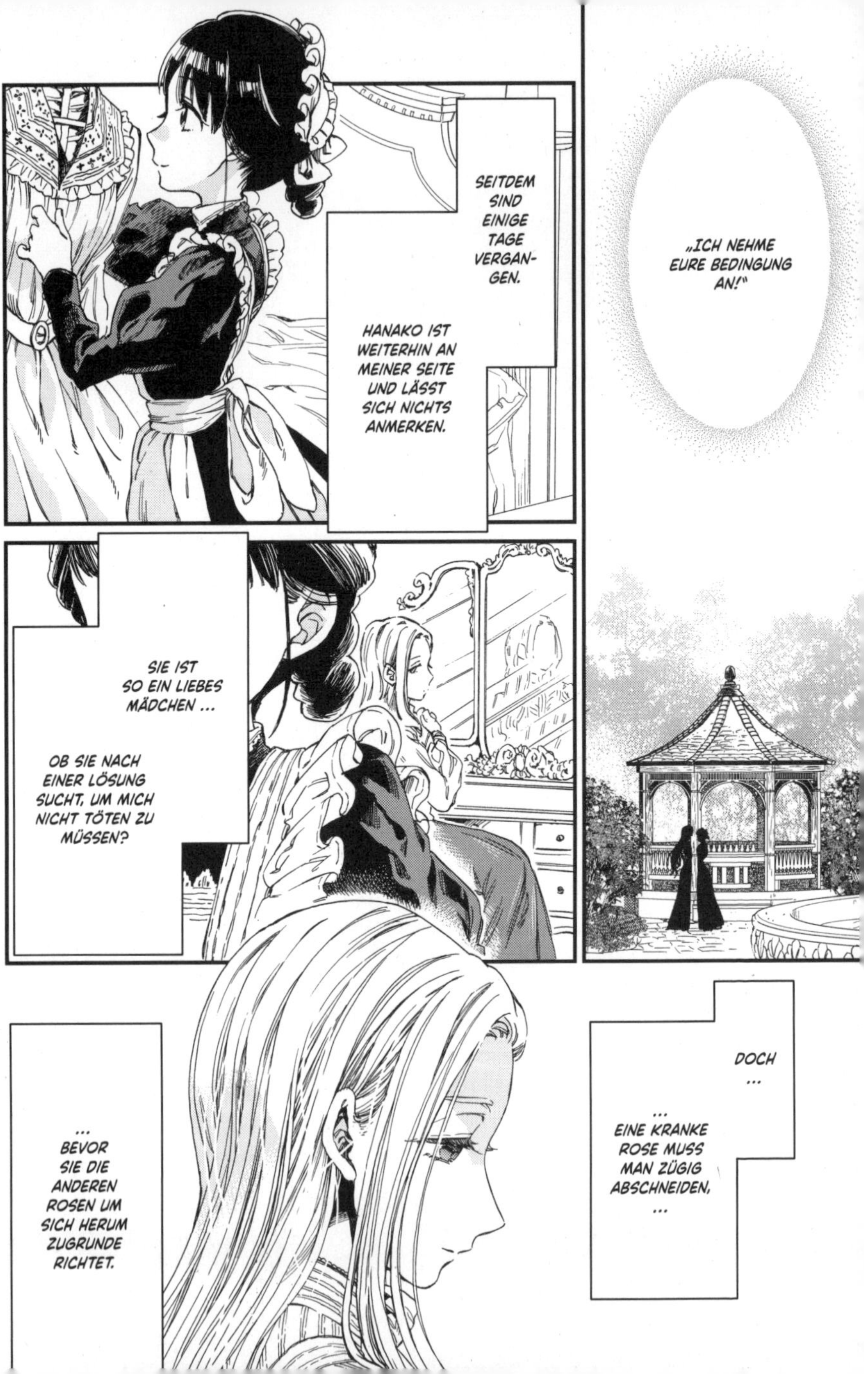
„ICH NEHME EURE BEDINGUNG AN!“
SEITDEM SIND EINIGE TAGE VERGAN-GEN.
HANAKO IST WEITERHIN AN MEINER SEITE UND LÄSST SICH NICHTS ANMERKEN.
SIE IST SO EIN LIEBES MÄDCHEN …
OB SIE NACH EINER LÖSUNG SUCHT, UM MICH NICHT TÖTEN ZU MÜSSEN?
DOCH …
… EINE KRANKE ROSE MUSS MAN ZÜGIG ABSCHNEIDEN, …
… BEVOR SIE DIE ANDEREN ROSEN UM SICH HERUM ZUGRUNDE RICHTET.

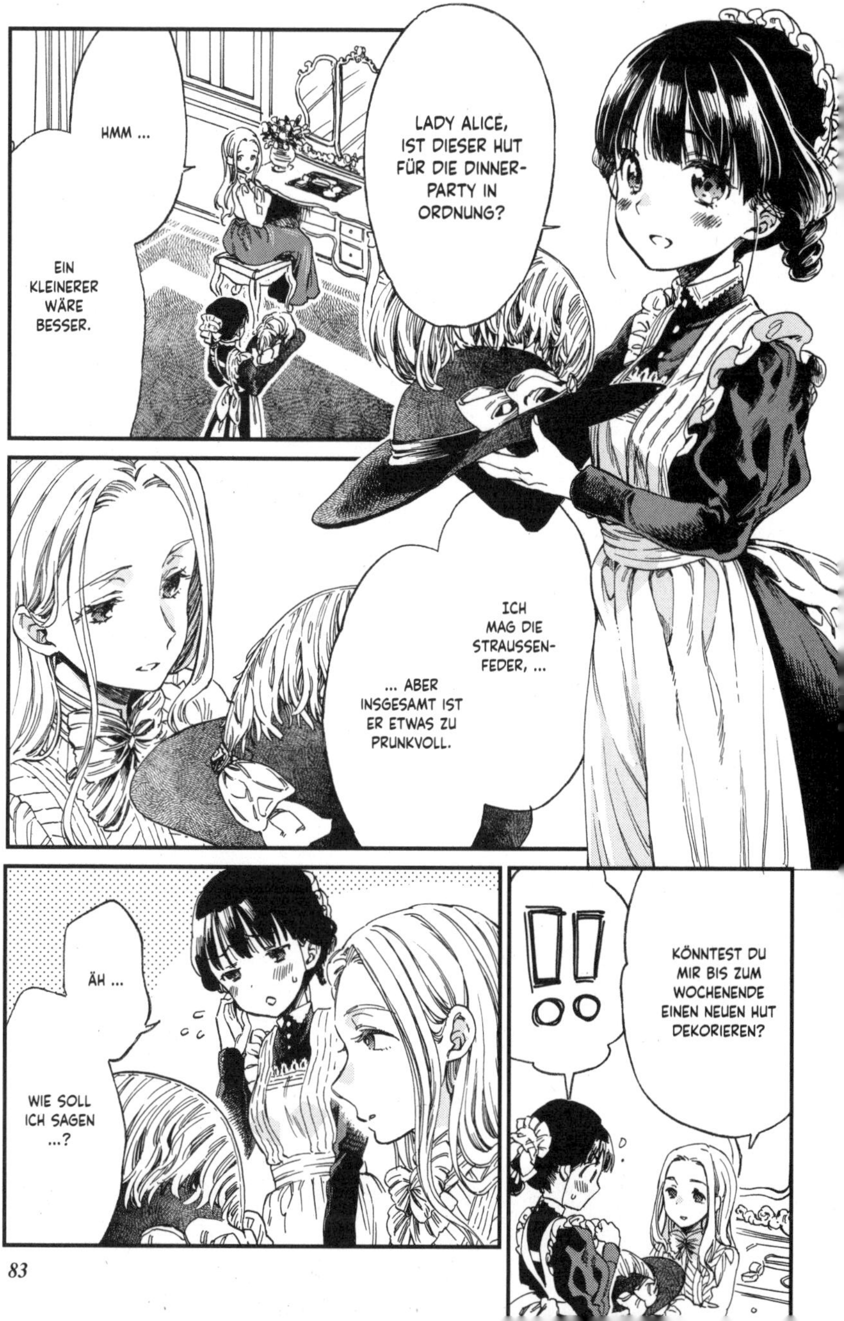
LADY ALICE, IST DIESER HUT FÜR DIE DINNER-PARTY IN ORDNUNG?
HMM ...
EIN KLEINERER WÄRE BESSER.
ICH MAG DIE STRAUSSEN-FEDER, ...
... ABER INSGESAMT IST ER ETWAS ZU PRUNKVOLL.
!!
KÖNNTEST DU MIR BIS ZUM WOCHENENDE EINEN NEUEN HUT DEKORIEREN?
ÄH ...
WIE SOLL ICH SAGEN ...?

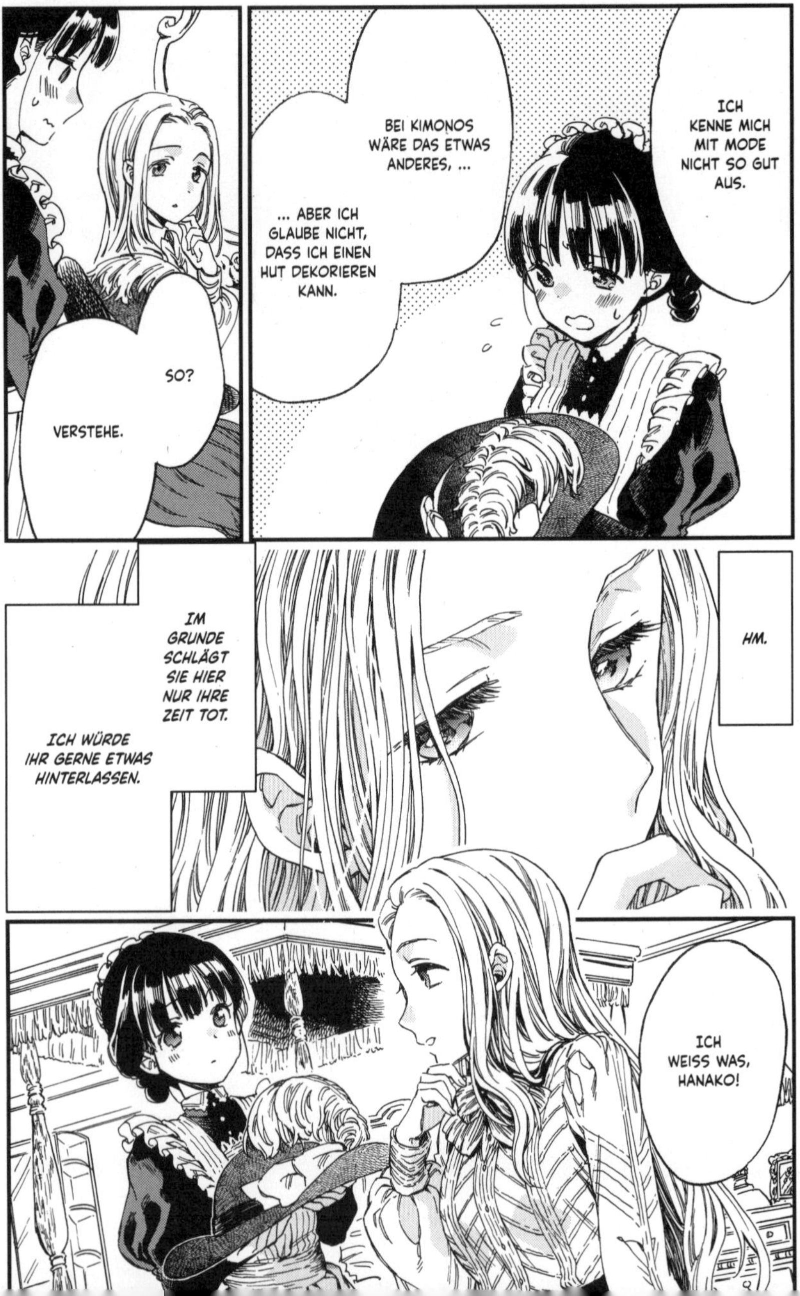
ICH KENNE MICH MIT MODE NICHT SO GUT AUS.
BEI KIMONOS WÄRE DAS ETWAS ANDERES, ...
... ABER ICH GLAUBE NICHT, DASS ICH EINEN HUT DEKORIEREN KANN.
SO?
VERSTEHE.
HM.
IM GRUNDE SCHLÄGT SIE HIER NUR IHRE ZEIT TOT.
ICH WÜRDE IHR GERNE ETWAS HINTERLASSEN.
ICH WEISS WAS, HANAKO!

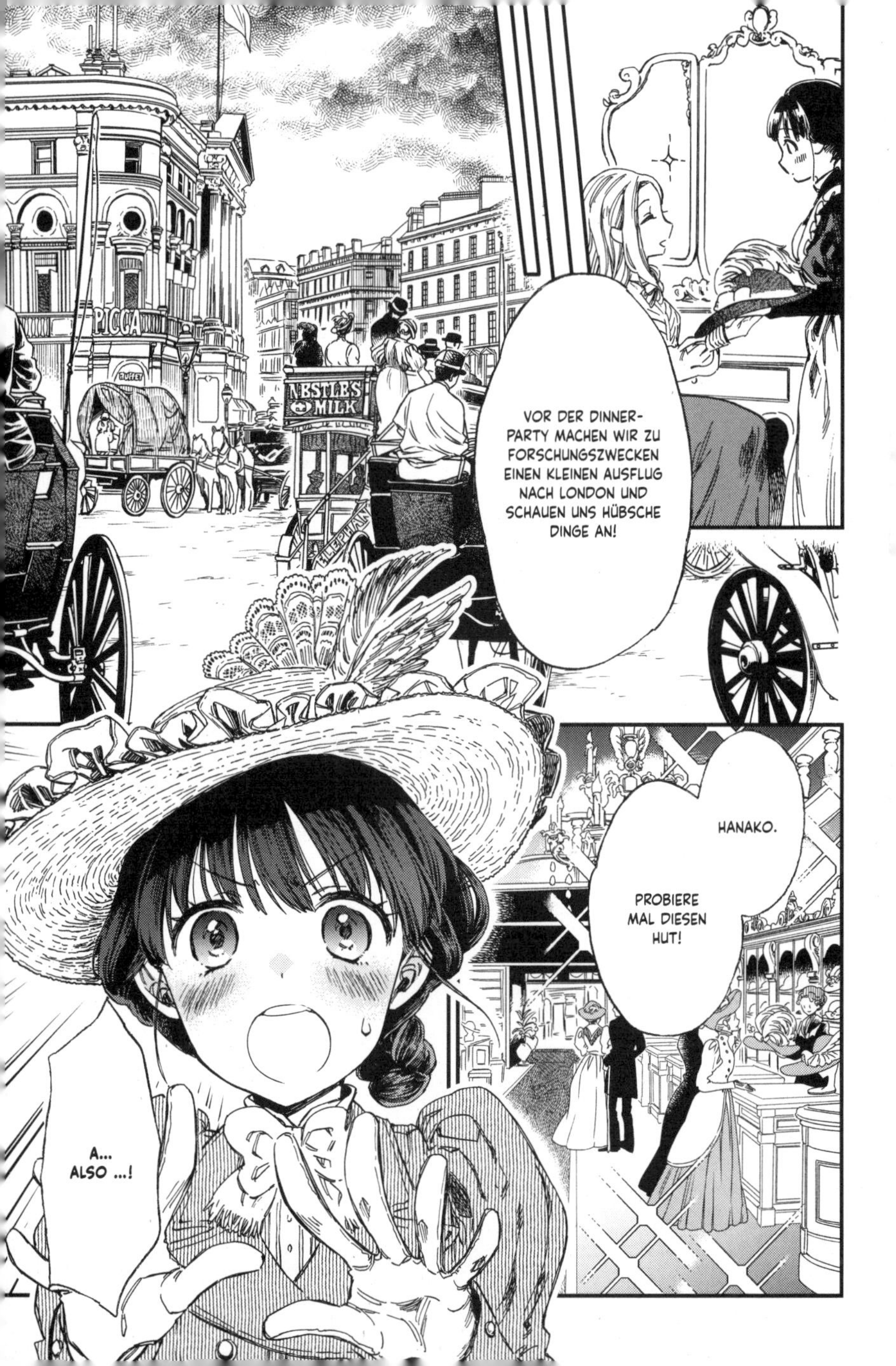
NESTLE'S MILK
VOR DER DINNER-PARTY MACHEN WIR ZU FORSCHUNGSZWECKEN EINEN KLEINEN AUSFLUG NACH LONDON UND SCHAUEN UNS HÜBSCHE DINGE AN!
HANAKO.
PROBIERE MAL DIESEN HUT!
A... ALSO ...!

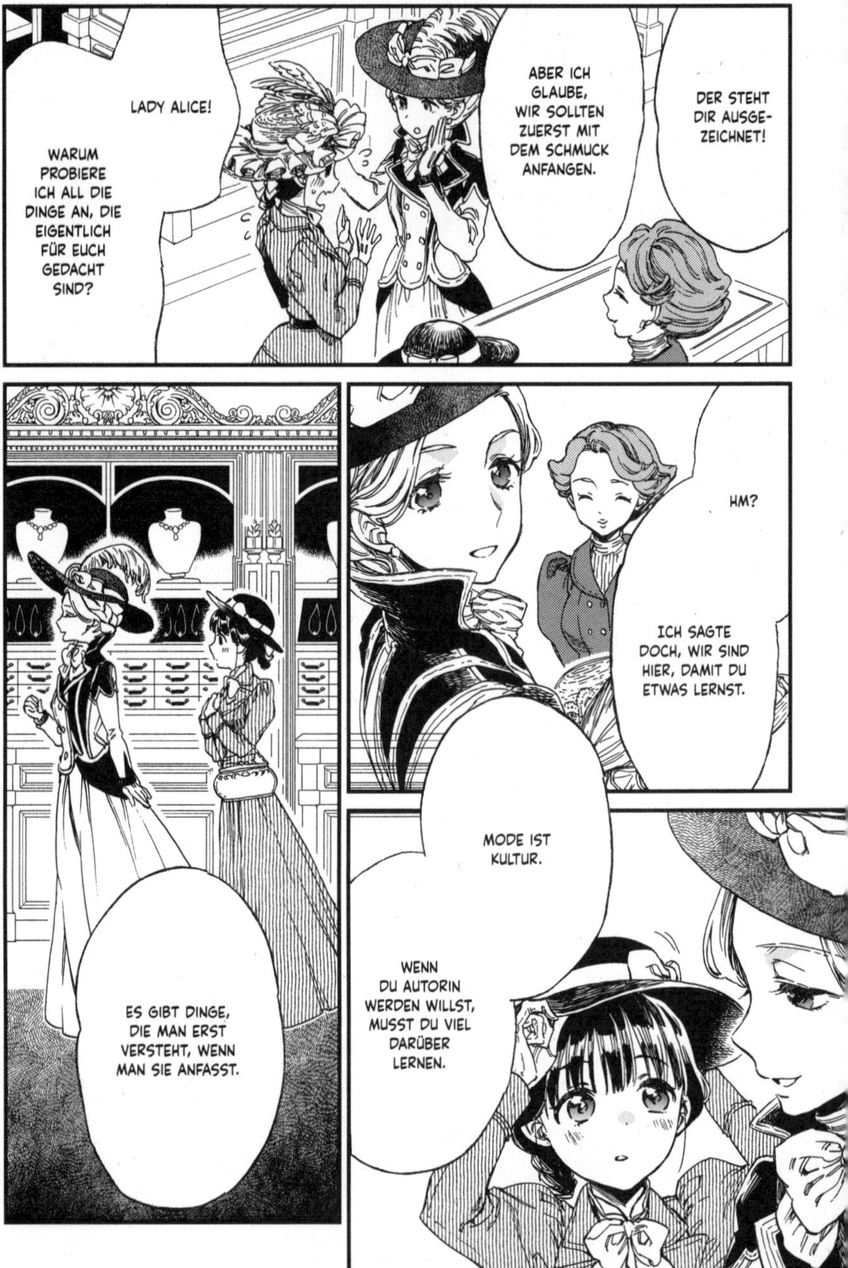
DER STEHT DIR AUSGE-ZEICHNET!
ABER ICH GLAUBE, WIR SOLLTEN ZUERST MIT DEM SCHMUCK ANFANGEN.
LADY ALICE!
WARUM PROBIERE ICH ALL DIE DINGE AN, DIE EIGENTLICH FÜR EUCH GEDACHT SIND?
HM?
ICH SAGTE DOCH, WIR SIND HIER, DAMIT DU ETWAS LERNST.
MODE IST KULTUR.
WENN DU AUTORIN WERDEN WILLST, MUSST DU VIEL DARÜBER LERNEN.
ES GIBT DINGE, DIE MAN ERST VERSTEHT, WENN MAN SIE ANFASST.

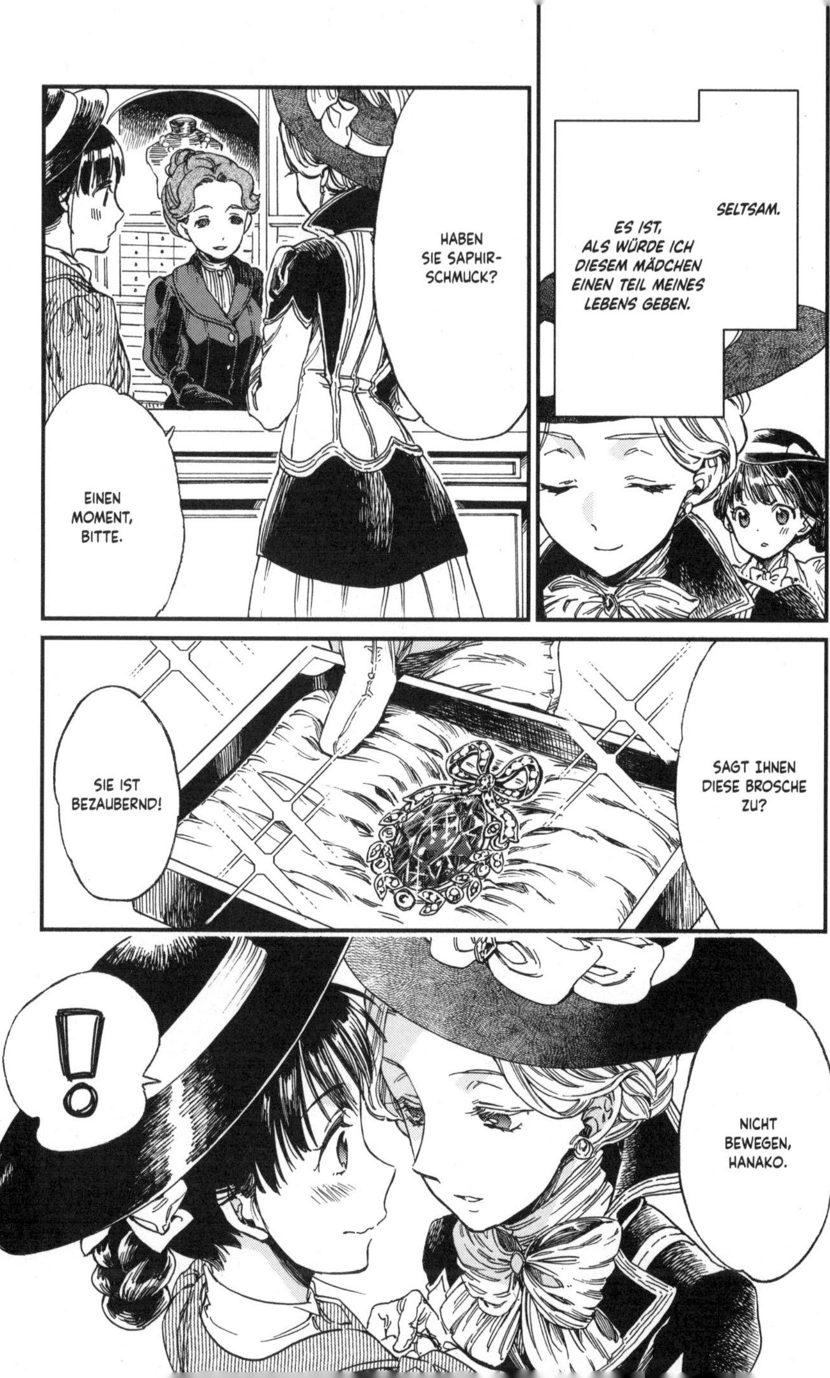
SELTSAM.
ES IST, ALS WÜRDE ICH DIESEM MÄDCHEN EINEN TEIL MEINES LEBENS GEBEN.
HABEN SIE SAPHIR-SCHMUCK?
EINEN MOMENT, BITTE.
SAGT IHNEN DIESE BROSCHE ZU?
SIE IST BEZAUBERND!
NICHT BEWEGEN, HANAKO.
!

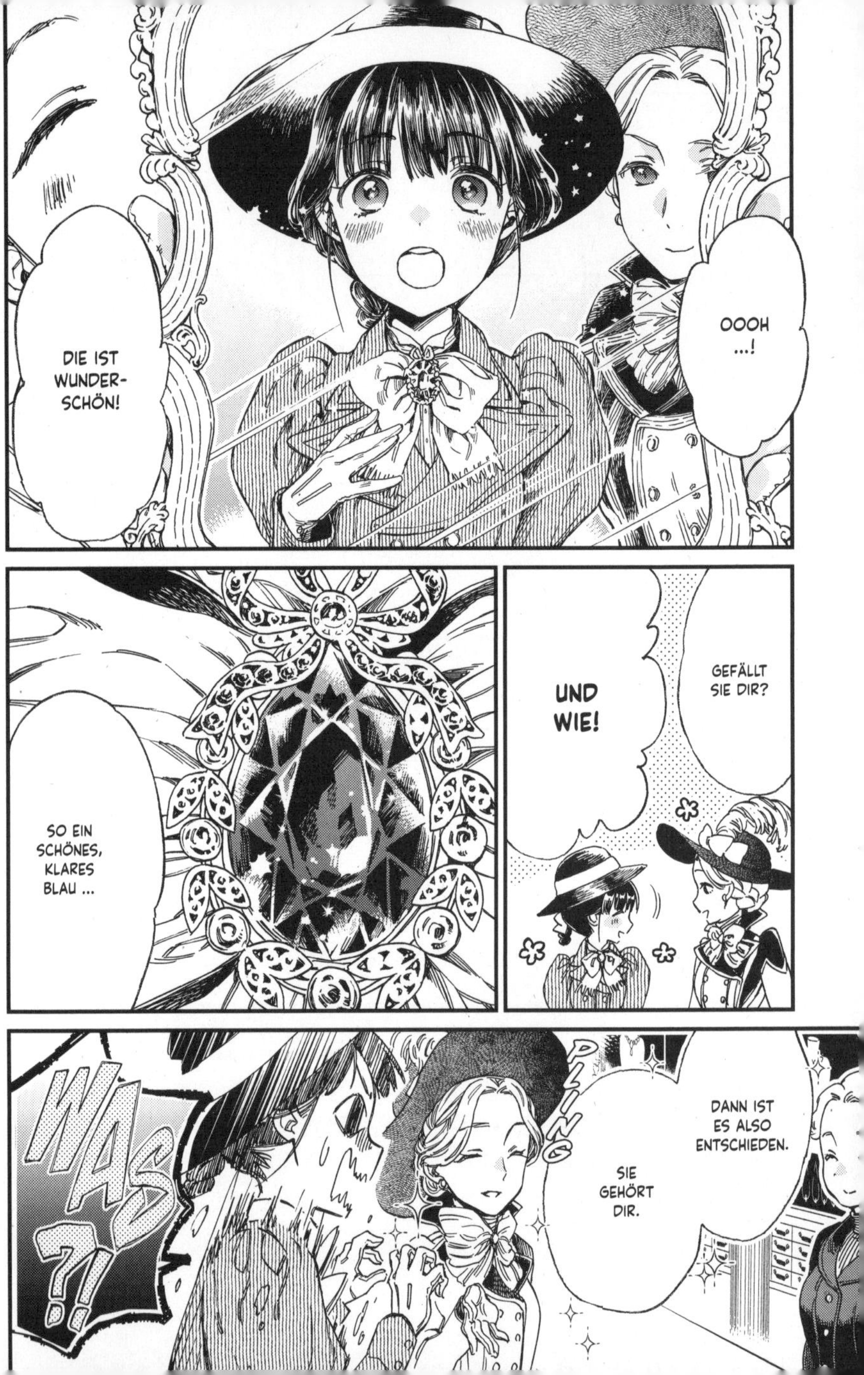
OOOH ...!
DIE IST WUNDER-SCHÖN!
GEFÄLLT SIE DIR?
UND WIE!
SO EIN SCHÖNES, KLARES BLAU ...
DANN IST ES ALSO ENTSCHIEDEN.
SIE GEHÖRT DIR.
PLING
WAS ?!

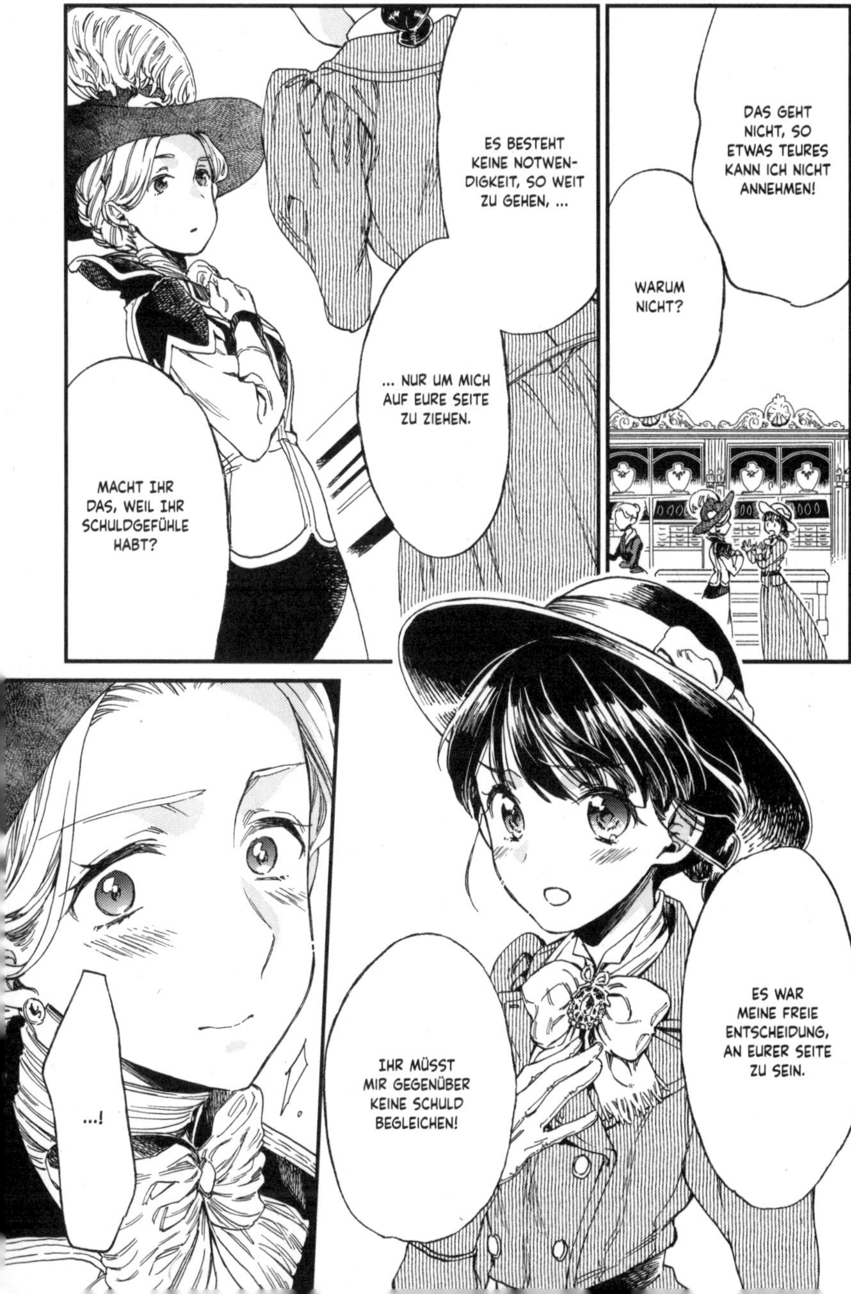
DAS GEHT NICHT, SO ETWAS TEURES KANN ICH NICHT ANNEHMEN!
WARUM NICHT?
ES BESTEHT KEINE NOTWENDIGKEIT, SO WEIT ZU GEHEN, ...
... NUR UM MICH AUF EURE SEITE ZU ZIEHEN.
MACHT IHR DAS, WEIL IHR SCHULDGEFÜHLE HABT?
ES WAR MEINE FREIE ENTSCHEIDUNG, AN EURER SEITE ZU SEIN.
IHR MÜSST MIR GEGENÜBER KEINE SCHULD BEGLEICHEN!
...!

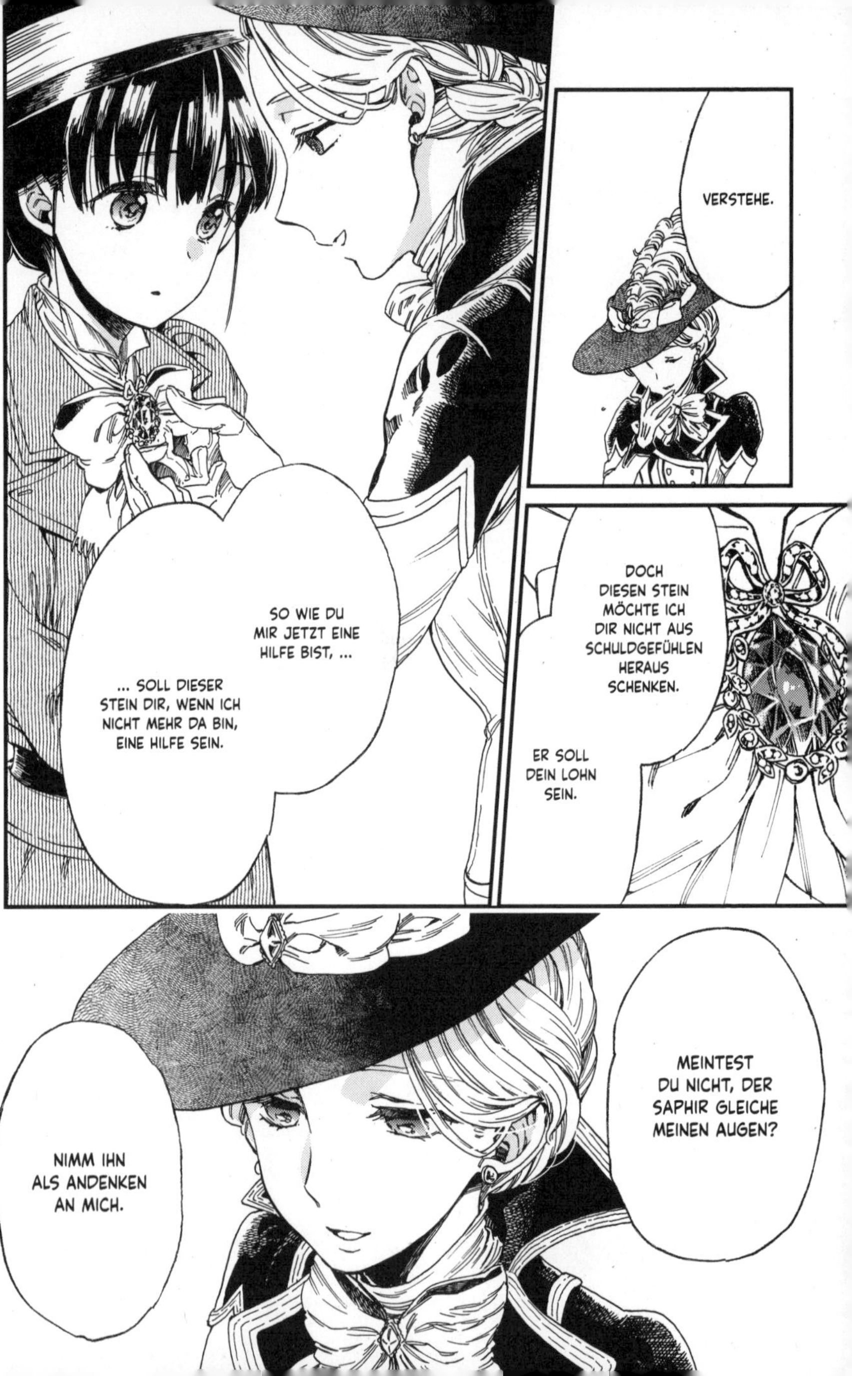
SO WIE DU MIR JETZT EINE HILFE BIST, ...
... SOLL DIESER STEIN DIR, WENN ICH NICHT MEHR DA BIN, EINE HILFE SEIN.
VERSTEHE.
DOCH DIESEN STEIN MÖCHTE ICH DIR NICHT AUS SCHULDGEFÜHLEN HERAUS SCHENKEN.
ER SOLL DEIN LOHN SEIN.
MEINTEST DU NICHT, DER SAPHIR GLEICHE MEINEN AUGEN?
NIMM IHN ALS ANDENKEN AN MICH.

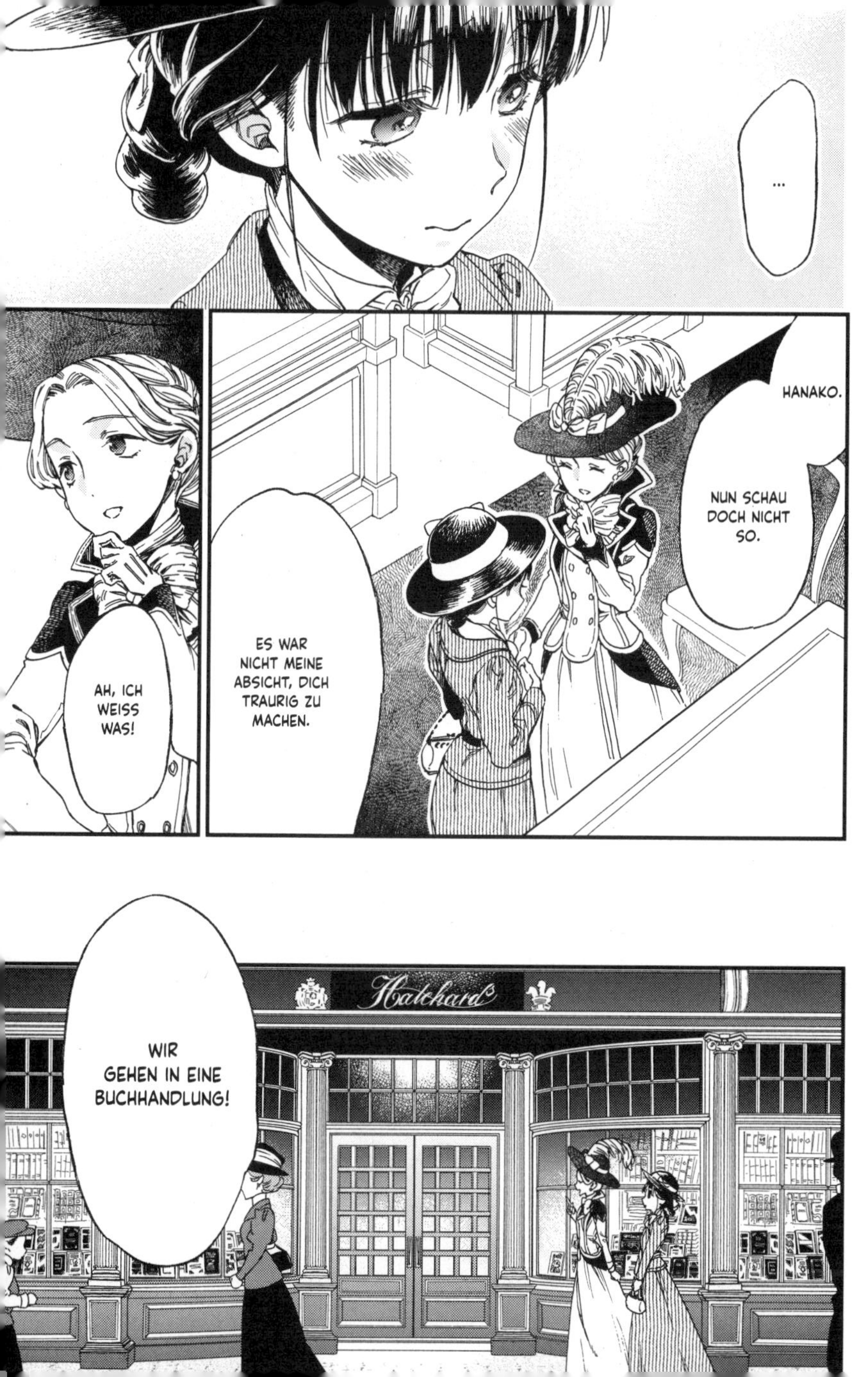
...
HANAKO.
NUN SCHAU DOCH NICHT SO.
ES WAR NICHT MEINE ABSICHT, DICH TRAURIG ZU MACHEN.
AH, ICH WEISS WAS!
Hatchard's
WIR GEHEN IN EINE BUCHHANDLUNG!

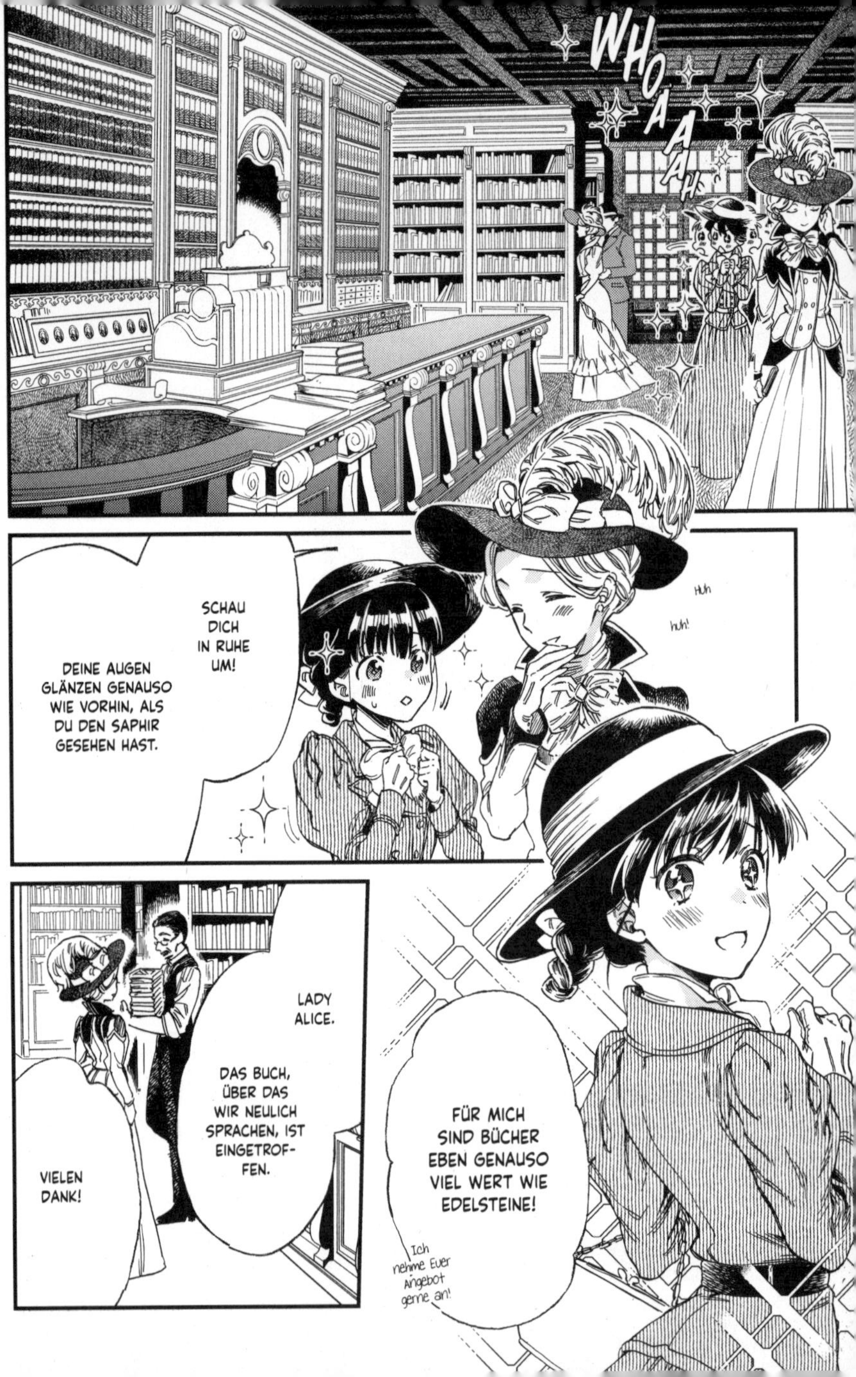

WHOAAAH
Huh huh!
SCHAU DICH IN RUHE UM!
DEINE AUGEN GLÄNZEN GENAUSO WIE VORHIN, ALS DU DEN SAPHIR GESEHEN HAST.
FÜR MICH SIND BÜCHER EBEN GENAUSO VIEL WERT WIE EDELSTEINE!
Ich nehme Euer Angebot gerne an!
LADY ALICE.
DAS BUCH, ÜBER DAS WIR NEULICH SPRACHEN, IST EINGETROF-FEN.
VIELEN DANK!

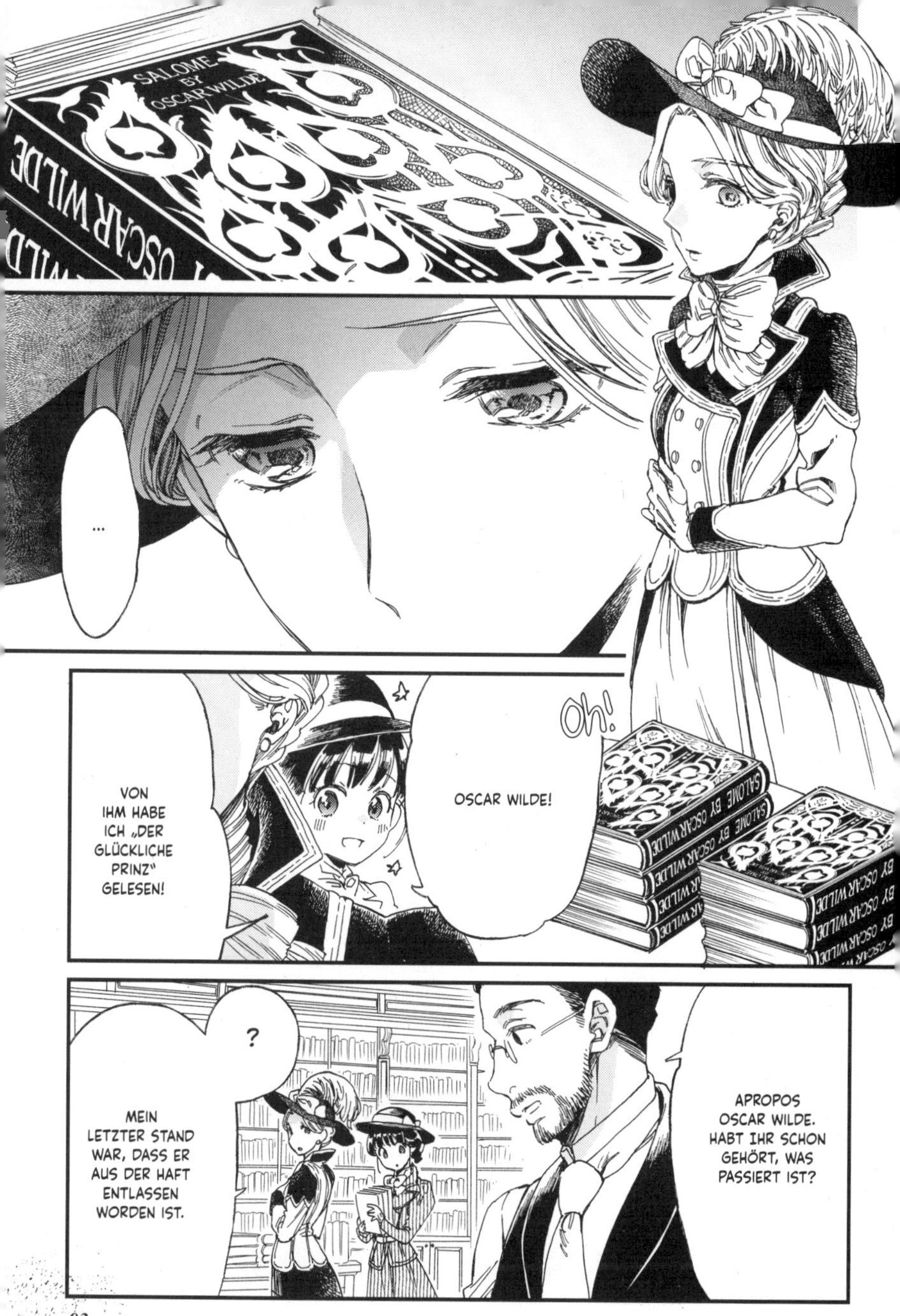
SALOME BY OSCAR WILDE
…
Oh!
OSCAR WILDE!
VON IHM HABE ICH „DER GLÜCKLICHE PRINZ" GELESEN!
SALOME BY OSCAR WILDE
APROPOS OSCAR WILDE. HABT IHR SCHON GEHÖRT, WAS PASSIERT IST?
?
MEIN LETZTER STAND WAR, DASS ER AUS DER HAFT ENTLASSEN WORDEN IST.

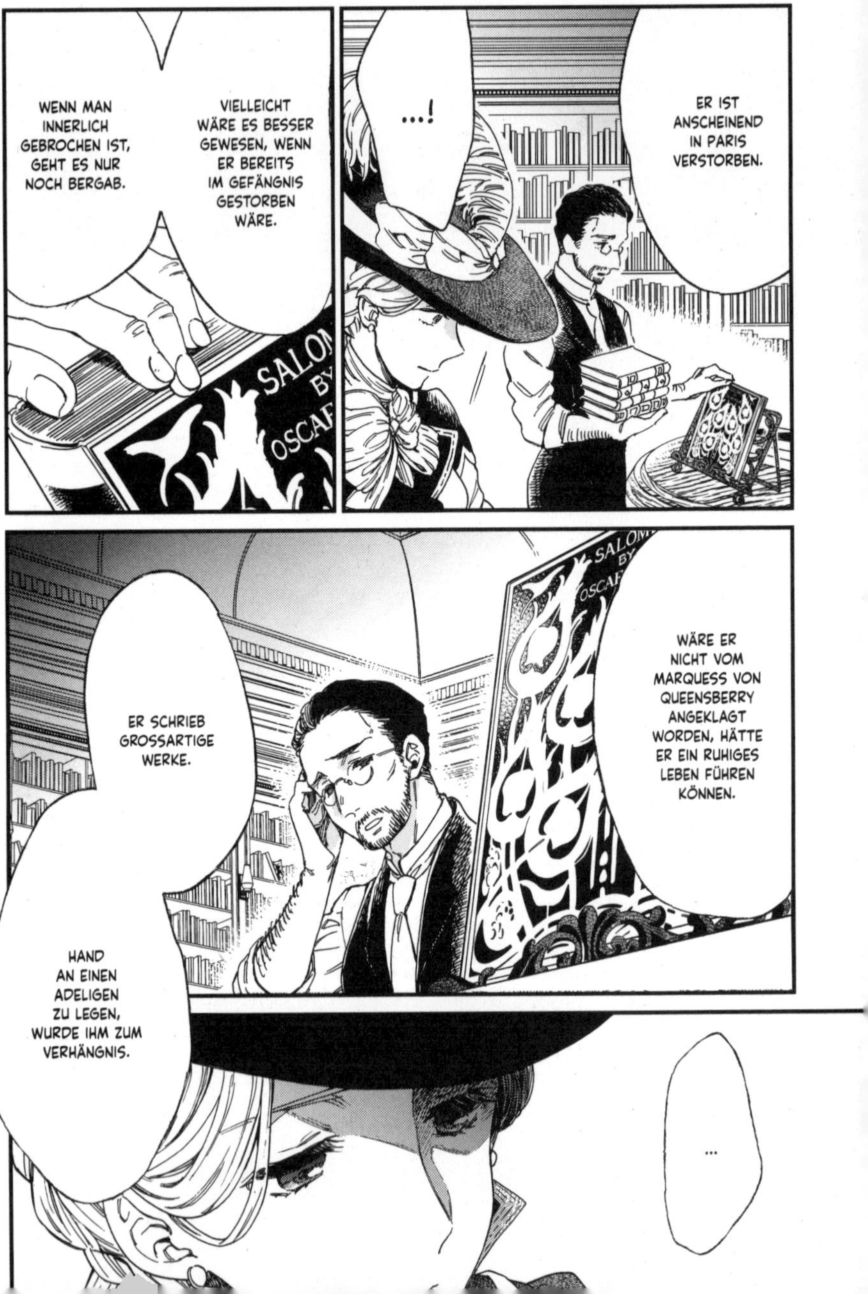
ER IST ANSCHEINEND IN PARIS VERSTORBEN.
...!
VIELLEICHT WÄRE ES BESSER GEWESEN, WENN ER BEREITS IM GEFÄNGNIS GESTORBEN WÄRE.
WENN MAN INNERLICH GEBROCHEN IST, GEHT ES NUR NOCH BERGAB.
WÄRE ER NICHT VOM MARQUESS VON QUEENSBERRY ANGEKLAGT WORDEN, HÄTTE ER EIN RUHIGES LEBEN FÜHREN KÖNNEN.
ER SCHRIEB GROSSARTIGE WERKE.
HAND AN EINEN ADELIGEN ZU LEGEN, WURDE IHM ZUM VERHÄNGNIS.
...

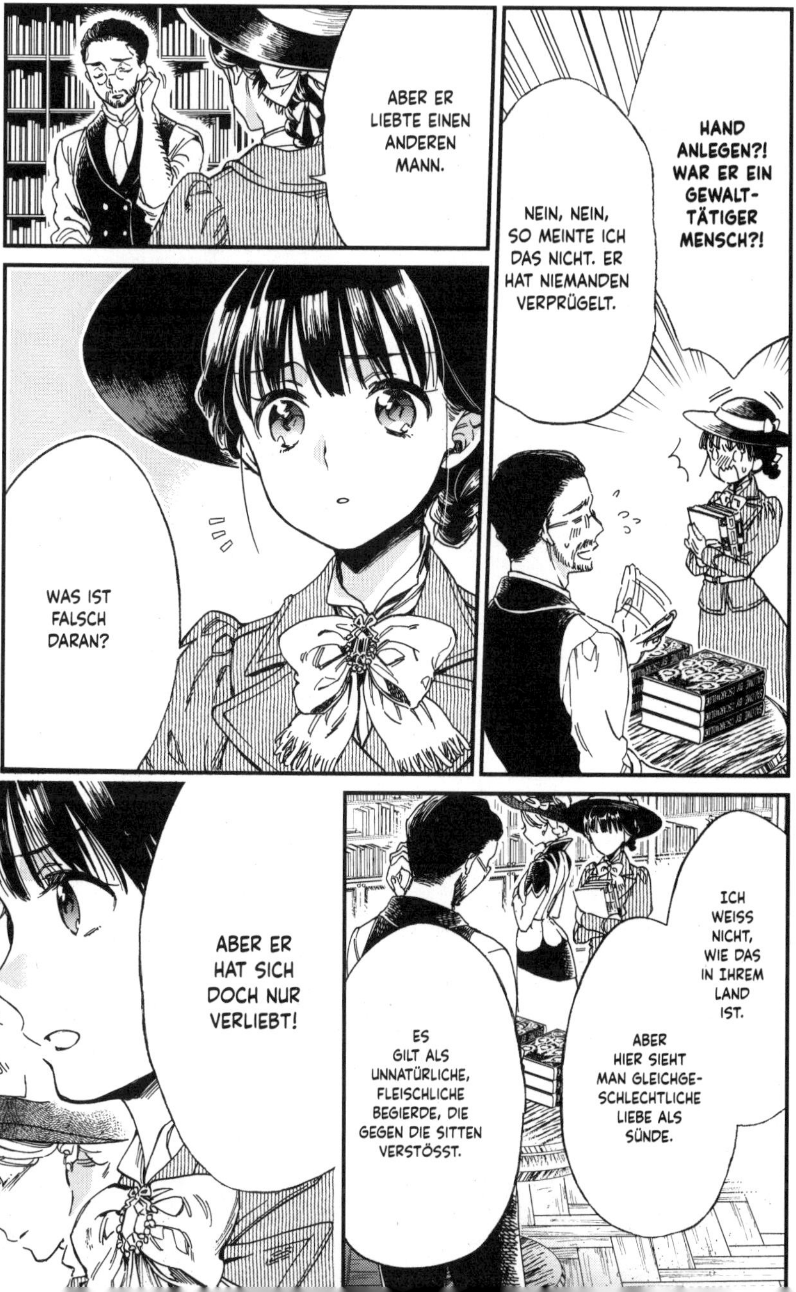
HAND ANLEGEN?! WAR ER EIN GEWALT-TÄTIGER MENSCH?!
NEIN, NEIN, SO MEINTE ICH DAS NICHT. ER HAT NIEMANDEN VERPRÜGELT.
ABER ER LIEBTE EINEN ANDEREN MANN.
WAS IST FALSCH DARAN?
ABER ER HAT SICH DOCH NUR VERLIEBT!
ICH WEISS NICHT, WIE DAS IN IHREM LAND IST.
ABER HIER SIEHT MAN GLEICHGE-SCHLECHTLICHE LIEBE ALS SÜNDE.
ES GILT ALS UNNATÜRLICHE, FLEISCHLICHE BEGIERDE, DIE GEGEN DIE SITTEN VERSTÖSST.

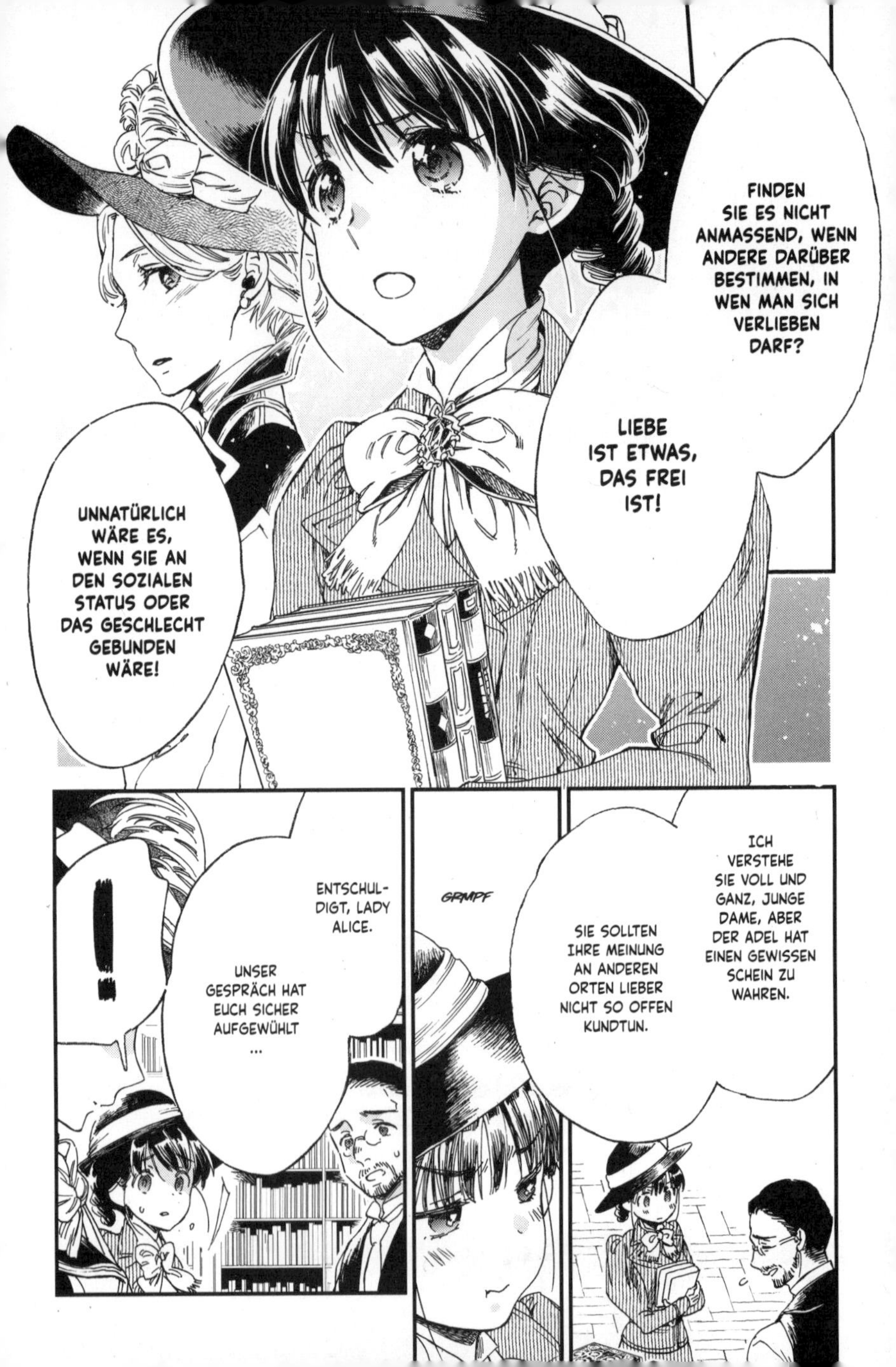
FINDEN SIE ES NICHT ANMASSEND, WENN ANDERE DARÜBER BESTIMMEN, IN WEN MAN SICH VERLIEBEN DARF?
LIEBE IST ETWAS, DAS FREI IST!
UNNATÜRLICH WÄRE ES, WENN SIE AN DEN SOZIALEN STATUS ODER DAS GESCHLECHT GEBUNDEN WÄRE!
ICH VERSTEHE SIE VOLL UND GANZ, JUNGE DAME, ABER DER ADEL HAT EINEN GEWISSEN SCHEIN ZU WAHREN.
SIE SOLLTEN IHRE MEINUNG AN ANDEREN ORTEN LIEBER NICHT SO OFFEN KUNDTUN.
GRMPF
ENTSCHUL-DIGT, LADY ALICE.
UNSER GESPRÄCH HAT EUCH SICHER AUFGEWÜHLT ...
!

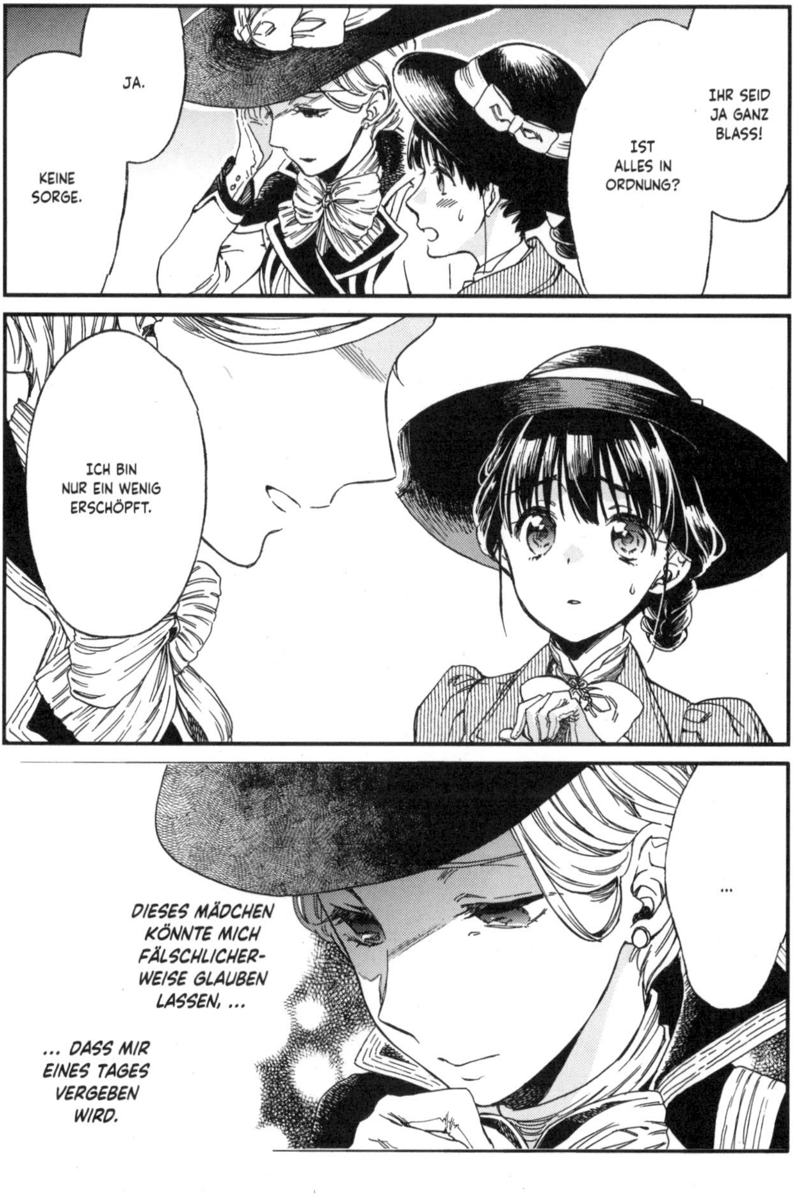
IHR SEID JA GANZ BLASS!
IST ALLES IN ORDNUNG?
JA.
KEINE SORGE.
ICH BIN NUR EIN WENIG ERSCHÖPFT.
...
DIESES MÄDCHEN KÖNNTE MICH FÄLSCHLICHER-WEISE GLAUBEN LASSEN, ...
... DASS MIR EINES TAGES VERGEBEN WIRD.

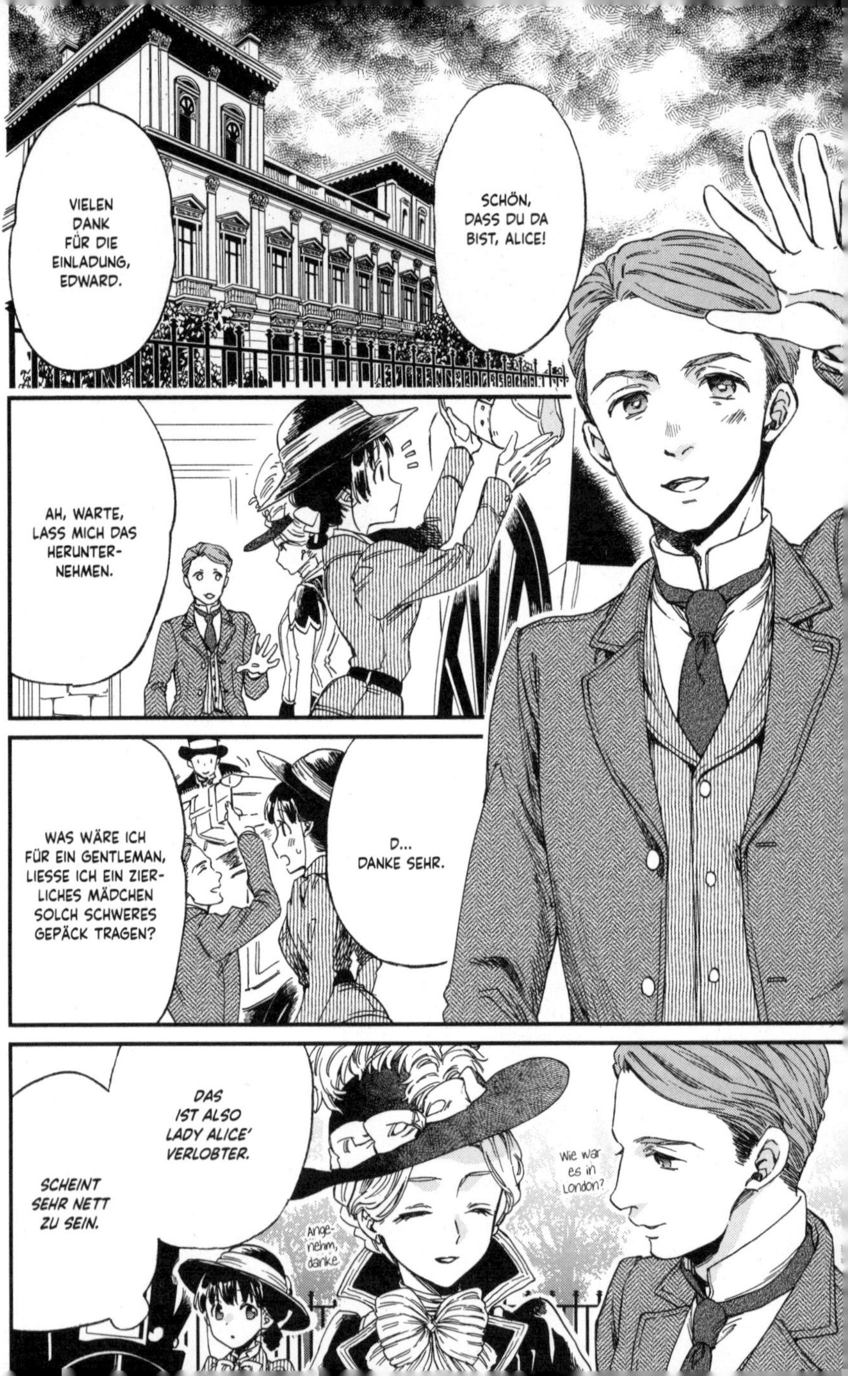
SCHÖN, DASS DU DA BIST, ALICE!
VIELEN DANK FÜR DIE EINLADUNG, EDWARD.
AH, WARTE, LASS MICH DAS HERUNTER-NEHMEN.
D... DANKE SEHR.
WAS WÄRE ICH FÜR EIN GENTLEMAN, LIESSE ICH EIN ZIER-LICHES MÄDCHEN SOLCH SCHWERES GEPÄCK TRAGEN?
Wie war es in London?
Ange-nehm, danke
DAS IST ALSO LADY ALICE' VERLOBTER.
SCHEINT SEHR NETT ZU SEIN.

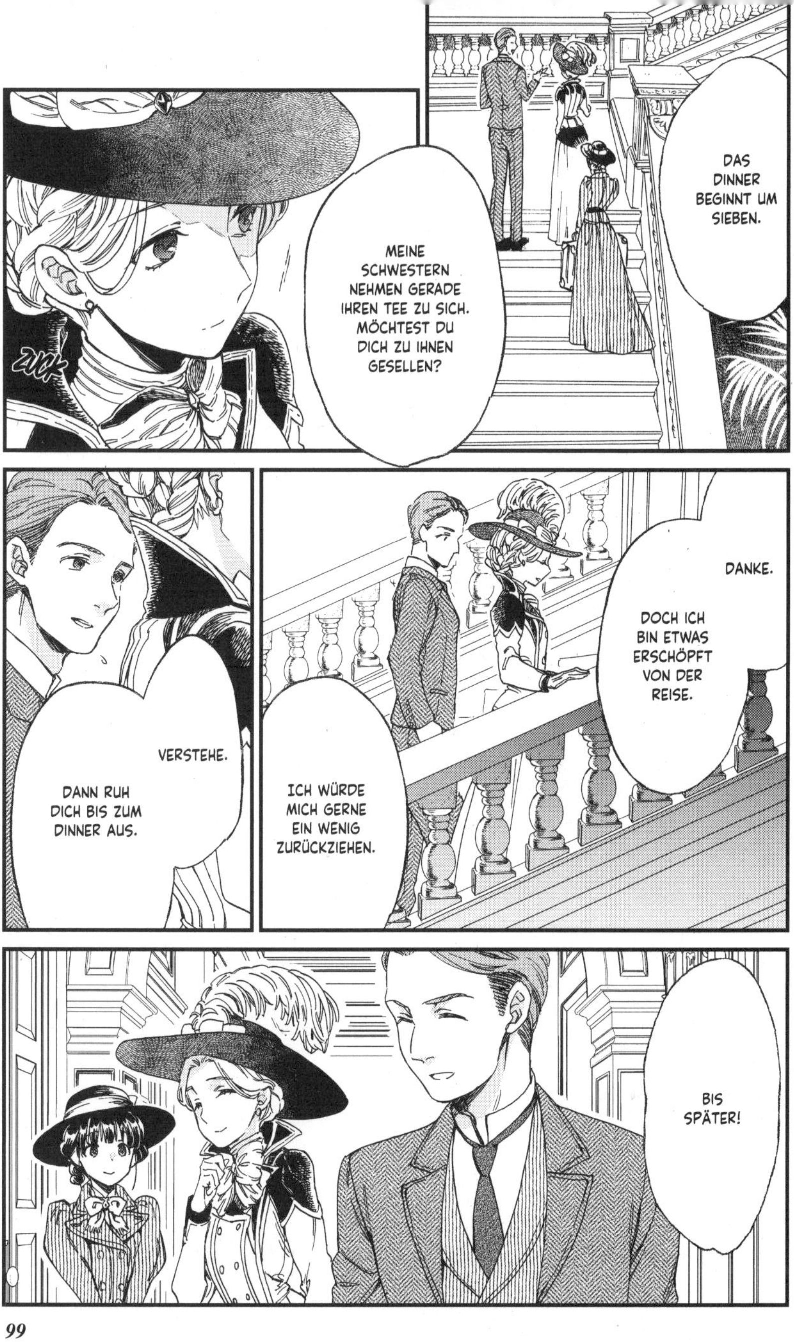
DAS DINNER BEGINNT UM SIEBEN.
MEINE SCHWESTERN NEHMEN GERADE IHREN TEE ZU SICH. MÖCHTEST DU DICH ZU IHNEN GESELLEN?
ZUCK
DANKE.
DOCH ICH BIN ETWAS ERSCHÖPFT VON DER REISE.
ICH WÜRDE MICH GERNE EIN WENIG ZURÜCKZIEHEN.
VERSTEHE.
DANN RUH DICH BIS ZUM DINNER AUS.
BIS SPÄTER!

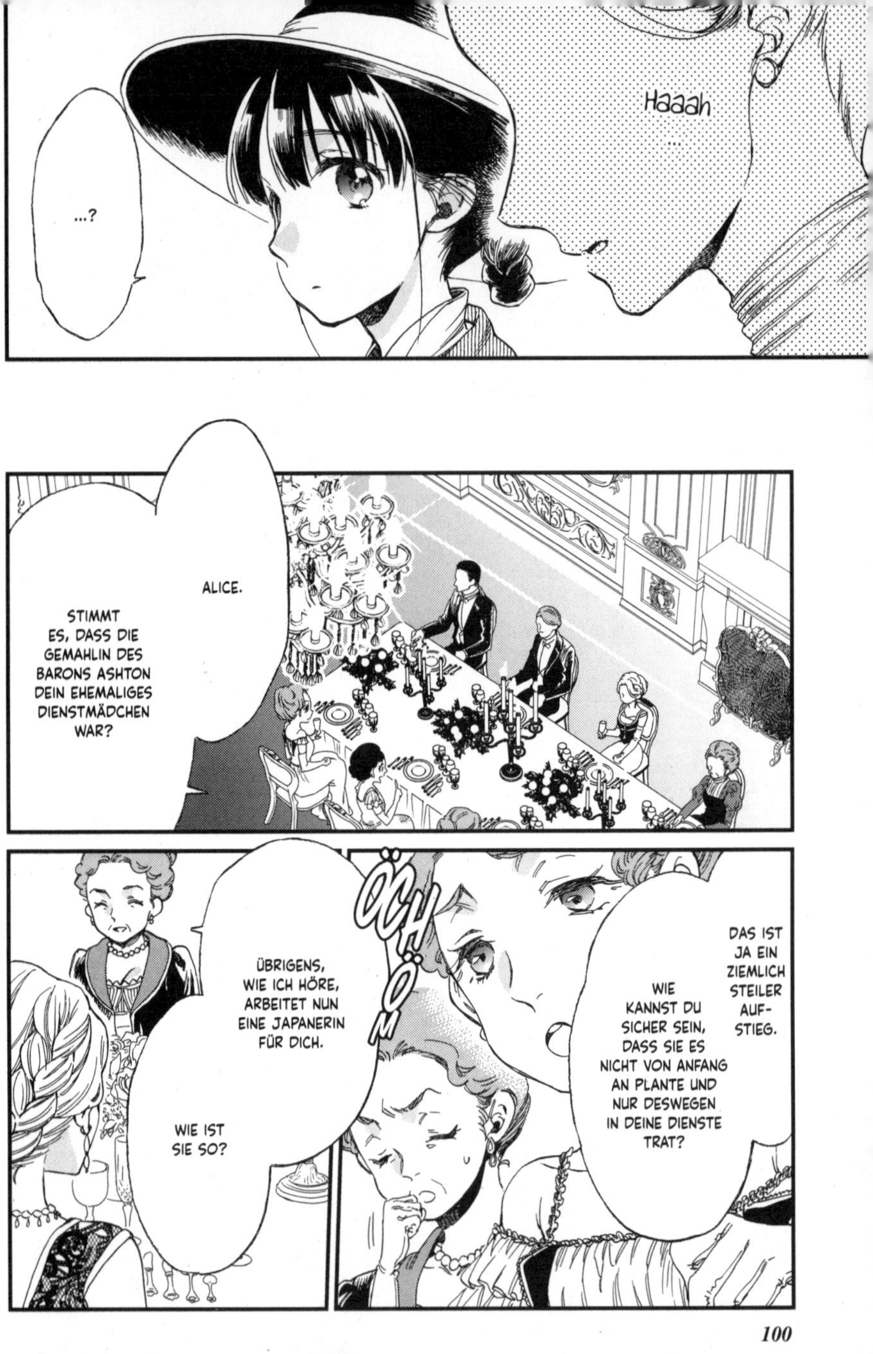
Haaah
...
...?
ALICE.
STIMMT ES, DASS DIE GEMAHLIN DES BARONS ASHTON DEIN EHEMALIGES DIENSTMÄDCHEN WAR?
DAS IST JA EIN ZIEMLICH STEILER AUF-STIEG.
WIE KANNST DU SICHER SEIN, DASS SIE ES NICHT VON ANFANG AN PLANTE UND NUR DESWEGEN IN DEINE DIENSTE TRAT?
ÖCHÖM
ÜBRIGENS, WIE ICH HÖRE, ARBEITET NUN EINE JAPANERIN FÜR DICH.
WIE IST SIE SO?

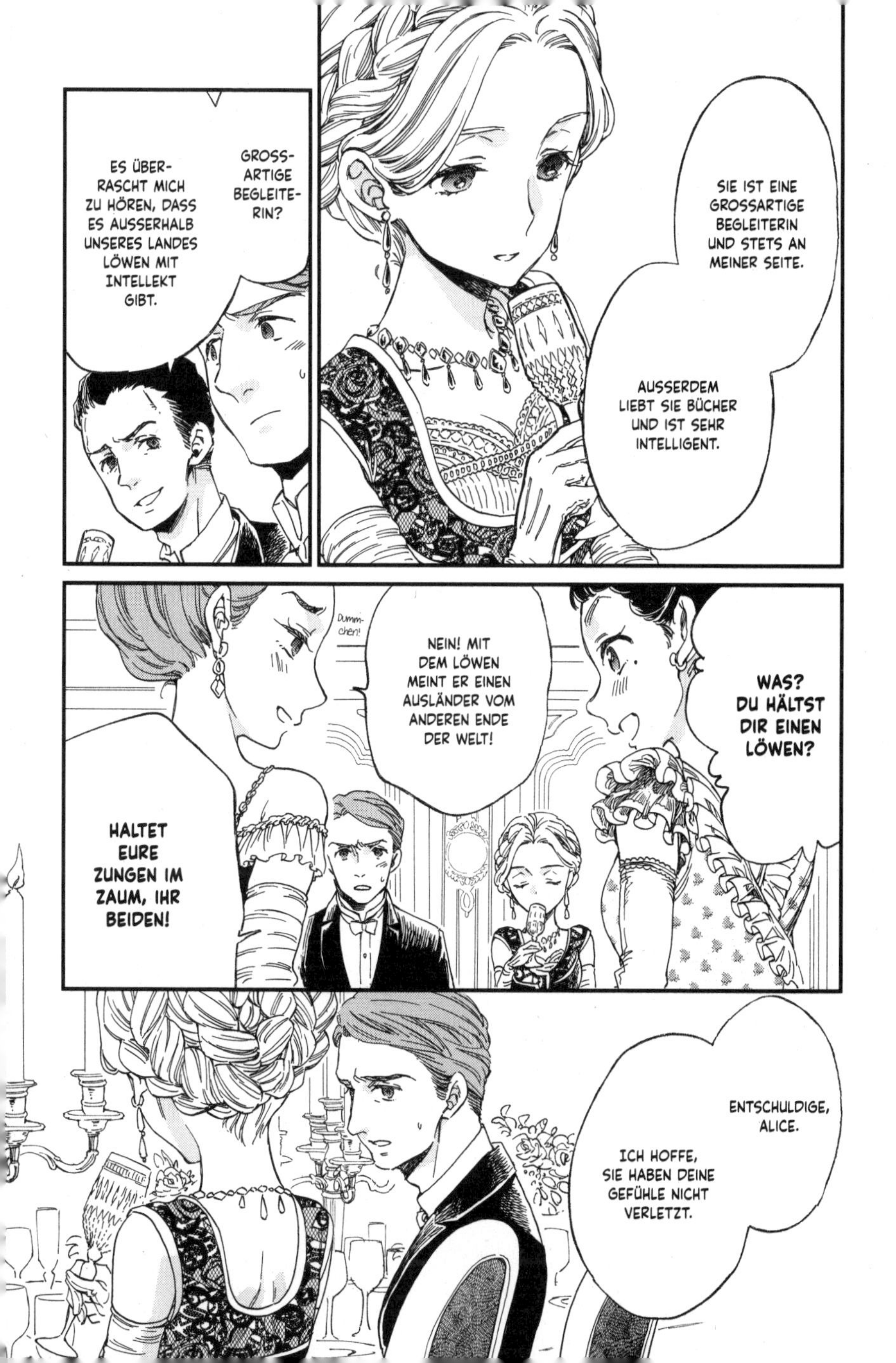
SIE IST EINE GROSSARTIGE BEGLEITERIN UND STETS AN MEINER SEITE.
AUSSERDEM LIEBT SIE BÜCHER UND IST SEHR INTELLIGENT.
GROSS-ARTIGE BEGLEITE-RIN?
ES ÜBER-RASCHT MICH ZU HÖREN, DASS ES AUSSERHALB UNSERES LANDES LÖWEN MIT INTELLEKT GIBT.
WAS? DU HÄLTST DIR EINEN LÖWEN?
NEIN! MIT DEM LÖWEN MEINT ER EINEN AUSLÄNDER VOM ANDEREN ENDE DER WELT!
Dumm-chen!
HALTET EURE ZUNGEN IM ZAUM, IHR BEIDEN!
ENTSCHULDIGE, ALICE.
ICH HOFFE, SIE HABEN DEINE GEFÜHLE NICHT VERLETZT.

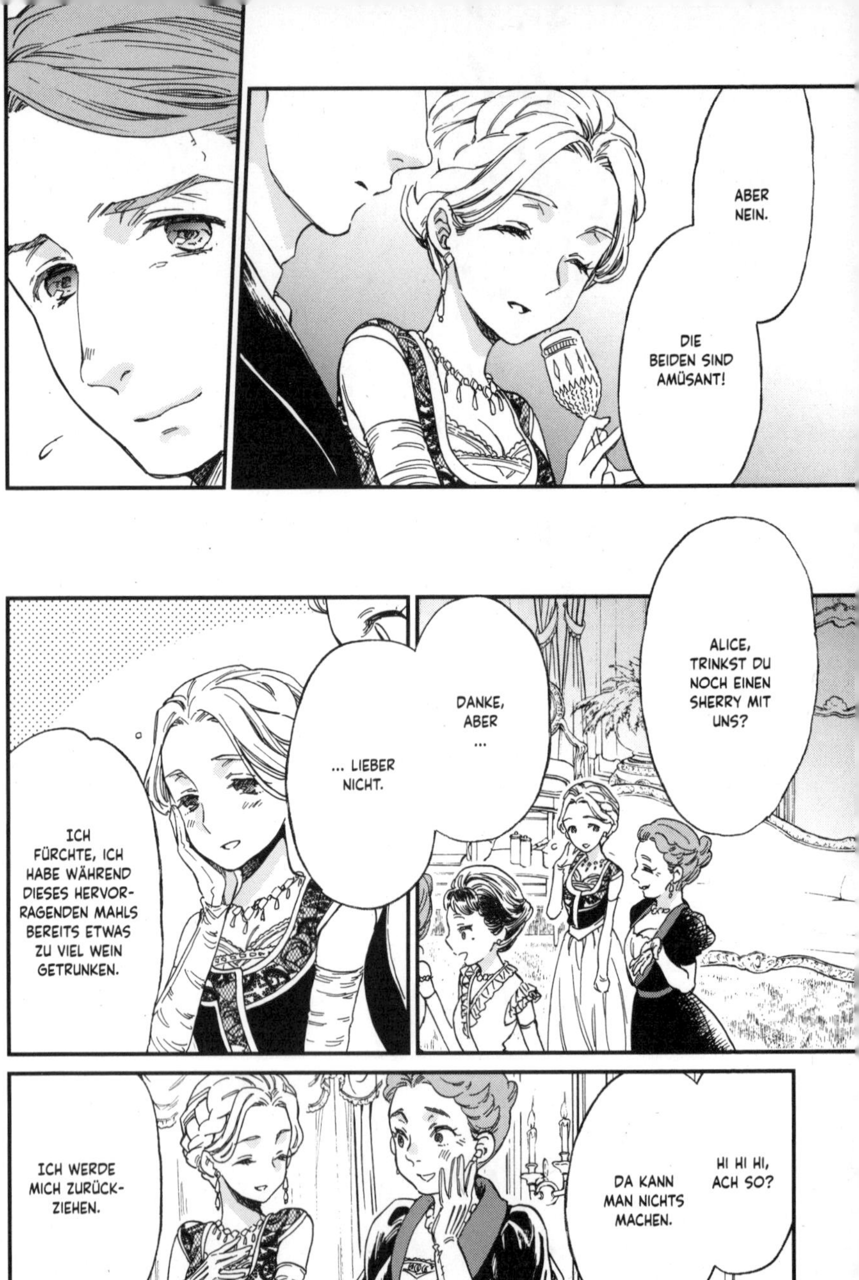
ABER NEIN.
DIE BEIDEN SIND AMÜSANT!
ALICE, TRINKST DU NOCH EINEN SHERRY MIT UNS?
DANKE, ABER ...
... LIEBER NICHT.
ICH FÜRCHTE, ICH HABE WÄHREND DIESES HERVORRAGENDEN MAHLS BEREITS ETWAS ZU VIEL WEIN GETRUNKEN.
HI HI HI, ACH SO?
DA KANN MAN NICHTS MACHEN.
ICH WERDE MICH ZURÜCKZIEHEN.

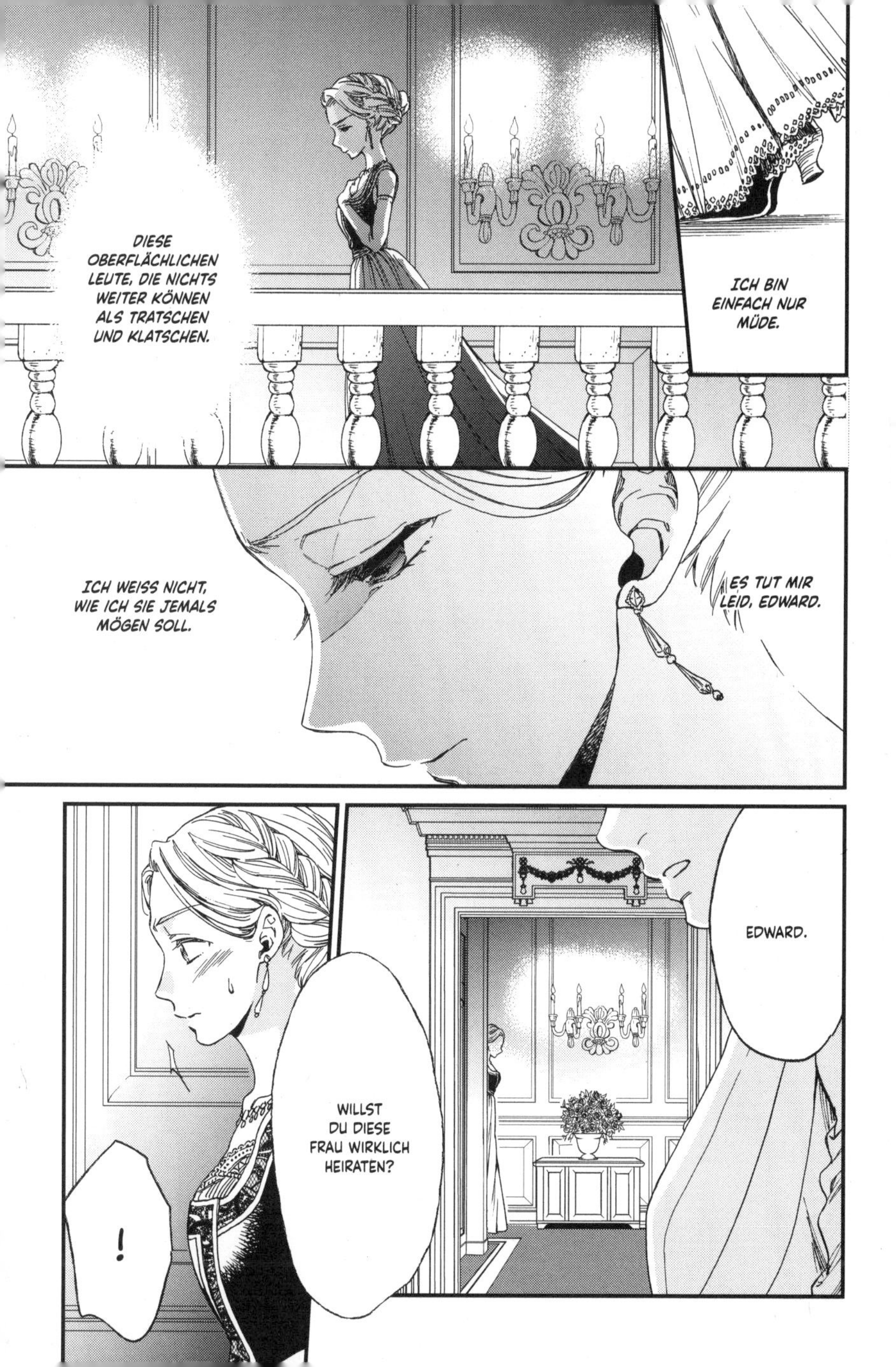
ICH BIN EINFACH NUR MÜDE.
DIESE OBERFLÄCHLICHEN LEUTE, DIE NICHTS WEITER KÖNNEN ALS TRATSCHEN UND KLATSCHEN.
ES TUT MIR LEID, EDWARD.
ICH WEISS NICHT, WIE ICH SIE JEMALS MÖGEN SOLL.
EDWARD.
WILLST DU DIESE FRAU WIRKLICH HEIRATEN?
!

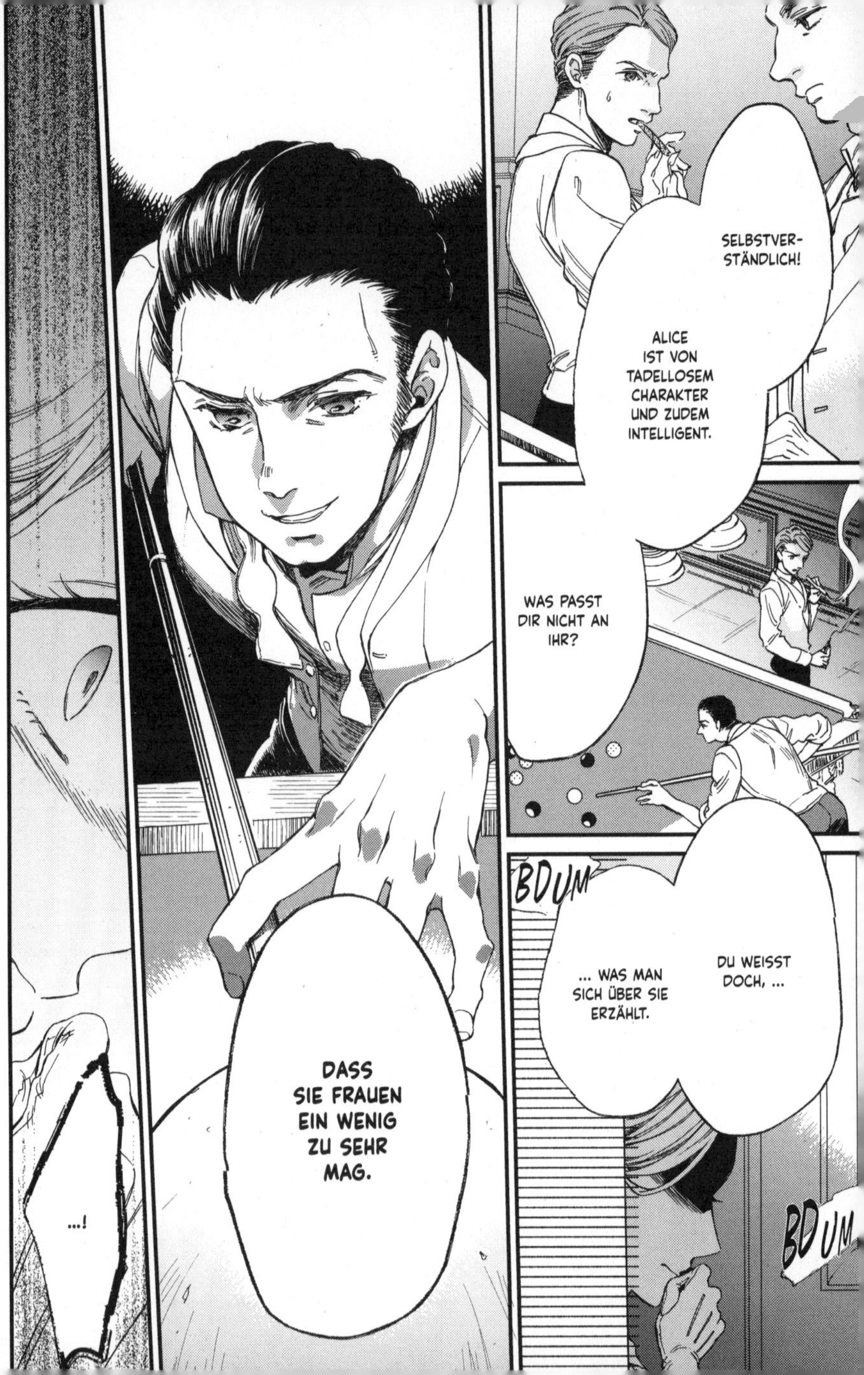

SELBSTVER-
STÄNDLICH!
ALICE IST VON TADELLOSEM CHARAKTER UND ZUDEM INTELLIGENT.
WAS PASST DIR NICHT AN IHR?
BDUM
DU WEISST DOCH, ...
... WAS MAN SICH ÜBER SIE ERZÄHLT.
BDUM
DASS SIE FRAUEN EIN WENIG ZU SEHR MAG.
...!

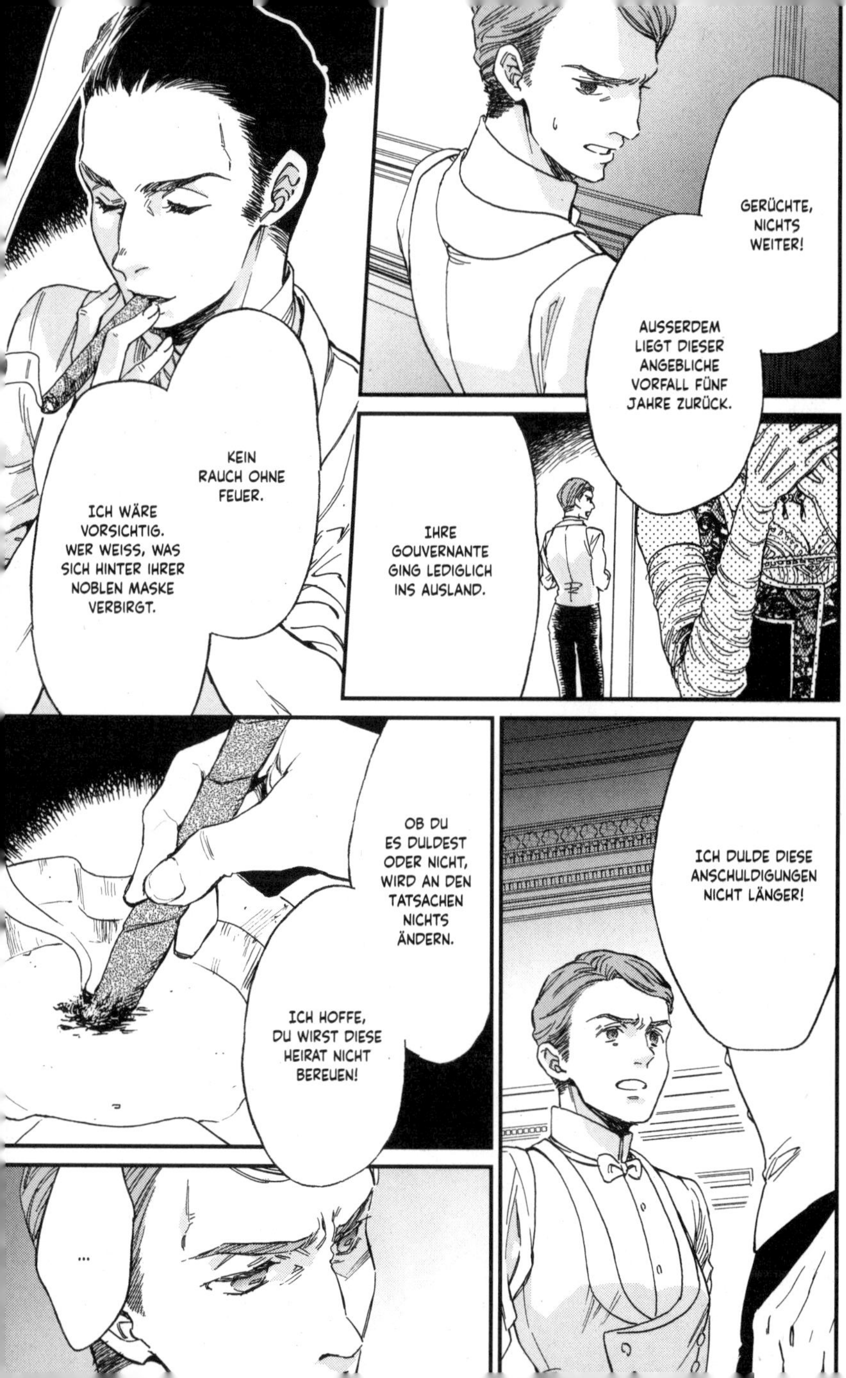
GERÜCHTE, NICHTS WEITER!
AUSSERDEM LIEGT DIESER ANGEBLICHE VORFALL FÜNF JAHRE ZURÜCK.
IHRE GOUVERNANTE GING LEDIGLICH INS AUSLAND.
KEIN RAUCH OHNE FEUER.
ICH WÄRE VORSICHTIG. WER WEISS, WAS SICH HINTER IHRER NOBLEN MASKE VERBIRGT.
ICH DULDE DIESE ANSCHULDIGUNGEN NICHT LÄNGER!
OB DU ES DULDEST ODER NICHT, WIRD AN DEN TATSACHEN NICHTS ÄNDERN.
ICH HOFFE, DU WIRST DIESE HEIRAT NICHT BEREUEN!
...

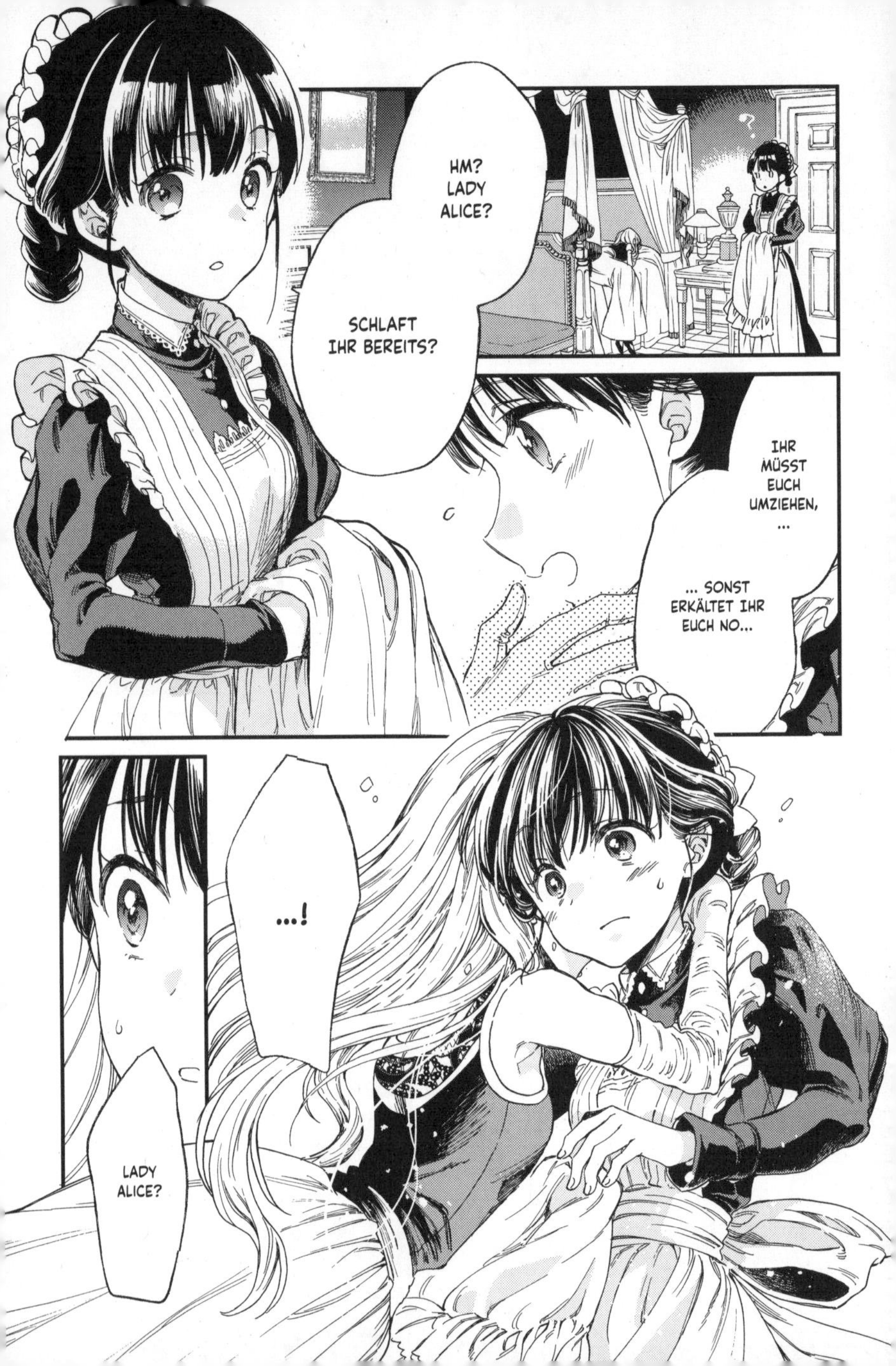
HM? LADY ALICE?
SCHLAFT IHR BEREITS?
IHR MÜSST EUCH UMZIEHEN, ...
... SONST ERKÄLTET IHR EUCH NO...
...!
LADY ALICE?

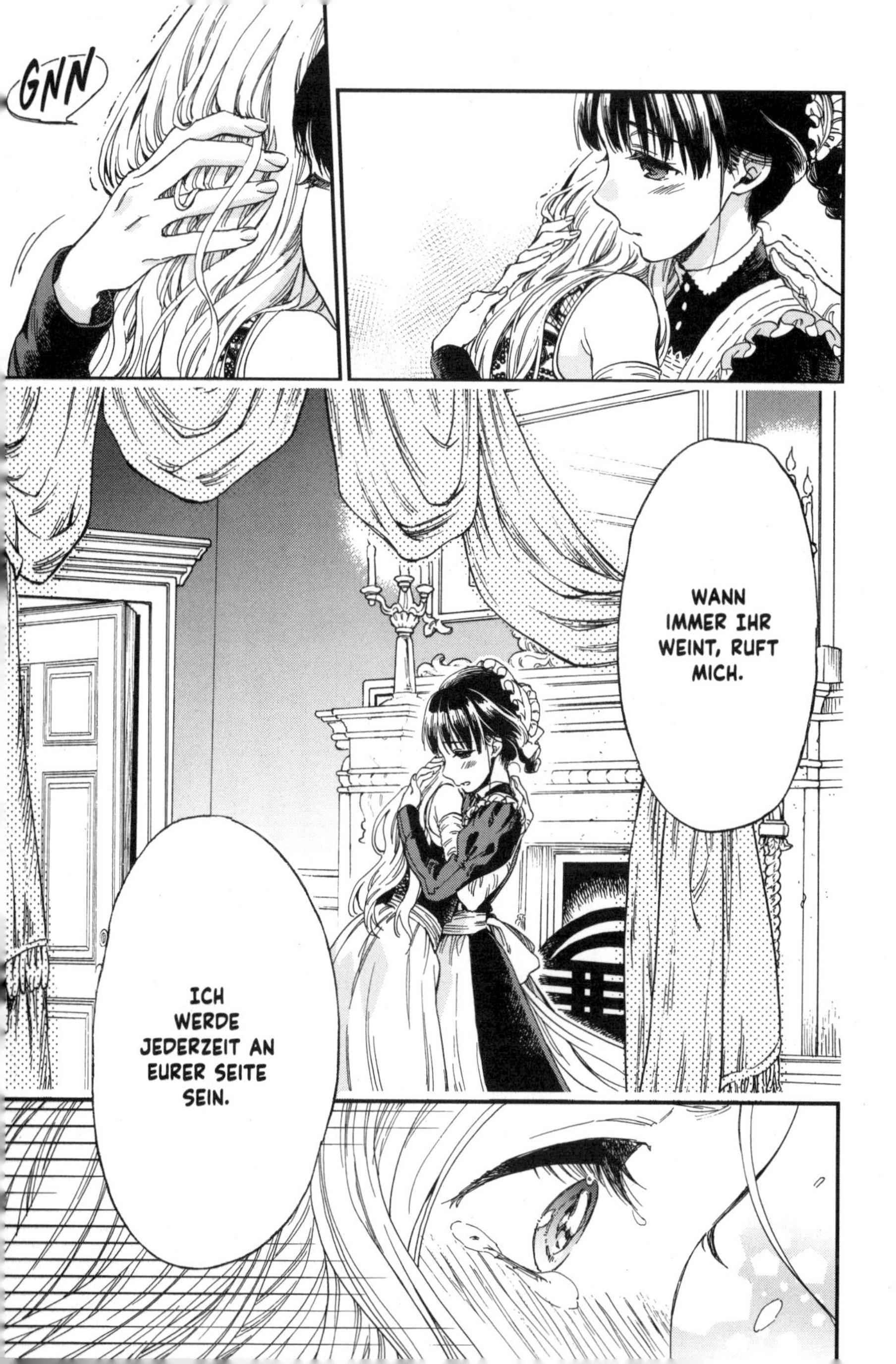
GNN
WANN IMMER IHR WEINT, RUFT MICH.
ICH WERDE JEDERZEIT AN EURER SEITE SEIN.

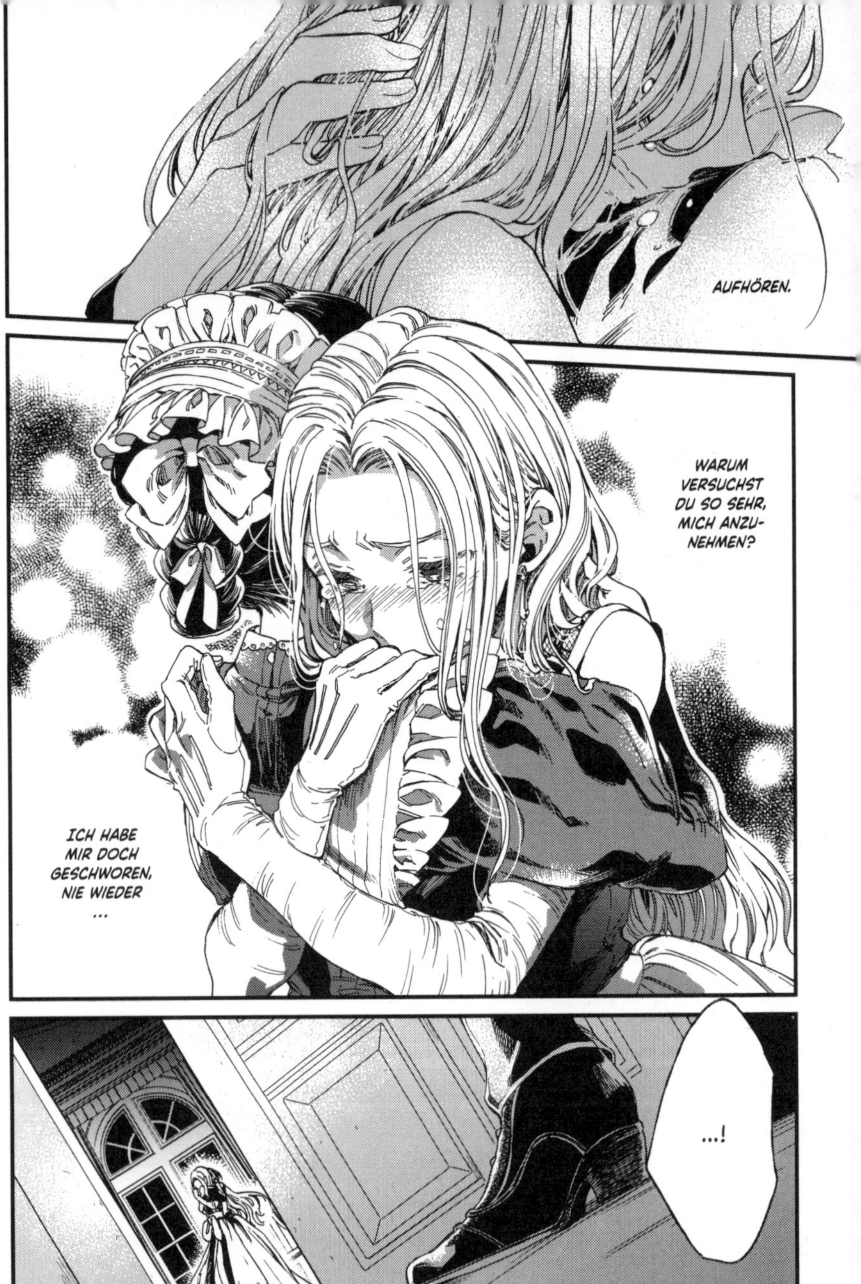
AUFHÖREN.
WARUM VERSUCHST DU SO SEHR, MICH ANZUNEHMEN?
ICH HABE MIR DOCH GESCHWOREN, NIE WIEDER ...
...!

{ Kapitel 4 }

Ein Monster ohne Namen, eine Knospe ohne Namen

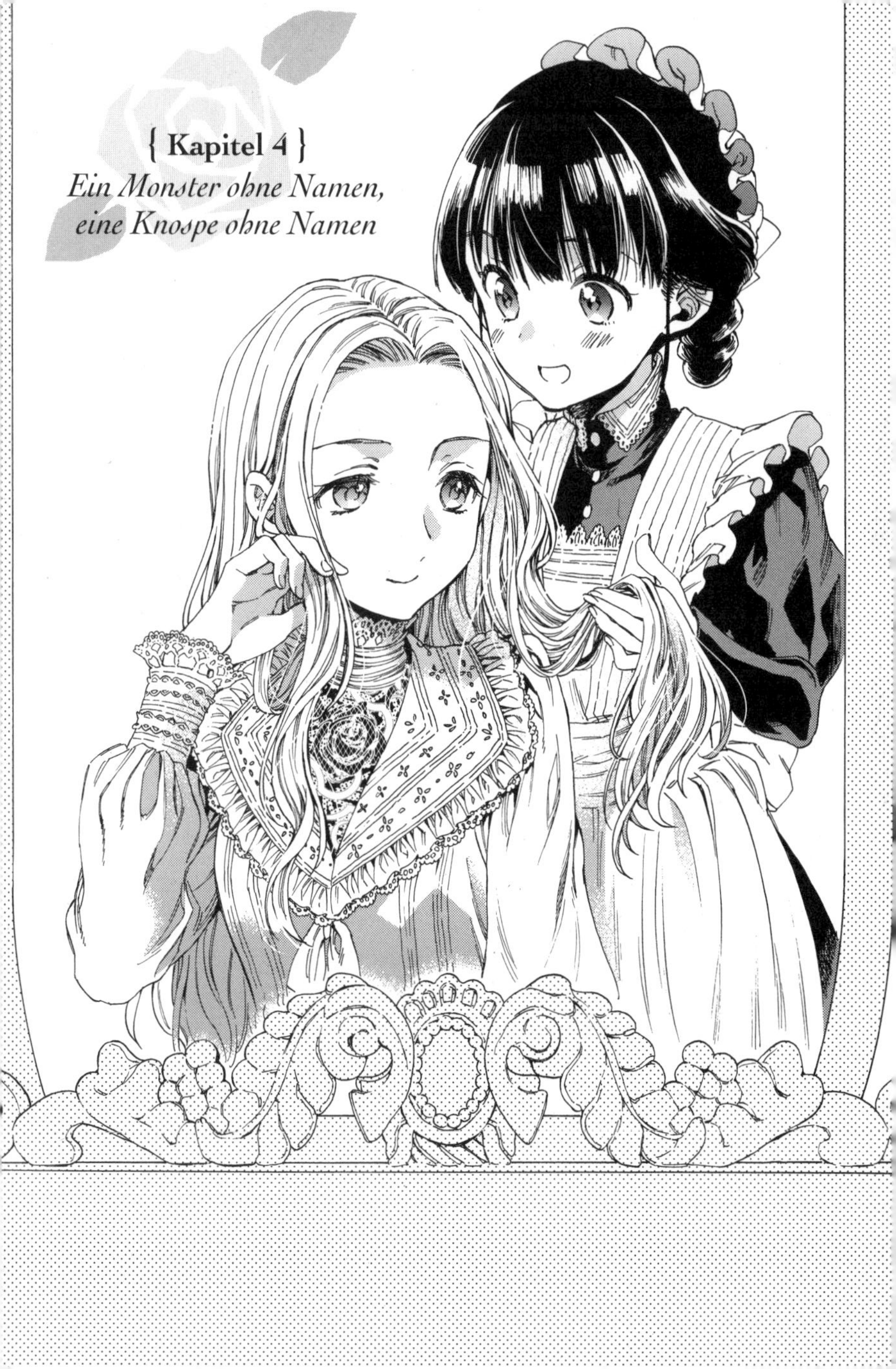

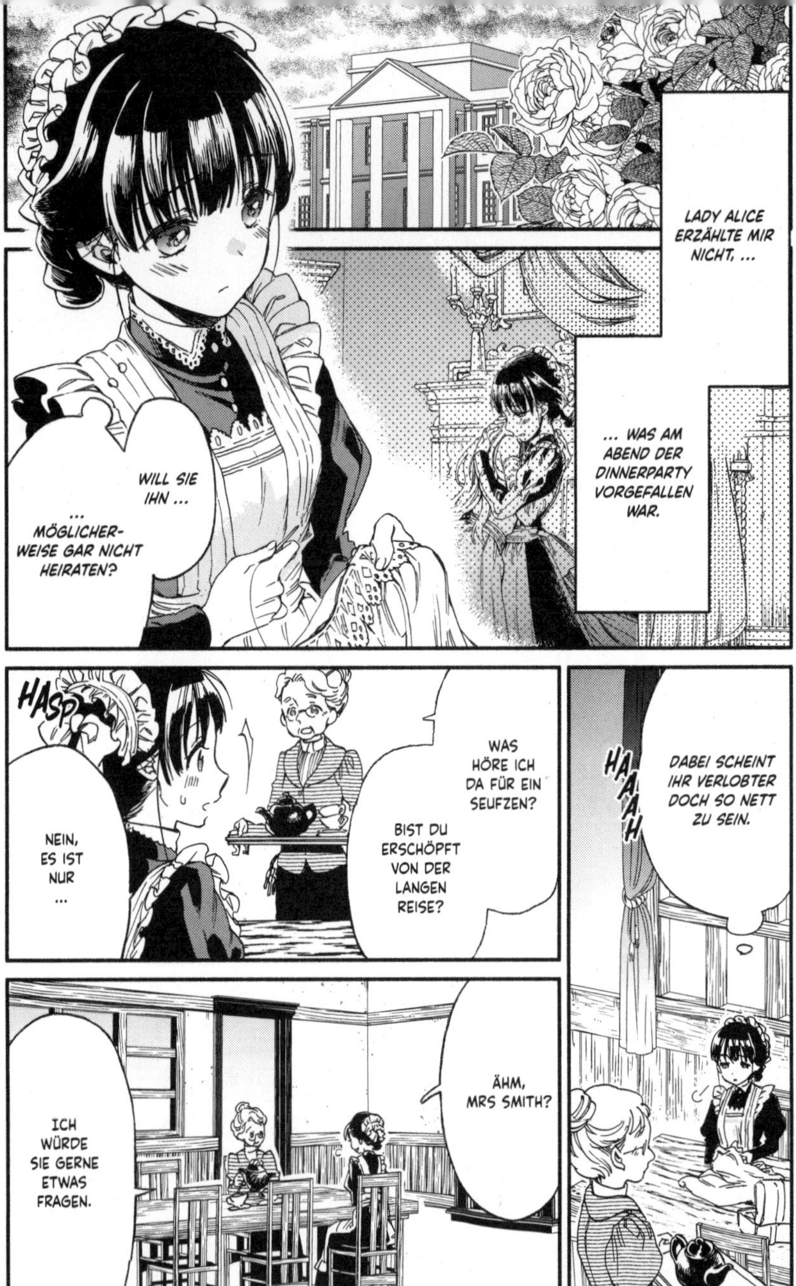
LADY ALICE ERZÄHLTE MIR NICHT, ...
... WAS AM ABEND DER DINNERPARTY VORGEFALLEN WAR.
WILL SIE IHN ...
... MÖGLICHER-WEISE GAR NICHT HEIRATEN?
HAAAAH
DABEI SCHEINT IHR VERLOBTER DOCH SO NETT ZU SEIN.
WAS HÖRE ICH DA FÜR EIN SEUFZEN?
BIST DU ERSCHÖPFT VON DER LANGEN REISE?
HASP
NEIN, ES IST NUR ...
ÄHM, MRS SMITH?
ICH WÜRDE SIE GERNE ETWAS FRAGEN.

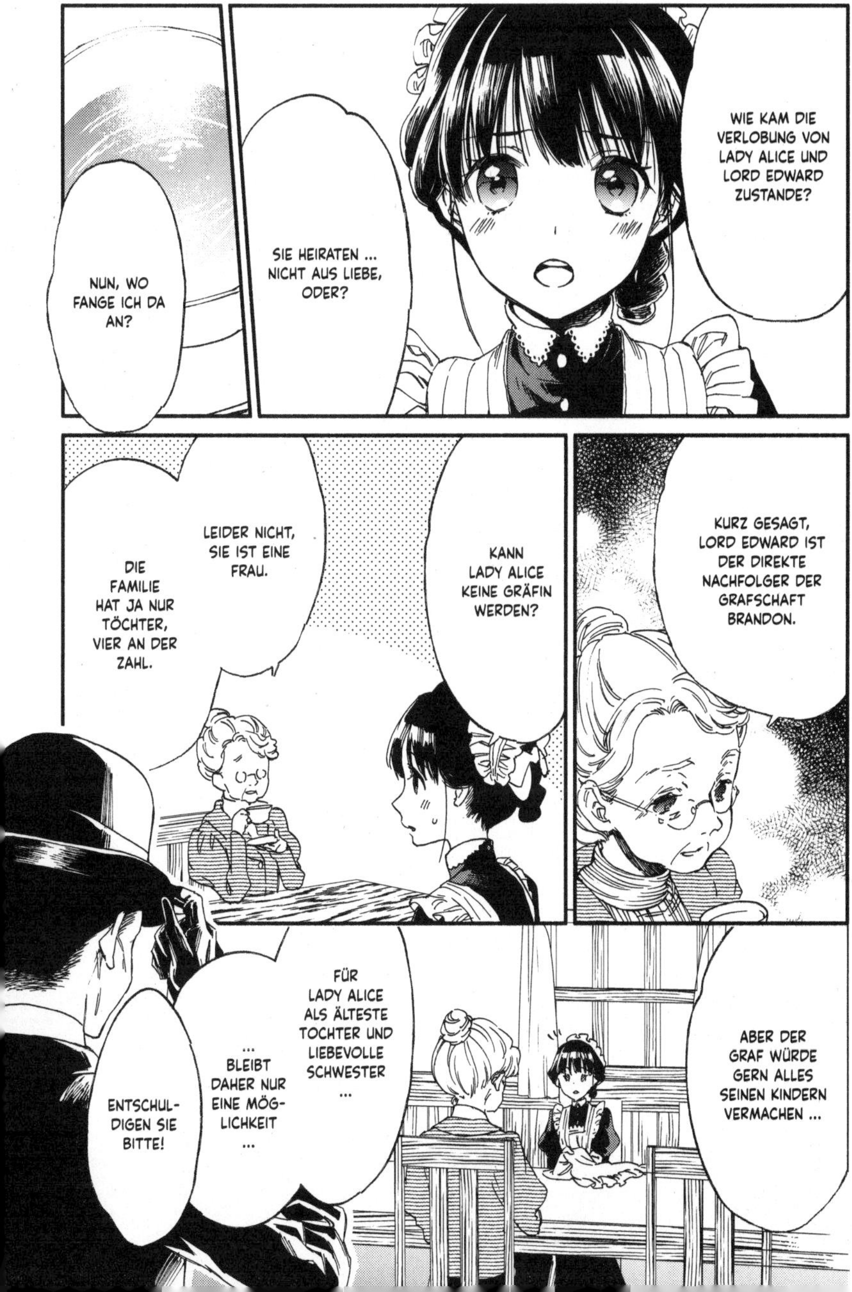
WIE KAM DIE VERLOBUNG VON LADY ALICE UND LORD EDWARD ZUSTANDE?
SIE HEIRATEN ... NICHT AUS LIEBE, ODER?
NUN, WO FANGE ICH DA AN?
KURZ GESAGT, LORD EDWARD IST DER DIREKTE NACHFOLGER DER GRAFSCHAFT BRANDON.
KANN LADY ALICE KEINE GRÄFIN WERDEN?
LEIDER NICHT, SIE IST EINE FRAU.
DIE FAMILIE HAT JA NUR TÖCHTER, VIER AN DER ZAHL.
ABER DER GRAF WÜRDE GERN ALLES SEINEN KINDERN VERMACHEN ...
FÜR LADY ALICE ALS ÄLTESTE TOCHTER UND LIEBEVOLLE SCHWESTER ...
... BLEIBT DAHER NUR EINE MÖG-LICHKEIT ...
ENTSCHUL-DIGEN SIE BITTE!

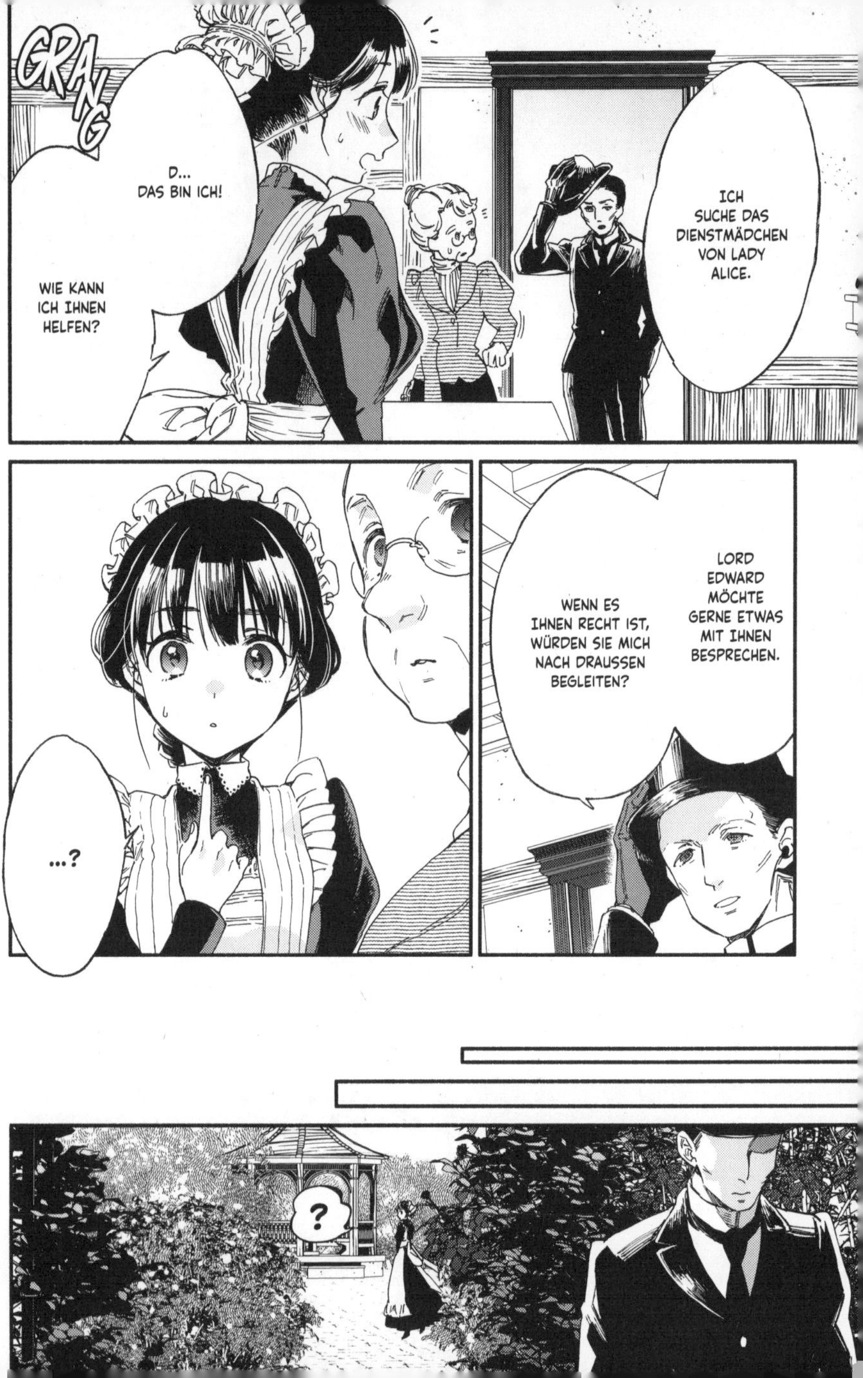
GRANG
ICH SUCHE DAS DIENSTMÄDCHEN VON LADY ALICE.
D... DAS BIN ICH!
WIE KANN ICH IHNEN HELFEN?
LORD EDWARD MÖCHTE GERNE ETWAS MIT IHNEN BESPRECHEN.
WENN ES IHNEN RECHT IST, WÜRDEN SIE MICH NACH DRAUSSEN BEGLEITEN?
...?
?

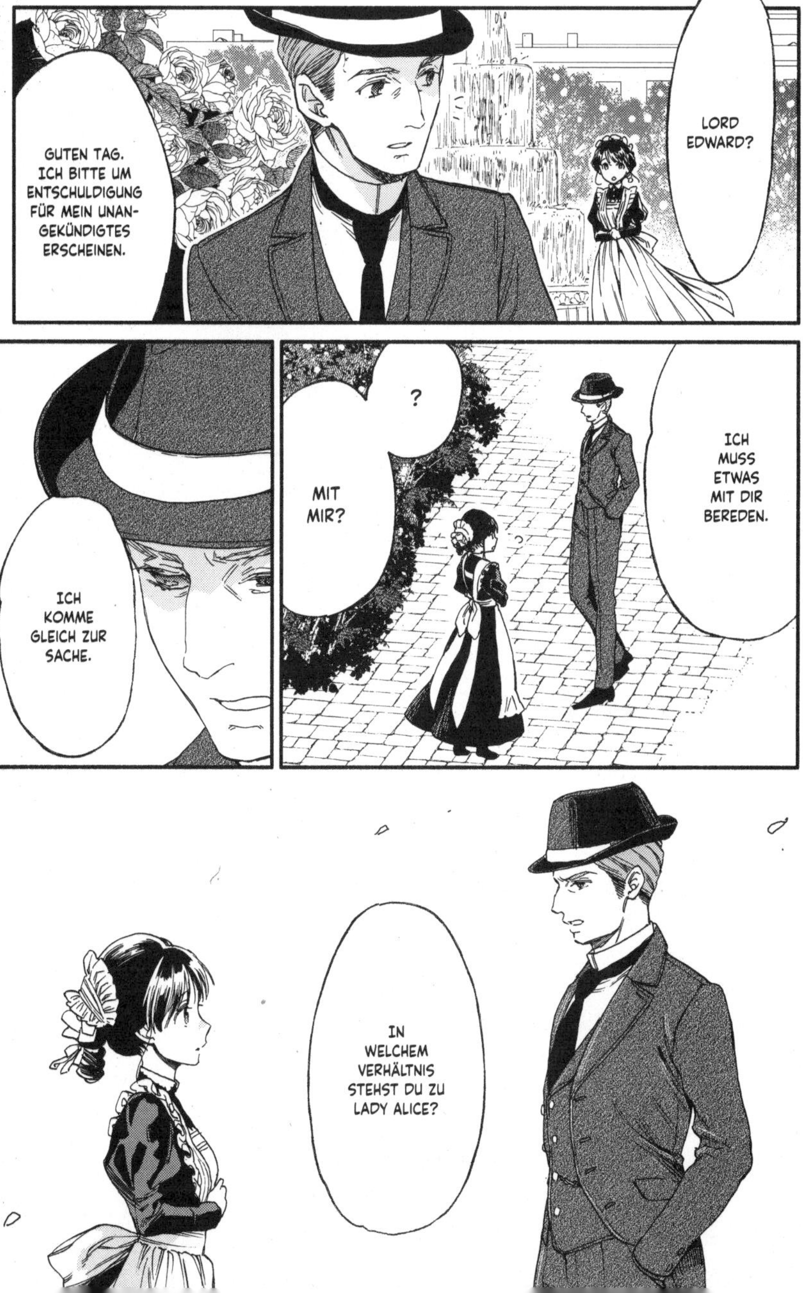
LORD EDWARD?
GUTEN TAG. ICH BITTE UM ENTSCHULDIGUNG FÜR MEIN UNANGEKÜNDIGTES ERSCHEINEN.
ICH MUSS ETWAS MIT DIR BEREDEN.
?
MIT MIR?
ICH KOMME GLEICH ZUR SACHE.
IN WELCHEM VERHÄLTNIS STEHST DU ZU LADY ALICE?

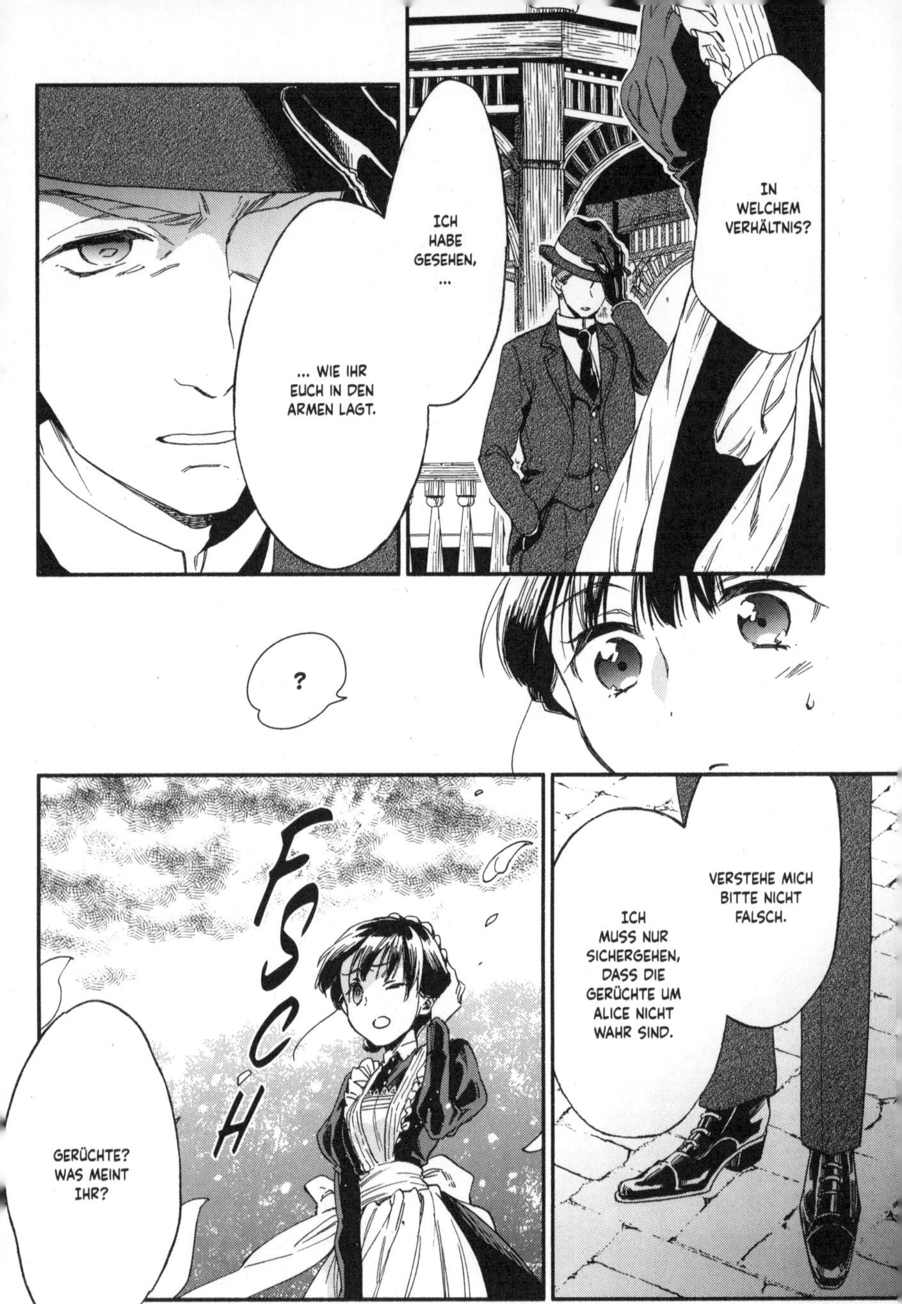
IN WELCHEM VERHÄLTNIS?
ICH HABE GESEHEN, ...
... WIE IHR EUCH IN DEN ARMEN LAGT.
?
VERSTEHE MICH BITTE NICHT FALSCH.
ICH MUSS NUR SICHERGEHEN, DASS DIE GERÜCHTE UM ALICE NICHT WAHR SIND.
FSCH
GERÜCHTE? WAS MEINT IHR?

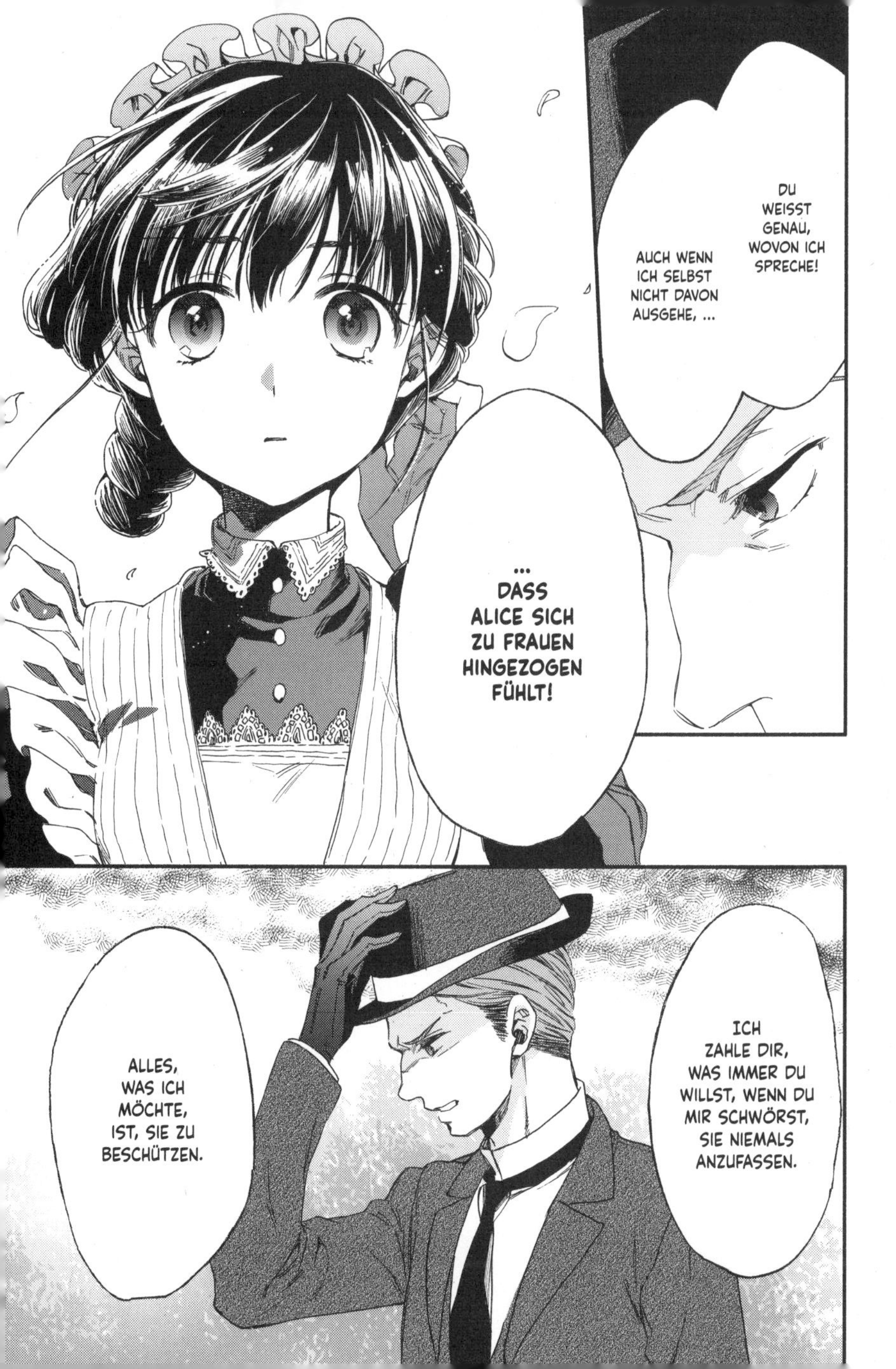
DU WEISST GENAU, WOVON ICH SPRECHE!
AUCH WENN ICH SELBST NICHT DAVON AUSGEHE, ...
... DASS ALICE SICH ZU FRAUEN HINGEZOGEN FÜHLT!
ICH ZAHLE DIR, WAS IMMER DU WILLST, WENN DU MIR SCHWÖRST, SIE NIEMALS ANZUFASSEN.
ALLES, WAS ICH MÖCHTE, IST, SIE ZU BESCHÜTZEN.

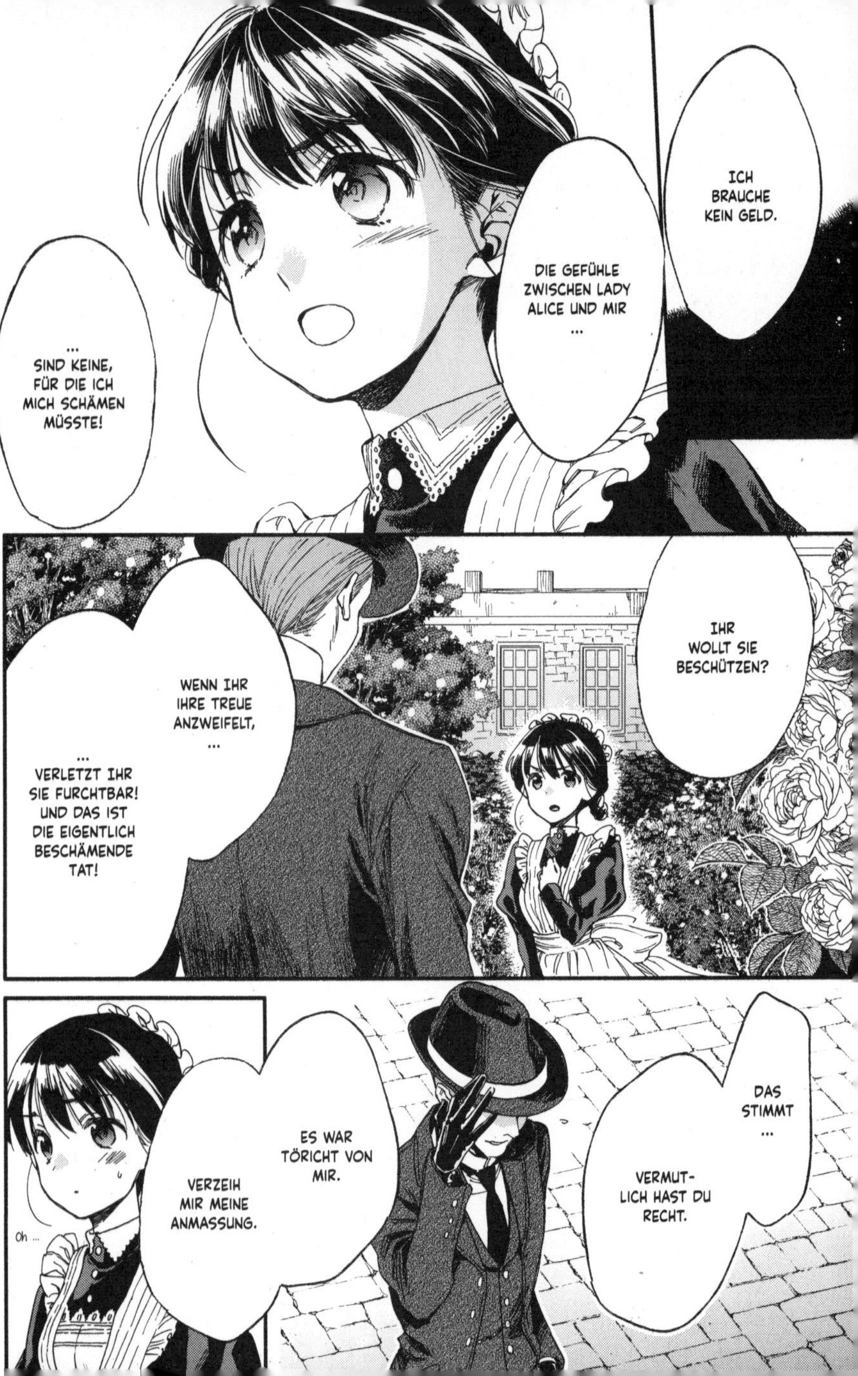
ICH BRAUCHE KEIN GELD.
DIE GEFÜHLE ZWISCHEN LADY ALICE UND MIR ...
... SIND KEINE, FÜR DIE ICH MICH SCHÄMEN MÜSSTE!
IHR WOLLT SIE BESCHÜTZEN?
WENN IHR IHRE TREUE ANZWEIFELT, ...
... VERLETZT IHR SIE FURCHTBAR! UND DAS IST DIE EIGENTLICH BESCHÄMENDE TAT!
DAS STIMMT ...
VERMUT-LICH HAST DU RECHT.
ES WAR TÖRICHT VON MIR.
VERZEIH MIR MEINE ANMASSUNG.
Oh ...

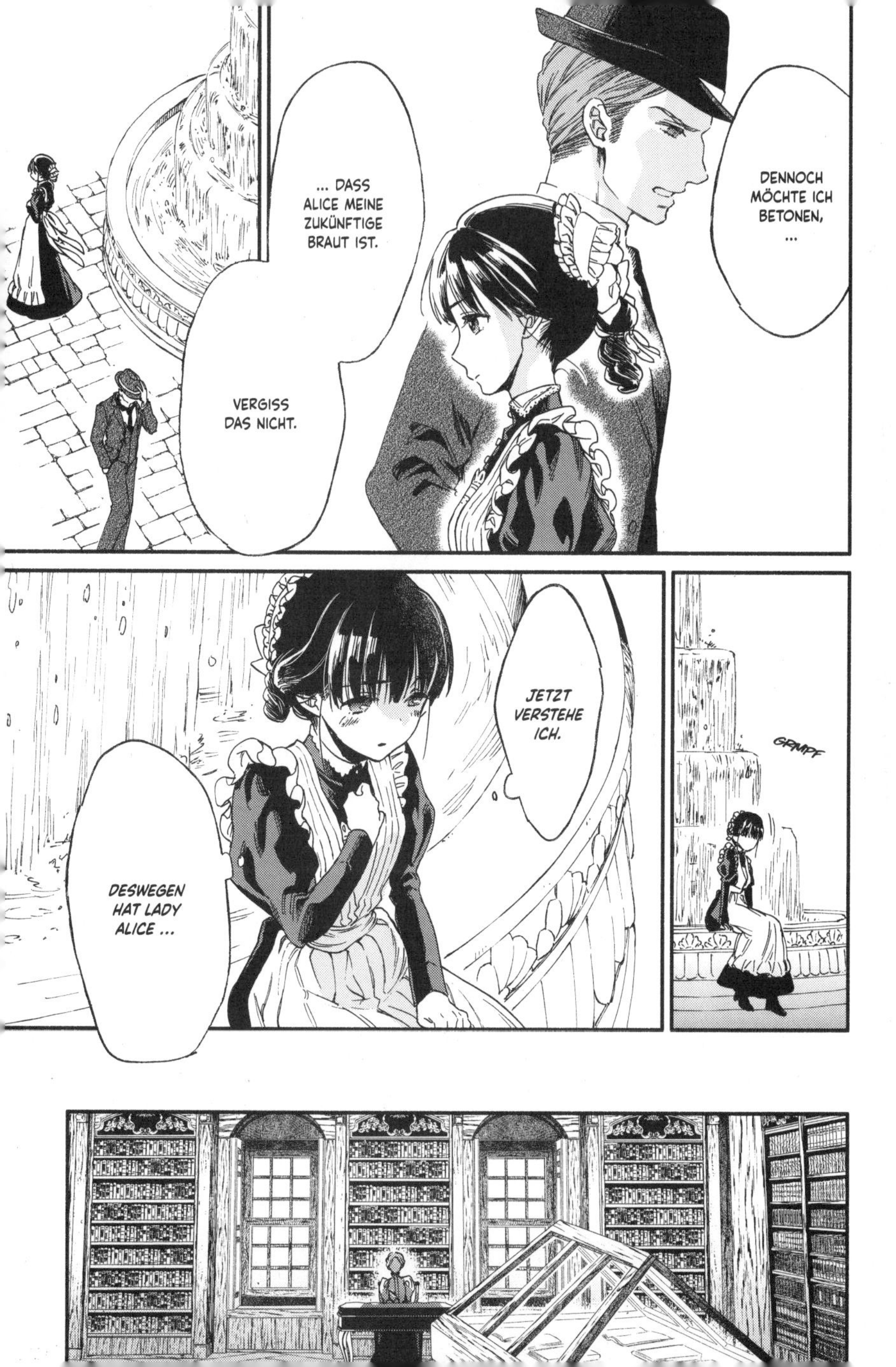
DENNOCH MÖCHTE ICH BETONEN, ...
... DASS ALICE MEINE ZUKÜNFTIGE BRAUT IST.
VERGISS DAS NICHT.
GRMPF
JETZT VERSTEHE ICH.
DESWEGEN HAT LADY ALICE ...

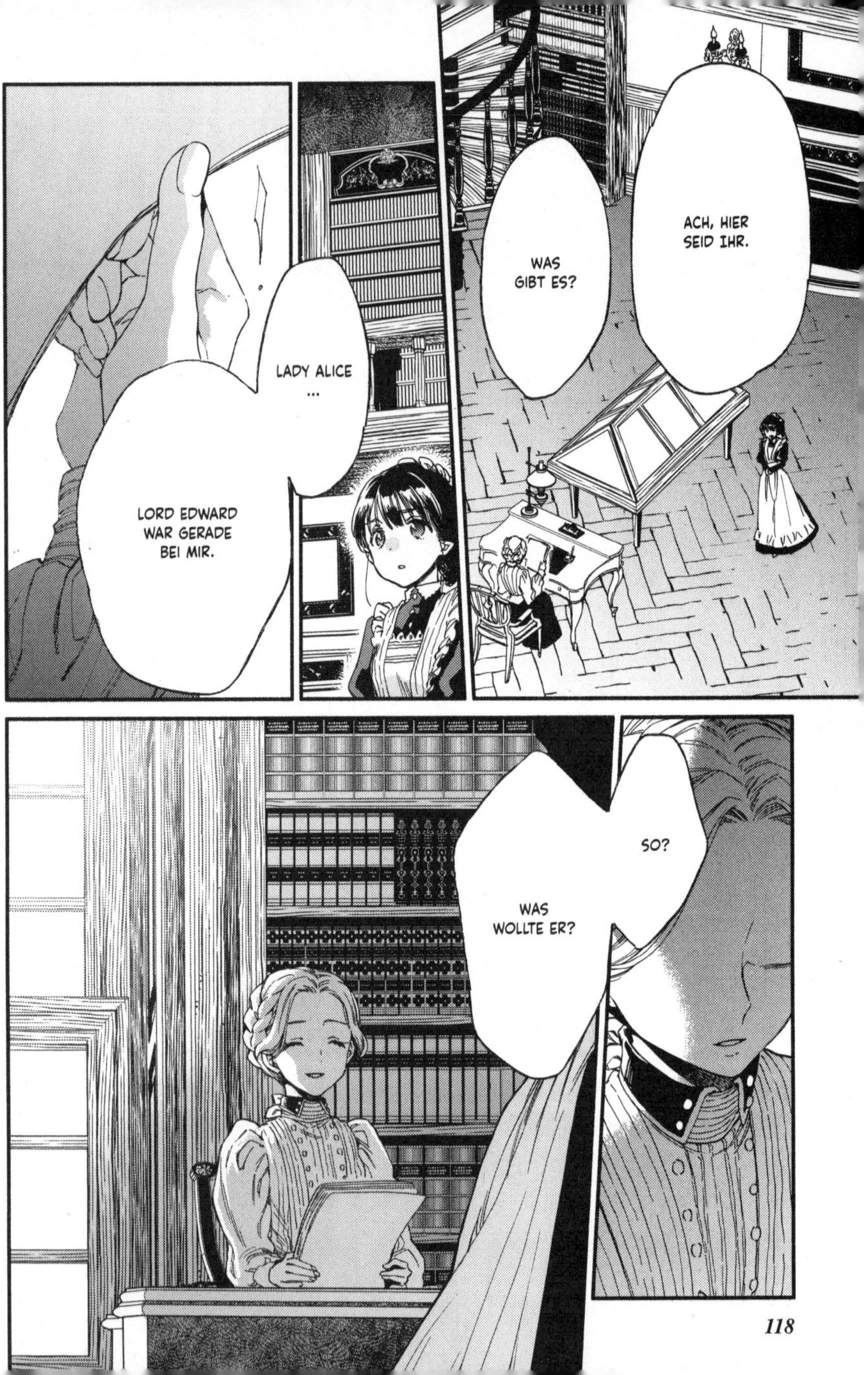
ACH, HIER SEID IHR.
WAS GIBT ES?
LADY ALICE ...
LORD EDWARD WAR GERADE BEI MIR.
SO?
WAS WOLLTE ER?

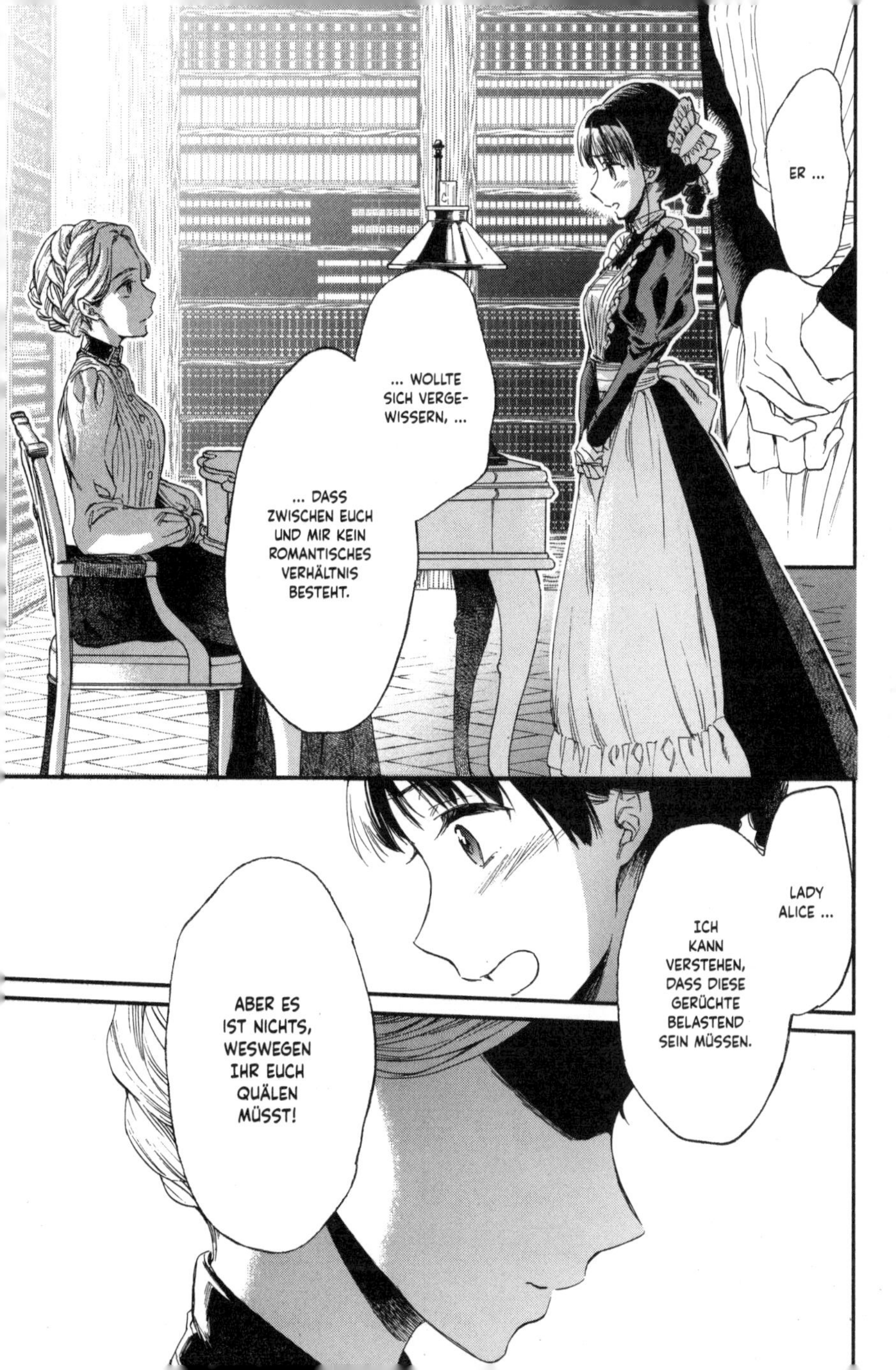
ER ...
... WOLLTE SICH VERGE-WISSERN, ...
... DASS ZWISCHEN EUCH UND MIR KEIN ROMANTISCHES VERHÄLTNIS BESTEHT.
LADY ALICE ...
ICH KANN VERSTEHEN, DASS DIESE GERÜCHTE BELASTEND SEIN MÜSSEN.
ABER ES IST NICHTS, WESWEGEN IHR EUCH QUÄLEN MÜSST!

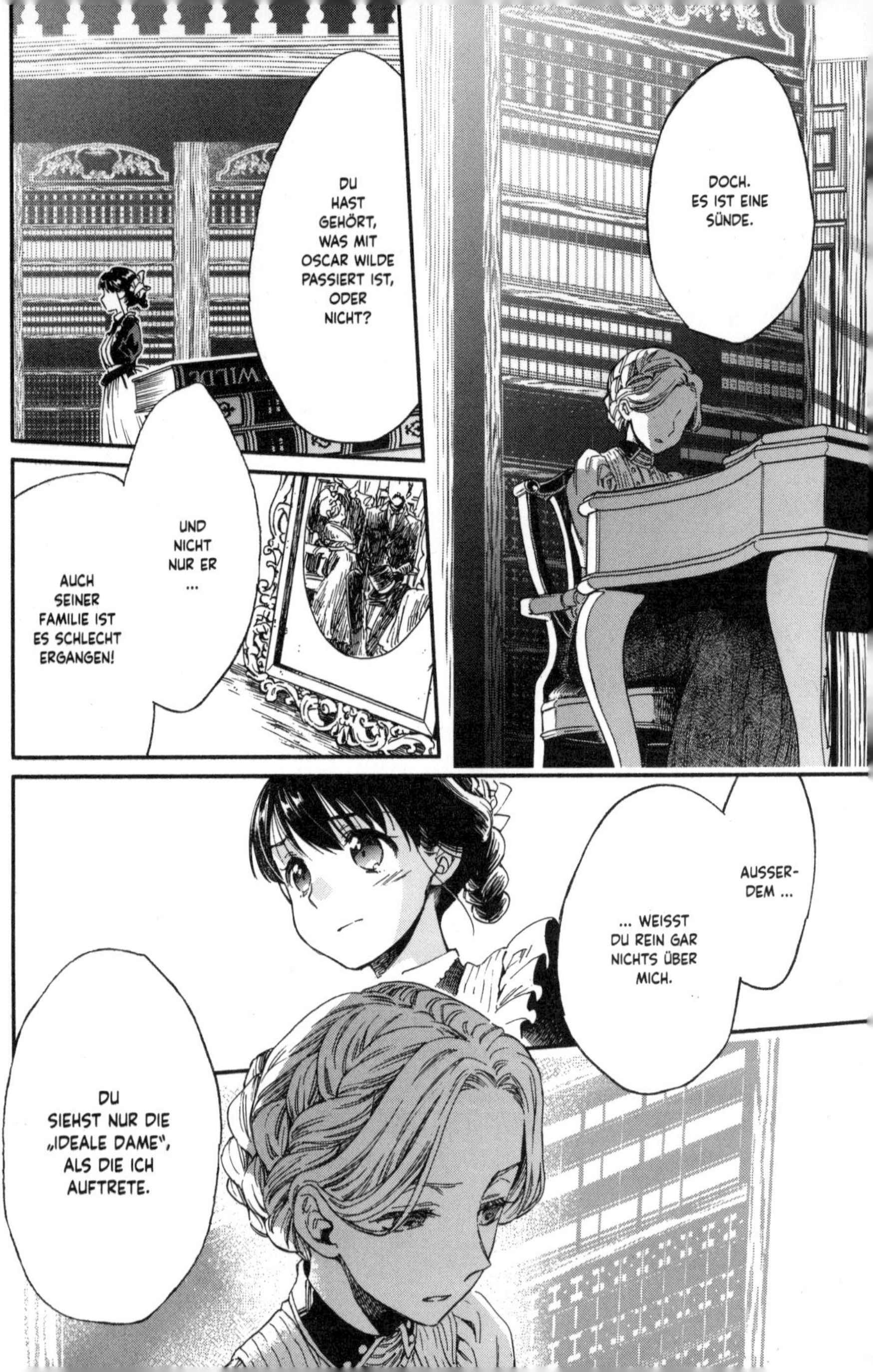
DOCH. ES IST EINE SÜNDE.
DU HAST GEHÖRT, WAS MIT OSCAR WILDE PASSIERT IST, ODER NICHT?
UND NICHT NUR ER ...
AUCH SEINER FAMILIE IST ES SCHLECHT ERGANGEN!
AUSSER-DEM ...
... WEISST DU REIN GAR NICHTS ÜBER MICH.
DU SIEHST NUR DIE „IDEALE DAME“, ALS DIE ICH AUFTRETE.

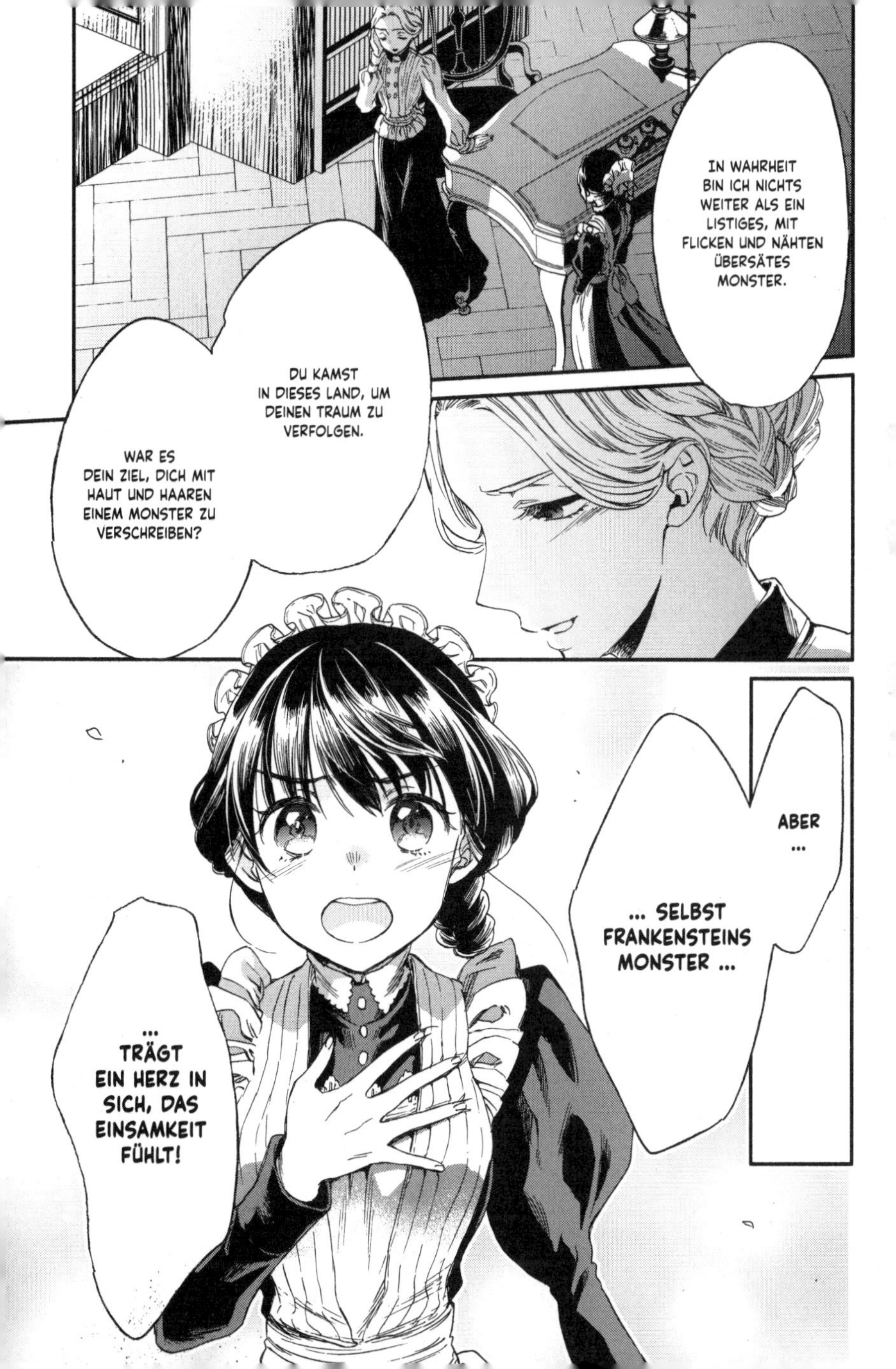

IN WAHRHEIT BIN ICH NICHTS WEITER ALS EIN LISTIGES, MIT FLICKEN UND NÄHTEN ÜBERSÄTES MONSTER.
DU KAMST IN DIESES LAND, UM DEINEN TRAUM ZU VERFOLGEN.
WAR ES DEIN ZIEL, DICH MIT HAUT UND HAAREN EINEM MONSTER ZU VERSCHREIBEN?
ABER ...
... SELBST FRANKENSTEINS MONSTER ...
... TRÄGT EIN HERZ IN SICH, DAS EINSAMKEIT FÜHLT!

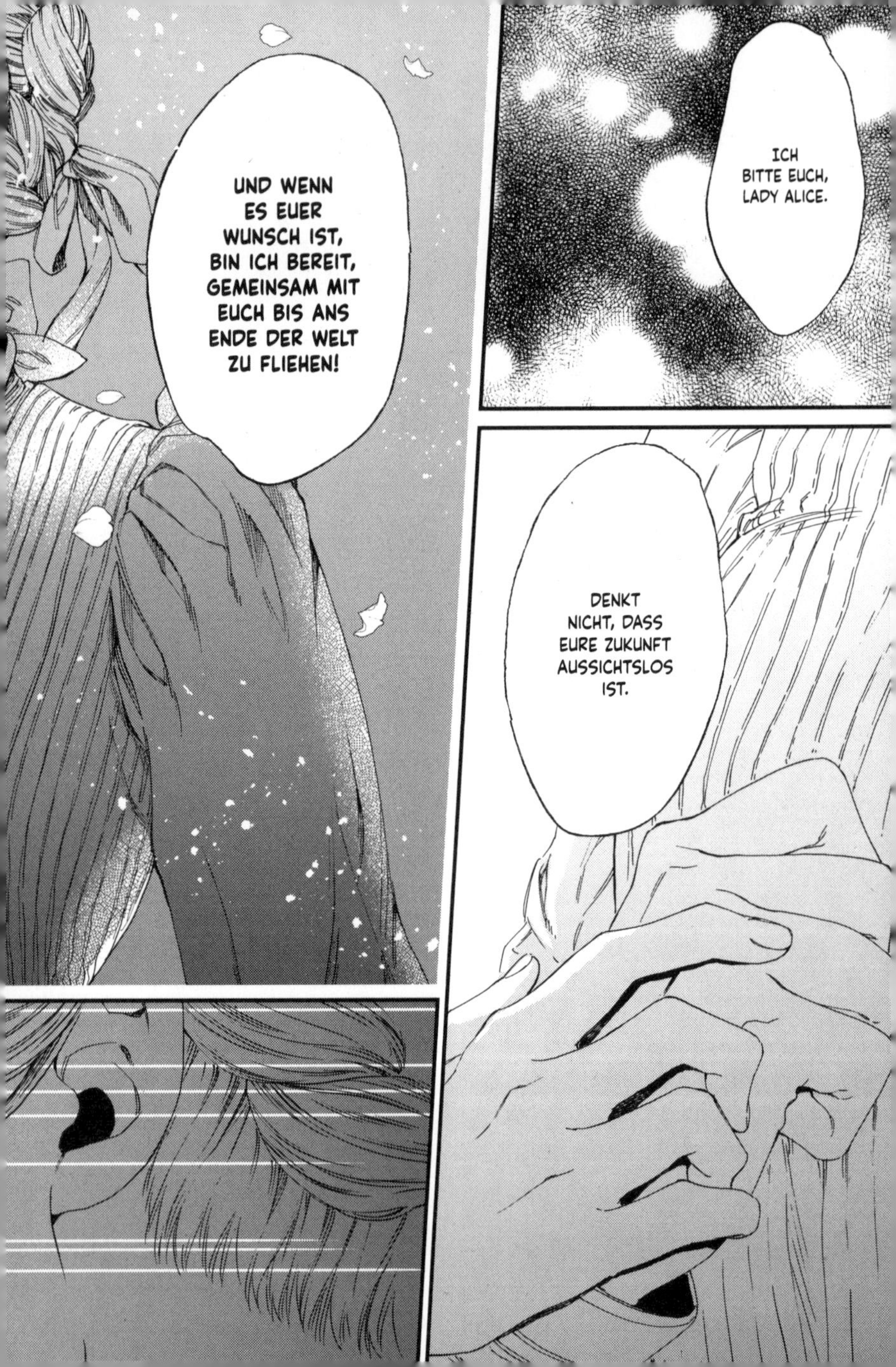
ICH BITTE EUCH, LADY ALICE.
UND WENN ES EUER WUNSCH IST, BIN ICH BEREIT, GEMEINSAM MIT EUCH BIS ANS ENDE DER WELT ZU FLIEHEN!
DENKT NICHT, DASS EURE ZUKUNFT AUSSICHTSLOS IST.

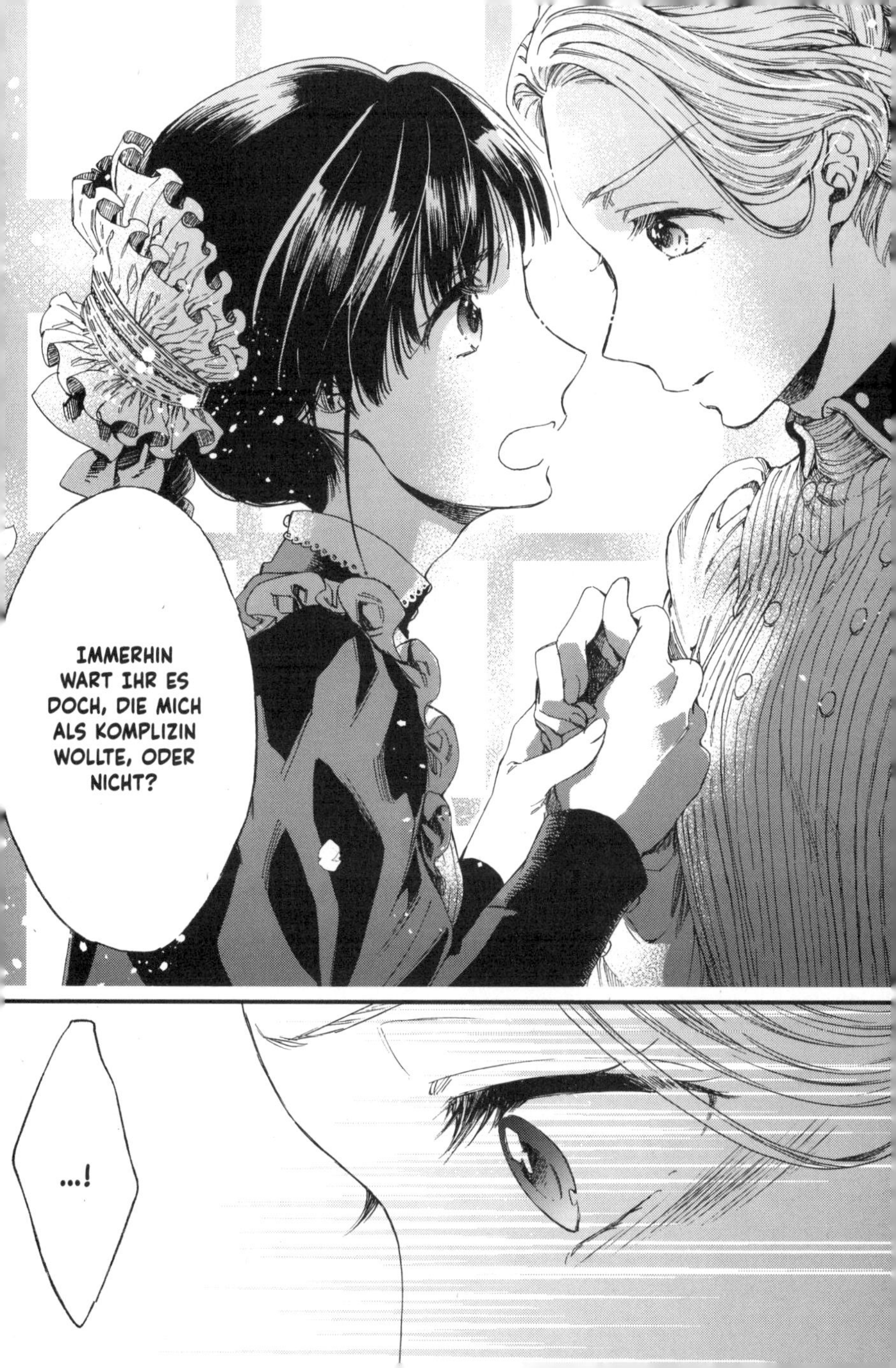
IMMERHIN WART IHR ES DOCH, DIE MICH ALS KOMPLIZIN WOLLTE, ODER NICHT?
...!

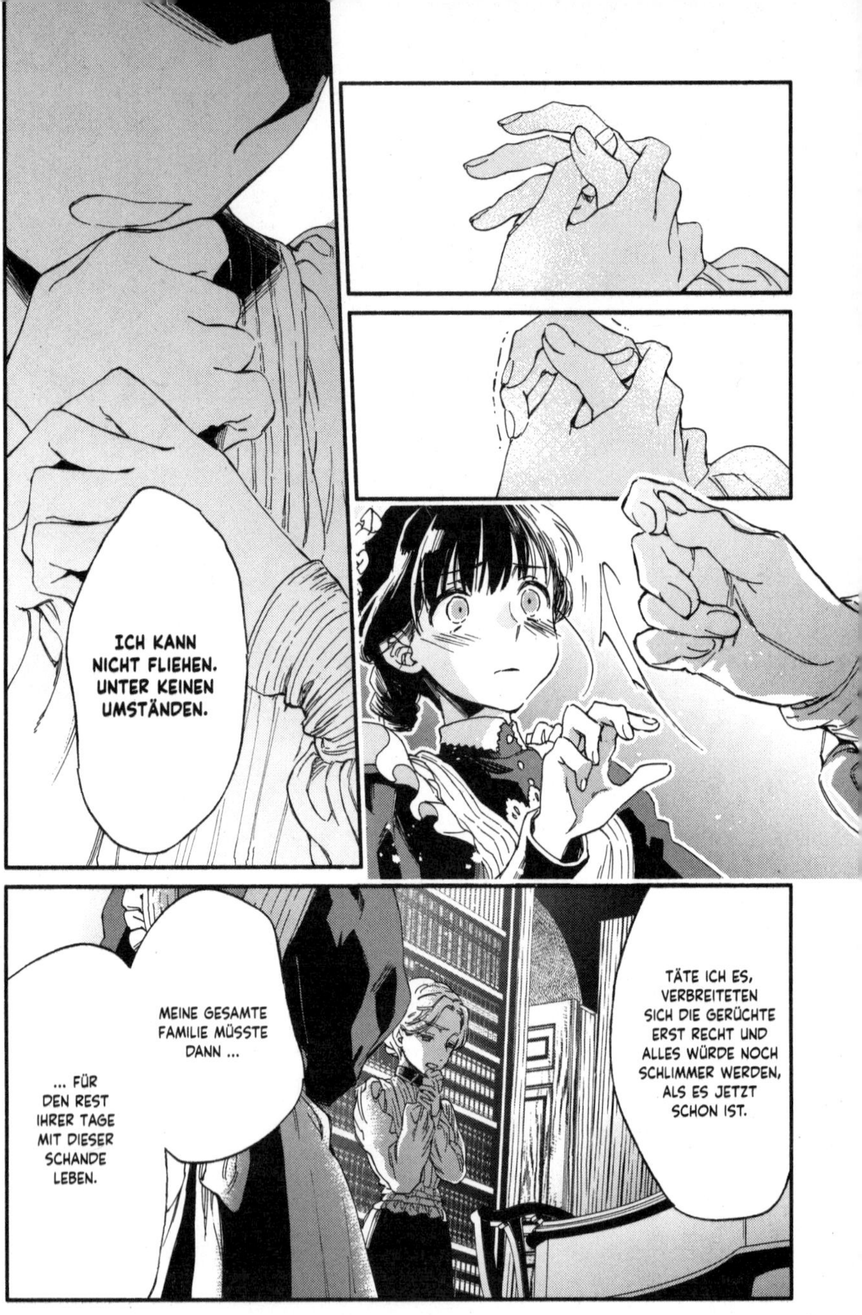
ICH KANN NICHT FLIEHEN. UNTER KEINEN UMSTÄNDEN.
TÄTE ICH ES, VERBREITETEN SICH DIE GERÜCHTE ERST RECHT UND ALLES WÜRDE NOCH SCHLIMMER WERDEN, ALS ES JETZT SCHON IST.
MEINE GESAMTE FAMILIE MÜSSTE DANN ...
... FÜR DEN REST IHRER TAGE MIT DIESER SCHANDE LEBEN.

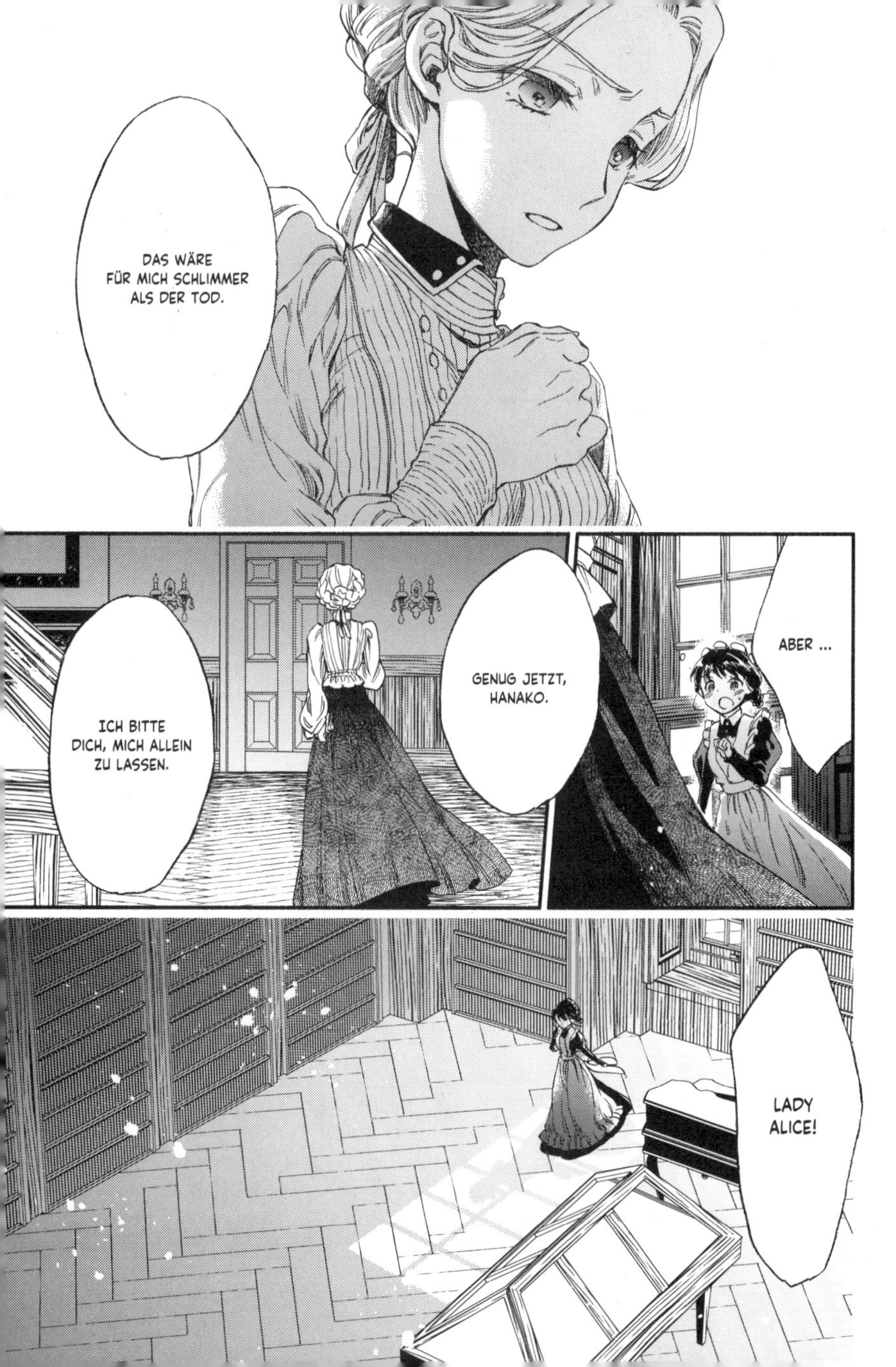
DAS WÄRE FÜR MICH SCHLIMMER ALS DER TOD.
ABER ...
GENUG JETZT, HANAKO.
ICH BITTE DICH, MICH ALLEIN ZU LASSEN.
LADY ALICE!

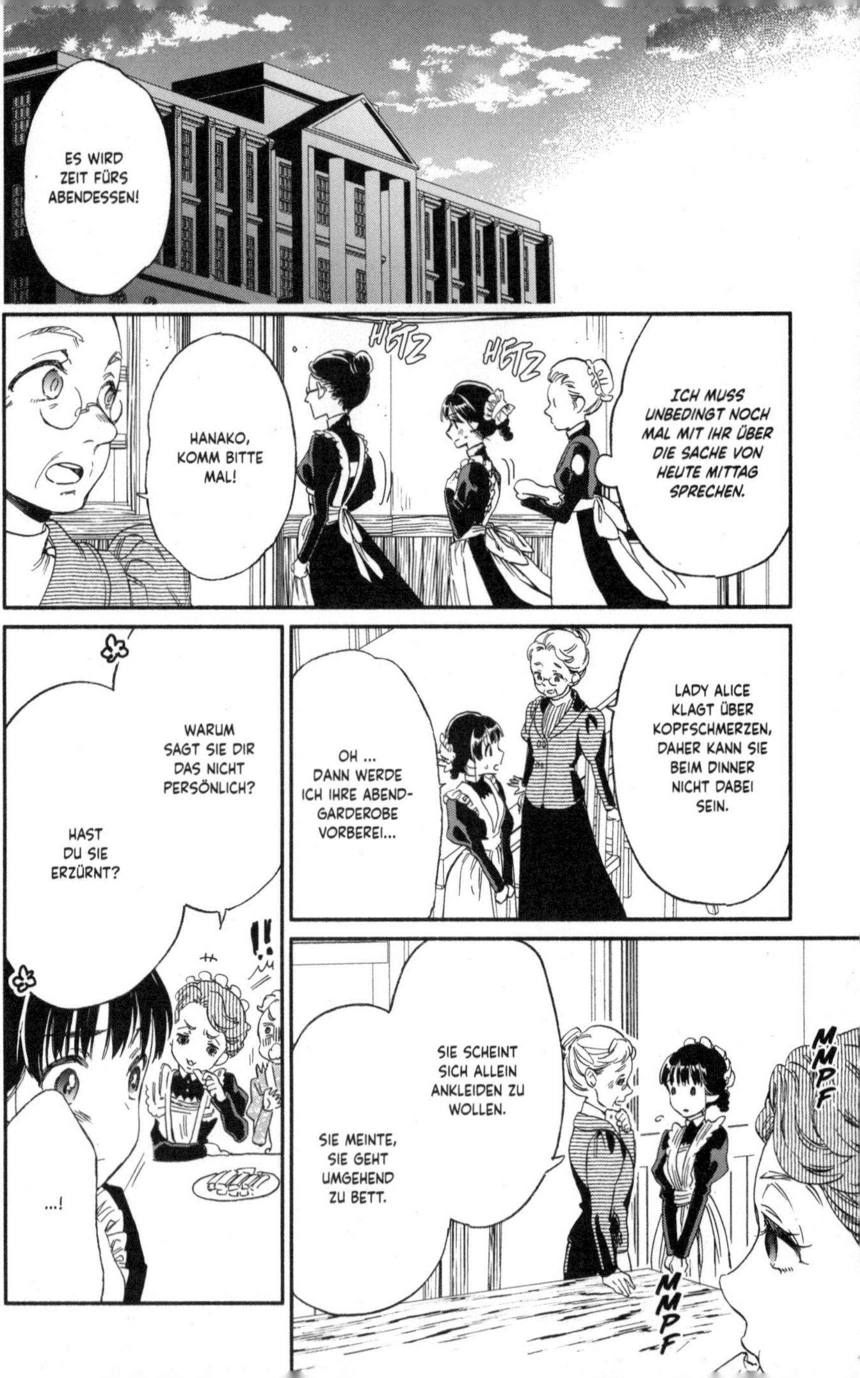
ES WIRD ZEIT FÜRS ABENDESSEN!
ICH MUSS UNBEDINGT NOCH MAL MIT IHR ÜBER DIE SACHE VON HEUTE MITTAG SPRECHEN.
HETZ
HETZ
HANAKO, KOMM BITTE MAL!
LADY ALICE KLAGT ÜBER KOPFSCHMERZEN, DAHER KANN SIE BEIM DINNER NICHT DABEI SEIN.
OH ... DANN WERDE ICH IHRE ABEND-GARDEROBE VORBEREI...
WARUM SAGT SIE DIR DAS NICHT PERSÖNLICH?
HAST DU SIE ERZÜRNT?
MMPF
MMPF
SIE SCHEINT SICH ALLEIN ANKLEIDEN ZU WOLLEN.
SIE MEINTE, SIE GEHT UMGEHEND ZU BETT.
...!

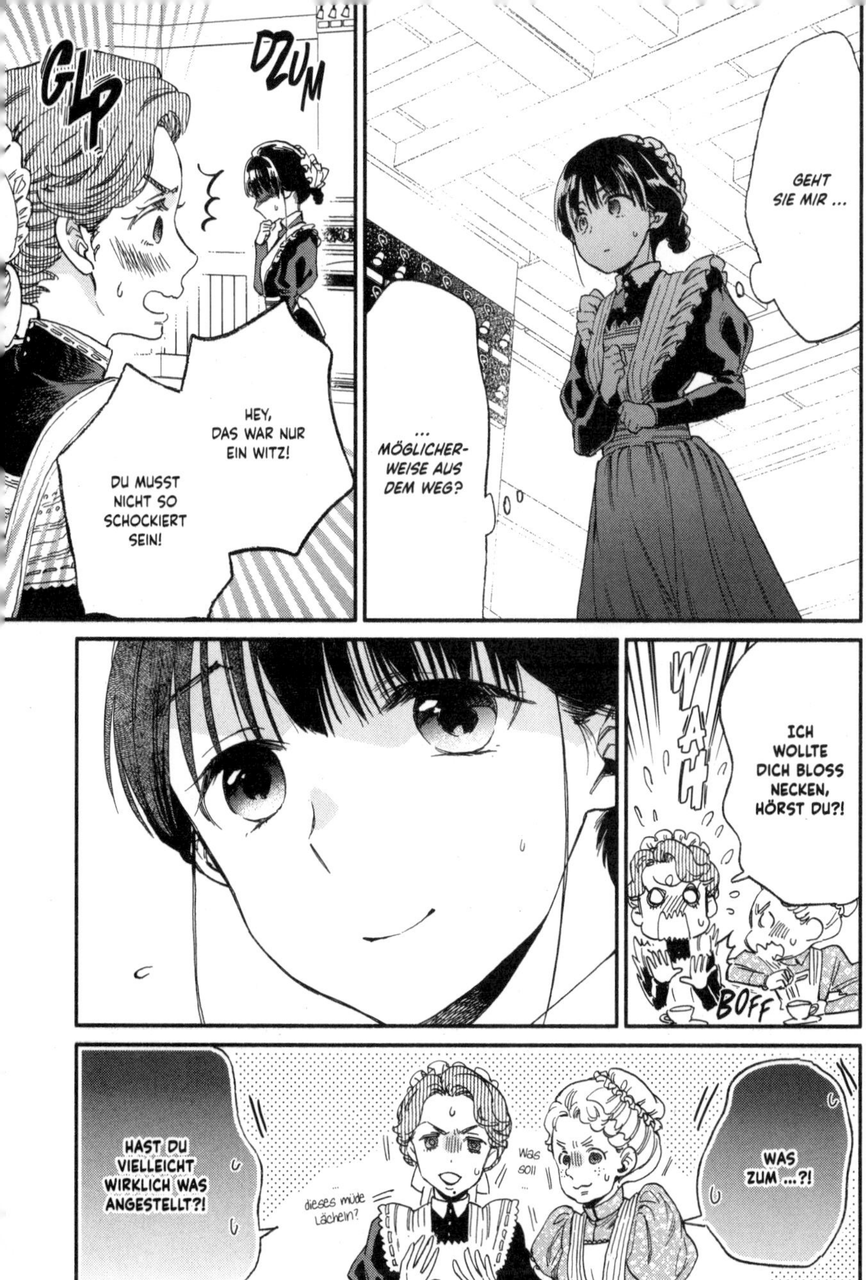
GLP
DZUM
GEHT SIE MIR ...
... MÖGLICHERWEISE AUS DEM WEG?
HEY, DAS WAR NUR EIN WITZ!
DU MUSST NICHT SO SCHOCKIERT SEIN!
WAH
ICH WOLLTE DICH BLOSS NECKEN, HÖRST DU?!
BOFF
WAS ZUM ...?!
Was soll ...
dieses müde Lächeln?
HAST DU VIELLEICHT WIRKLICH WAS ANGESTELLT?!

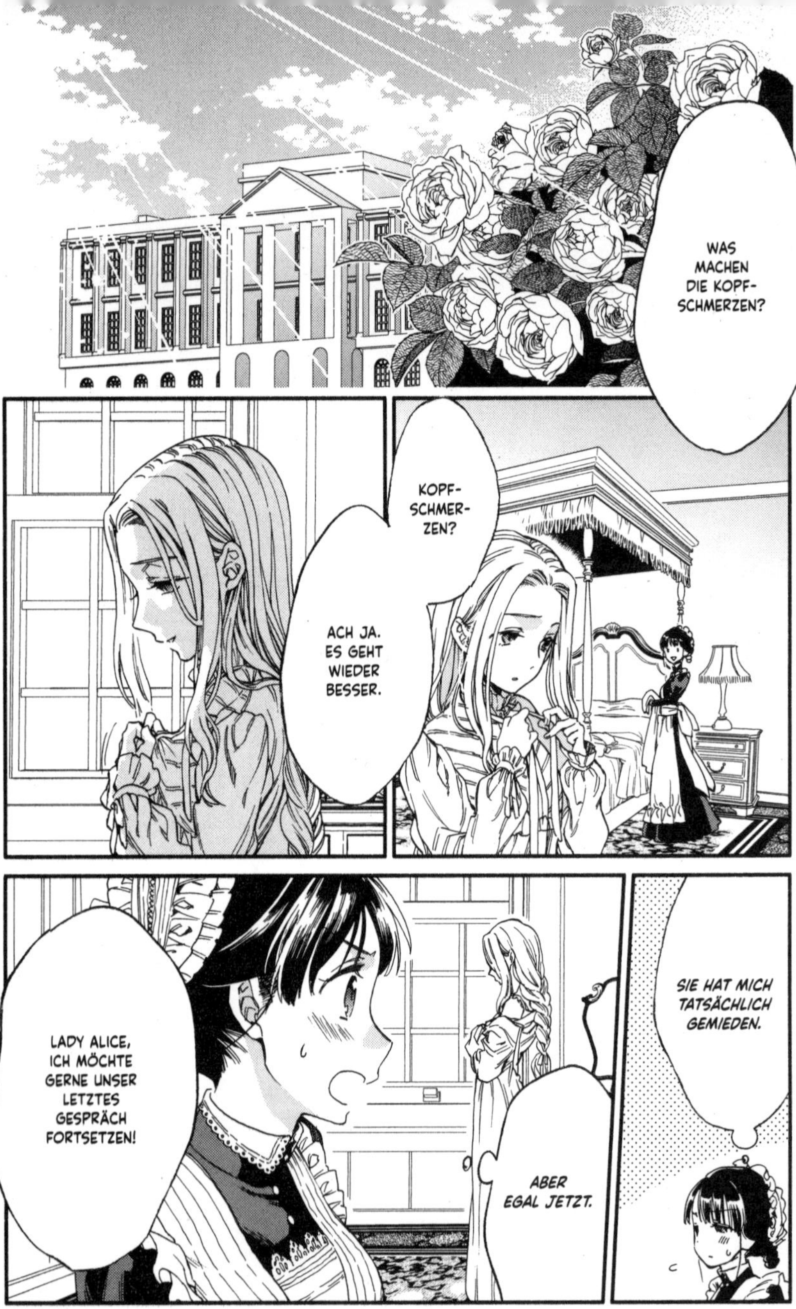
WAS MACHEN DIE KOPF-SCHMERZEN?
KOPF-SCHMER-ZEN?
ACH JA. ES GEHT WIEDER BESSER.
SIE HAT MICH TATSÄCHLICH GEMIEDEN.
ABER EGAL JETZT.
LADY ALICE, ICH MÖCHTE GERNE UNSER LETZTES GESPRÄCH FORTSETZEN!

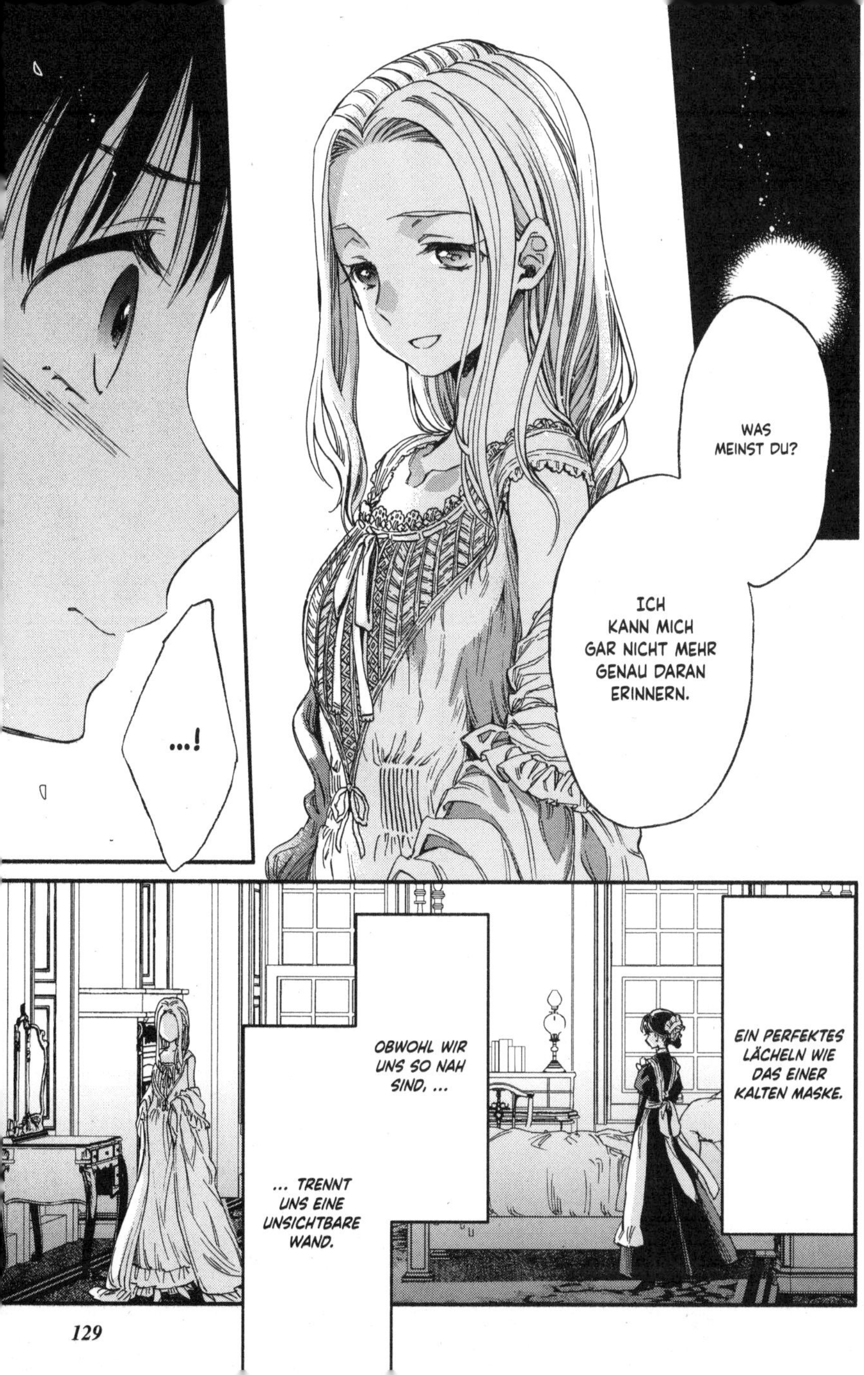
WAS MEINST DU?
ICH KANN MICH GAR NICHT MEHR GENAU DARAN ERINNERN.
...!
EIN PERFEKTES LÄCHELN WIE DAS EINER KALTEN MASKE.
OBWOHL WIR UNS SO NAH SIND, ...
... TRENNT UNS EINE UNSICHTBARE WAND.

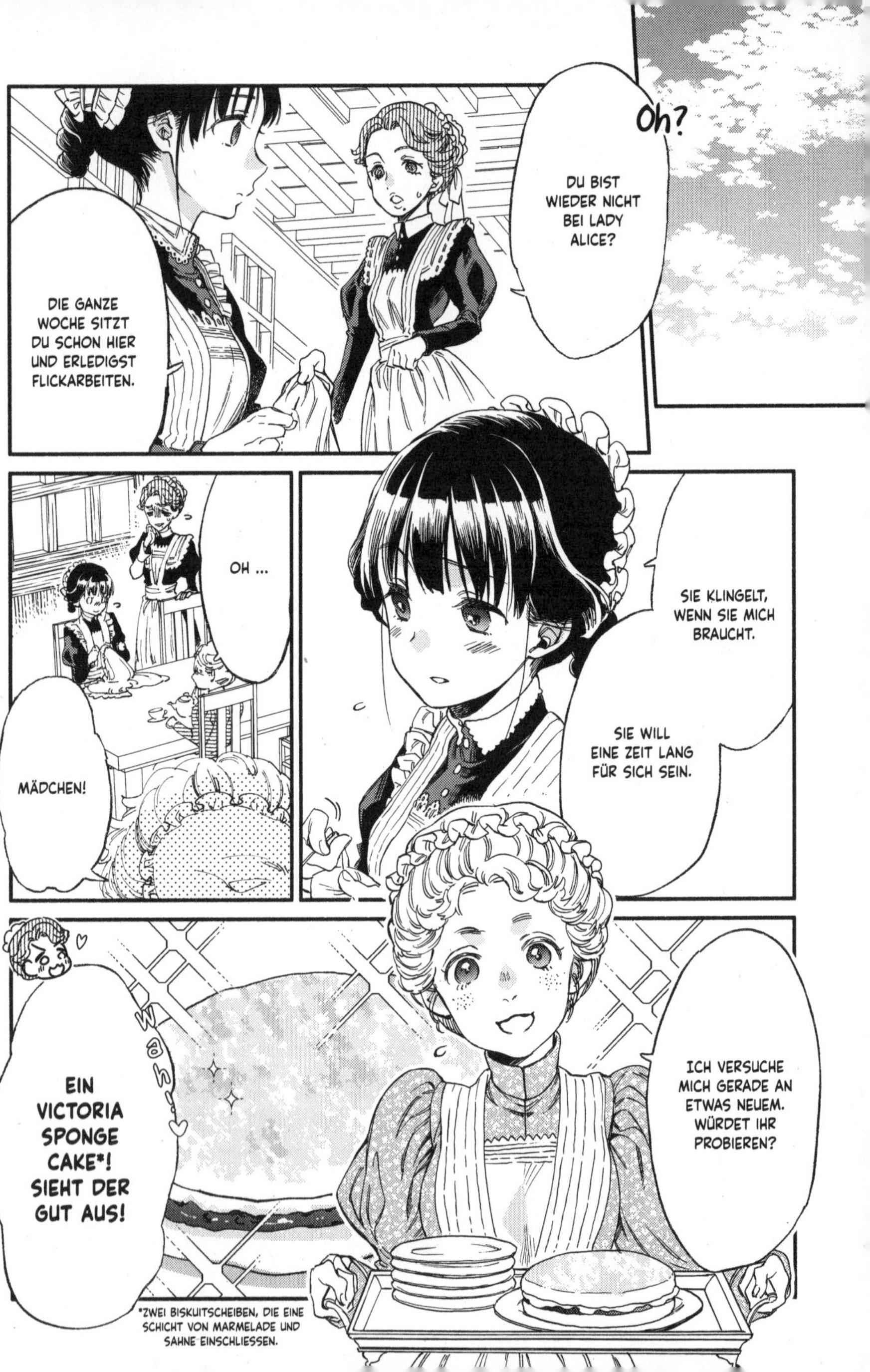

*ZWEI BISKUITSCHEIBEN, DIE EINE SCHICHT VON MARMELADE UND SAHNE EINSCHLIESSEN.

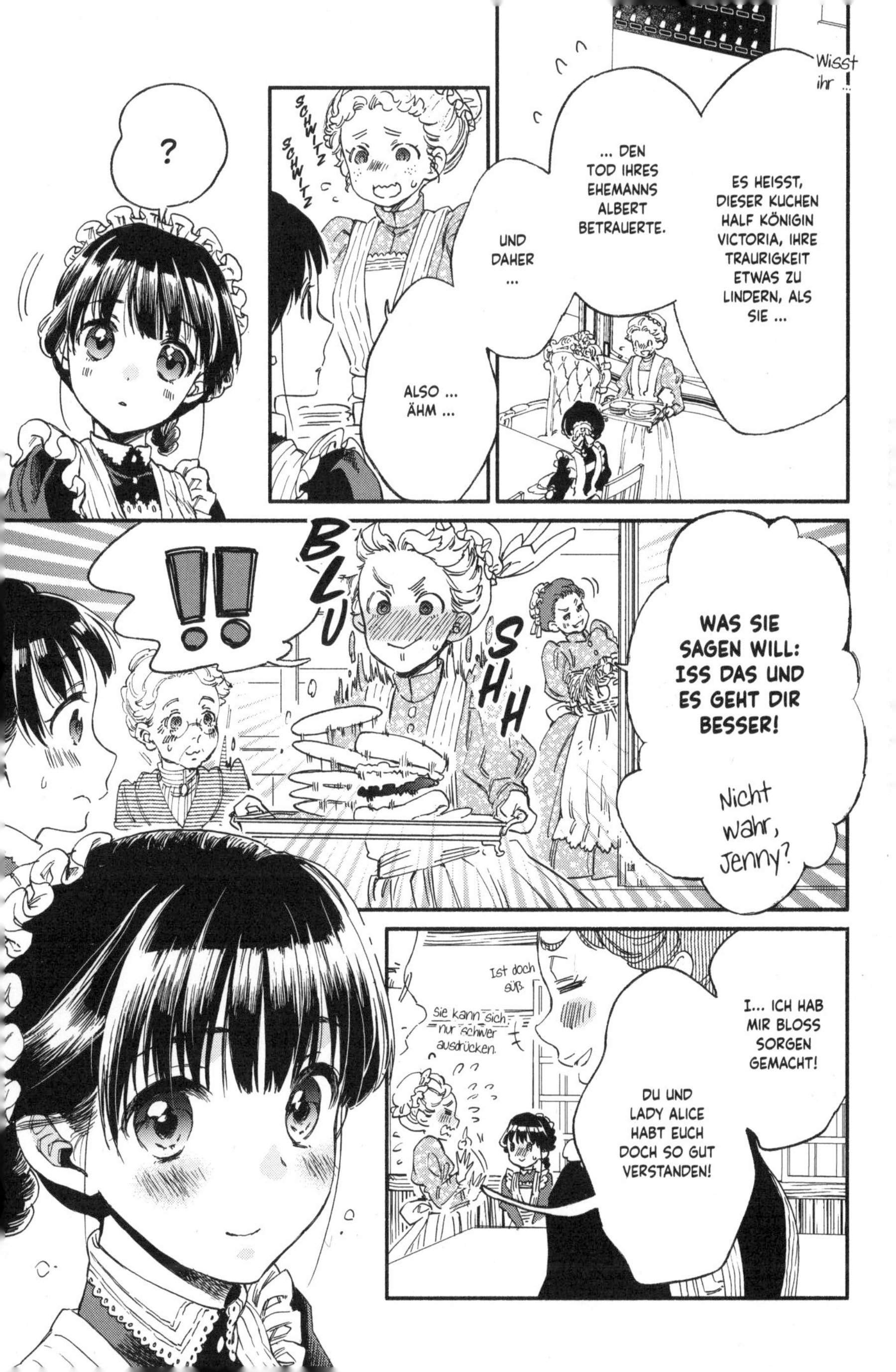
Wisst ihr ...
ES HEISST, DIESER KUCHEN HALF KÖNIGIN VICTORIA, IHRE TRAURIGKEIT ETWAS ZU LINDERN, ALS SIE ...
... DEN TOD IHRES EHEMANNS ALBERT BETRAUERTE.
UND DAHER ...
ALSO ... ÄHM ...
SCHWITZ SCHWITZ
?
WAS SIE SAGEN WILL: ISS DAS UND ES GEHT DIR BESSER!
Nicht wahr, Jenny?
SHH
BLU
!!
I... ICH HAB MIR BLOSS SORGEN GEMACHT!
DU UND LADY ALICE HABT EUCH DOCH SO GUT VERSTANDEN!
Ist doch süß.
Sie kann sich nur schwer ausdrücken.

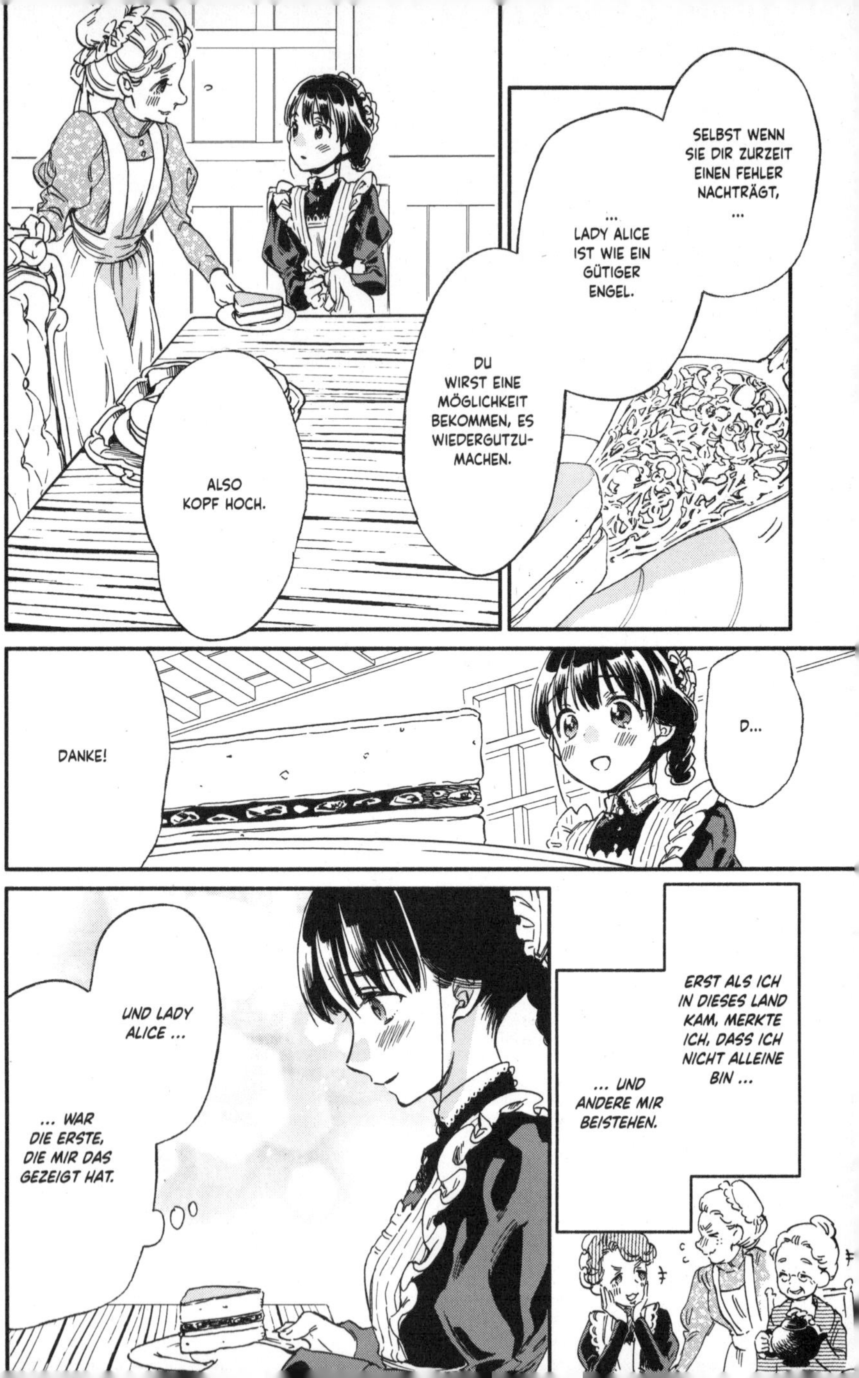
SELBST WENN SIE DIR ZURZEIT EINEN FEHLER NACHTRÄGT, ...
... LADY ALICE IST WIE EIN GÜTIGER ENGEL.
DU WIRST EINE MÖGLICHKEIT BEKOMMEN, ES WIEDERGUTZU-MACHEN.
ALSO KOPF HOCH.
D...
DANKE!
ERST ALS ICH IN DIESES LAND KAM, MERKTE ICH, DASS ICH NICHT ALLEINE BIN ...
... UND ANDERE MIR BEISTEHEN.
UND LADY ALICE ...
... WAR DIE ERSTE, DIE MIR DAS GEZEIGT HAT.

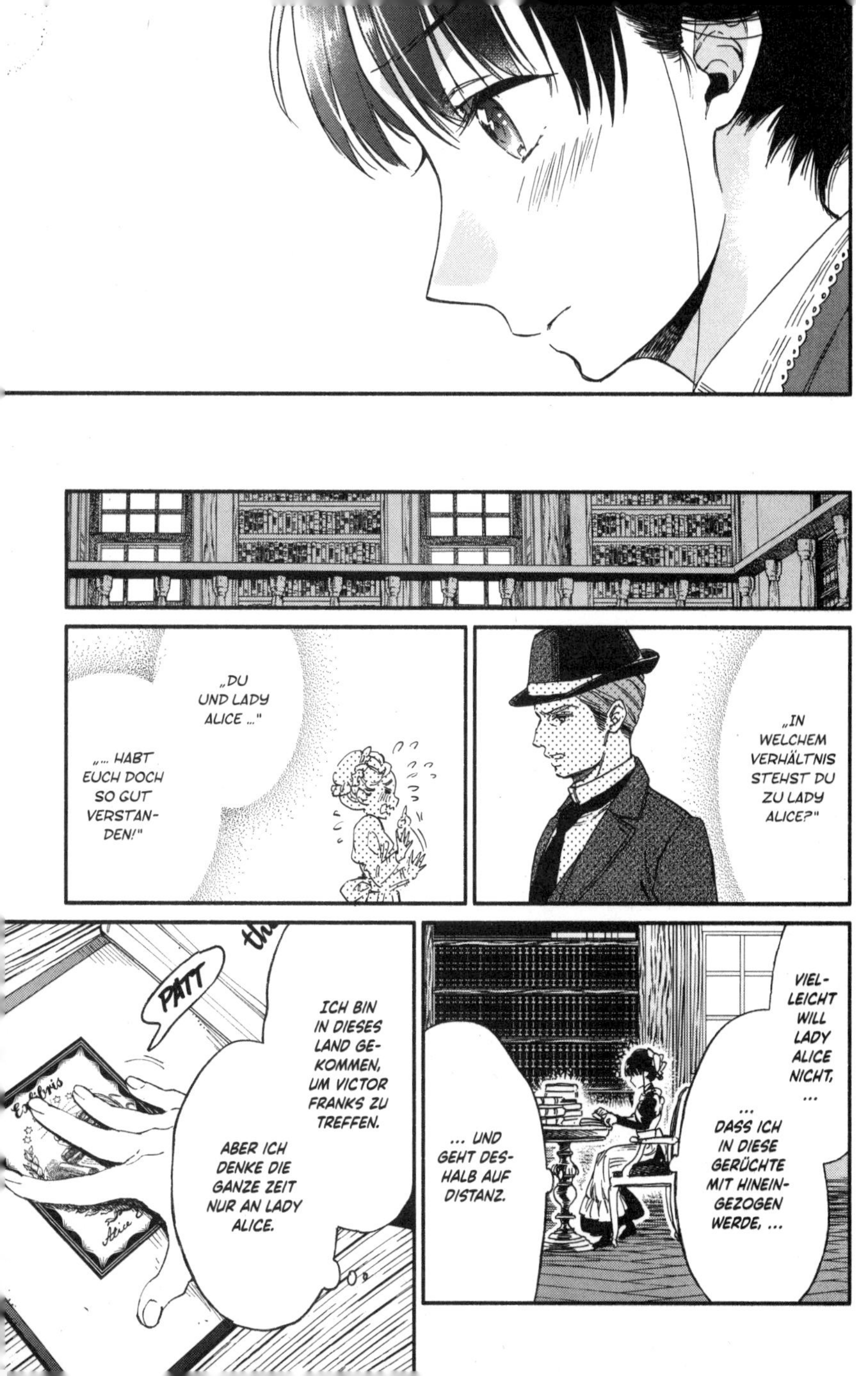
„IN WELCHEM VERHÄLTNIS STEHST DU ZU LADY ALICE?"
„DU UND LADY ALICE ..."
„... HABT EUCH DOCH SO GUT VERSTANDEN!"
VIELLEICHT WILL LADY ALICE NICHT, ...
... DASS ICH IN DIESE GERÜCHTE MIT HINEINGEZOGEN WERDE, ...
... UND GEHT DESHALB AUF DISTANZ.
PATT
ICH BIN IN DIESES LAND GEKOMMEN, UM VICTOR FRANKS ZU TREFFEN.
ABER ICH DENKE DIE GANZE ZEIT NUR AN LADY ALICE.

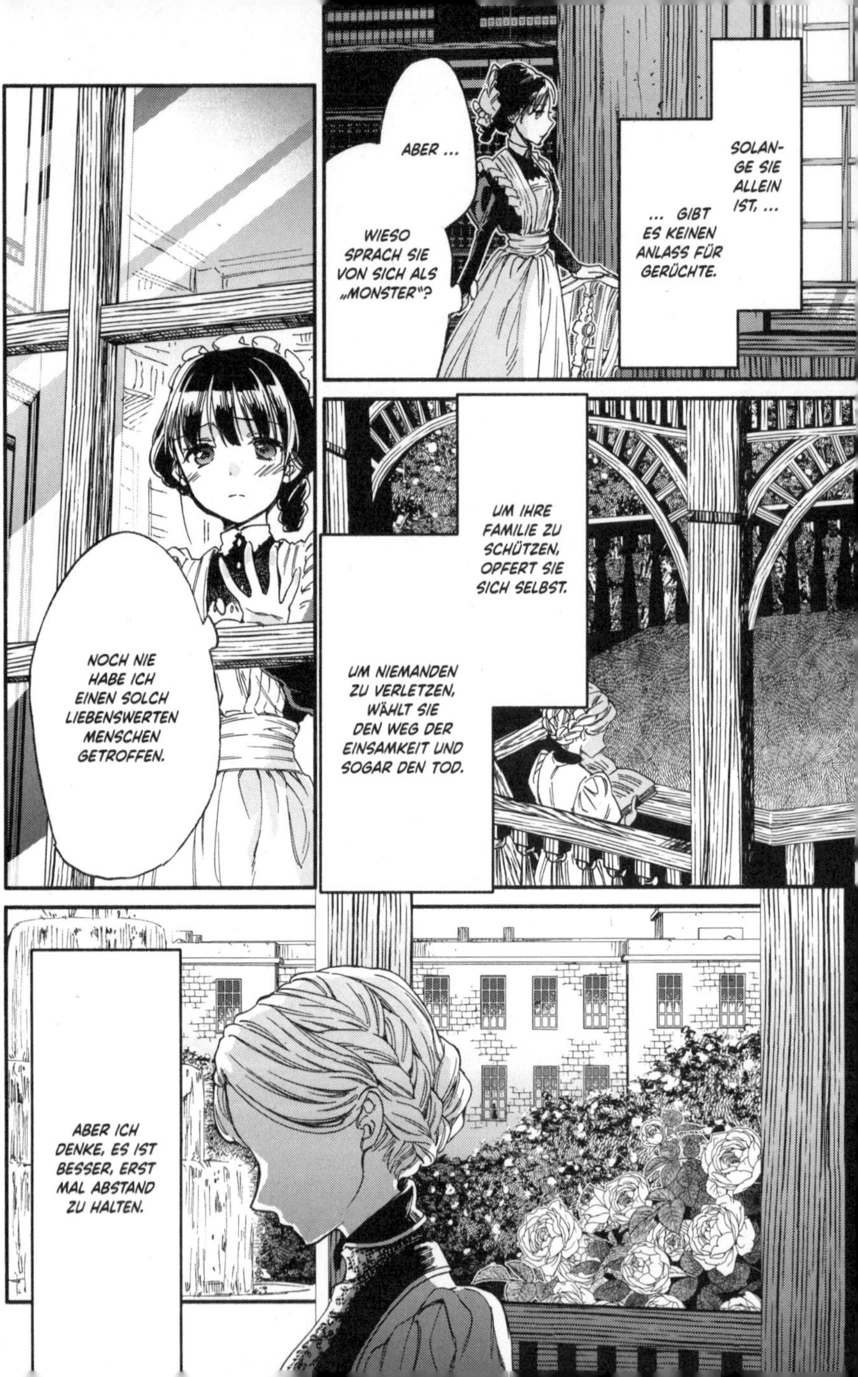
SOLANGE SIE ALLEIN IST, …
… GIBT ES KEINEN ANLASS FÜR GERÜCHTE.
ABER …
WIESO SPRACH SIE VON SICH ALS „MONSTER“?
UM IHRE FAMILIE ZU SCHÜTZEN, OPFERT SIE SICH SELBST.
UM NIEMANDEN ZU VERLETZEN, WÄHLT SIE DEN WEG DER EINSAMKEIT UND SOGAR DEN TOD.
NOCH NIE HABE ICH EINEN SOLCH LIEBENSWERTEN MENSCHEN GETROFFEN.
ABER ICH DENKE, ES IST BESSER, ERST MAL ABSTAND ZU HALTEN.

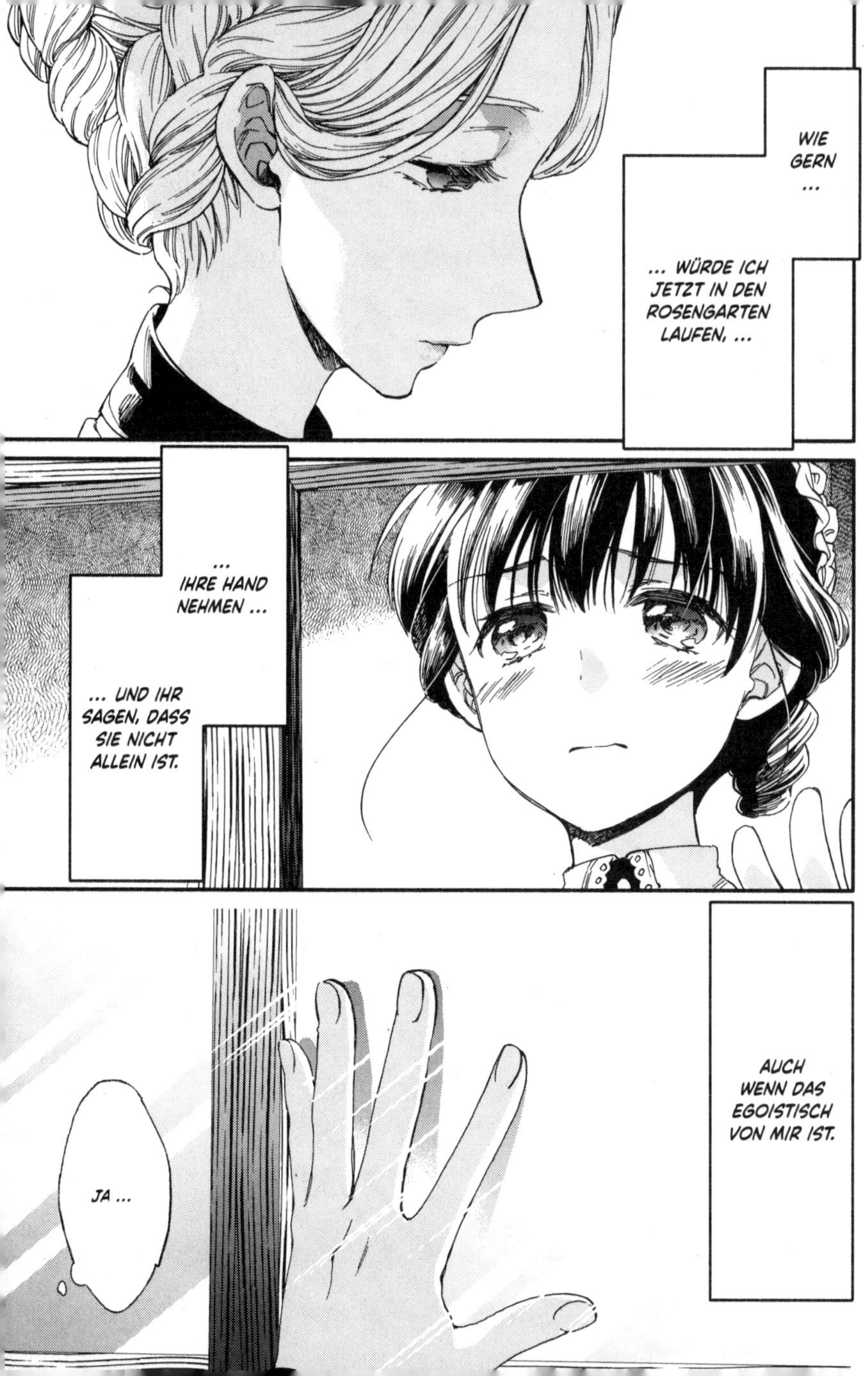
WIE GERN ...
... WÜRDE ICH JETZT IN DEN ROSENGARTEN LAUFEN, ...
... IHRE HAND NEHMEN ...
... UND IHR SAGEN, DASS SIE NICHT ALLEIN IST.
AUCH WENN DAS EGOISTISCH VON MIR IST.
JA ...

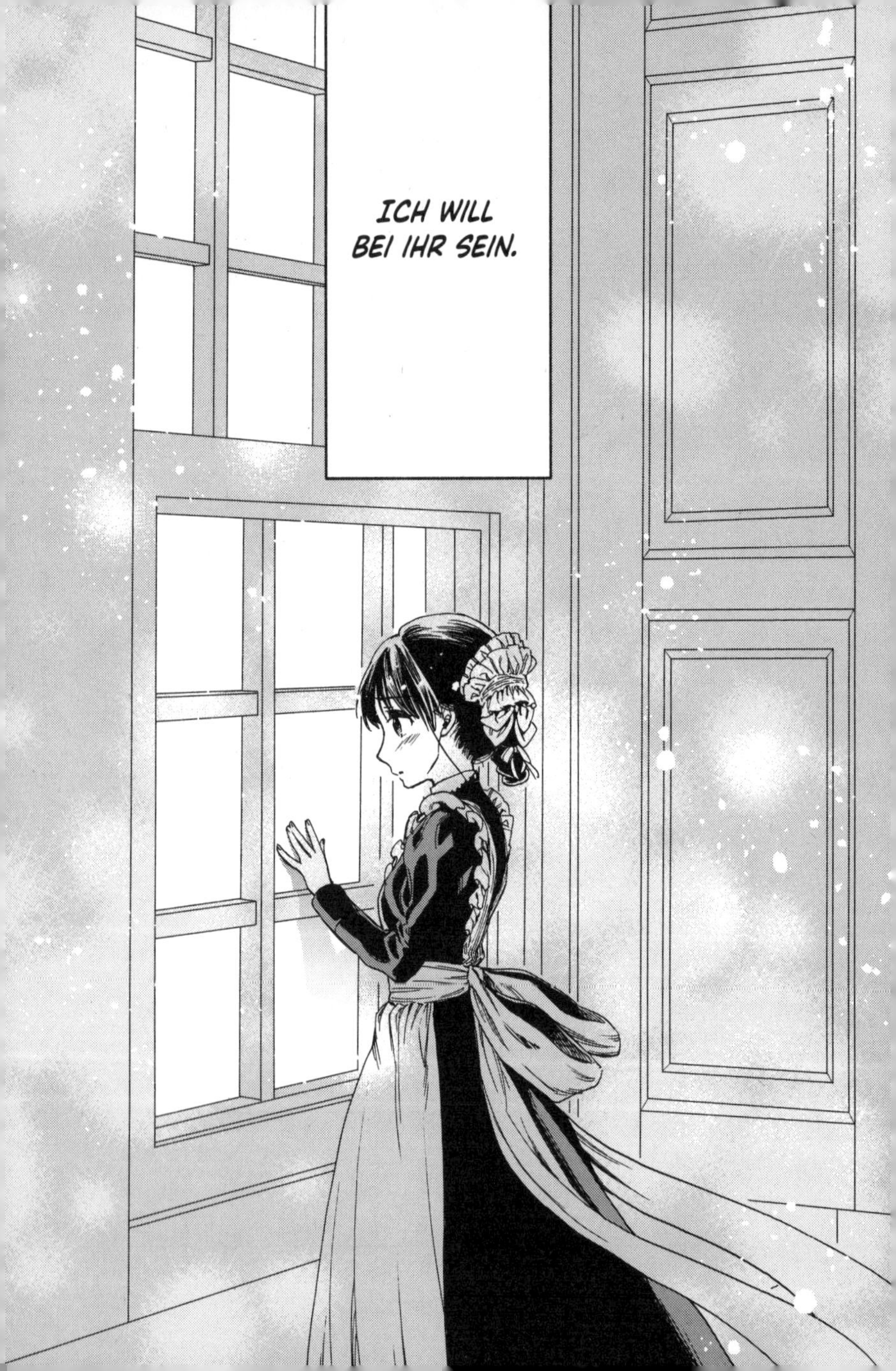
ICH WILL BEI IHR SEIN.

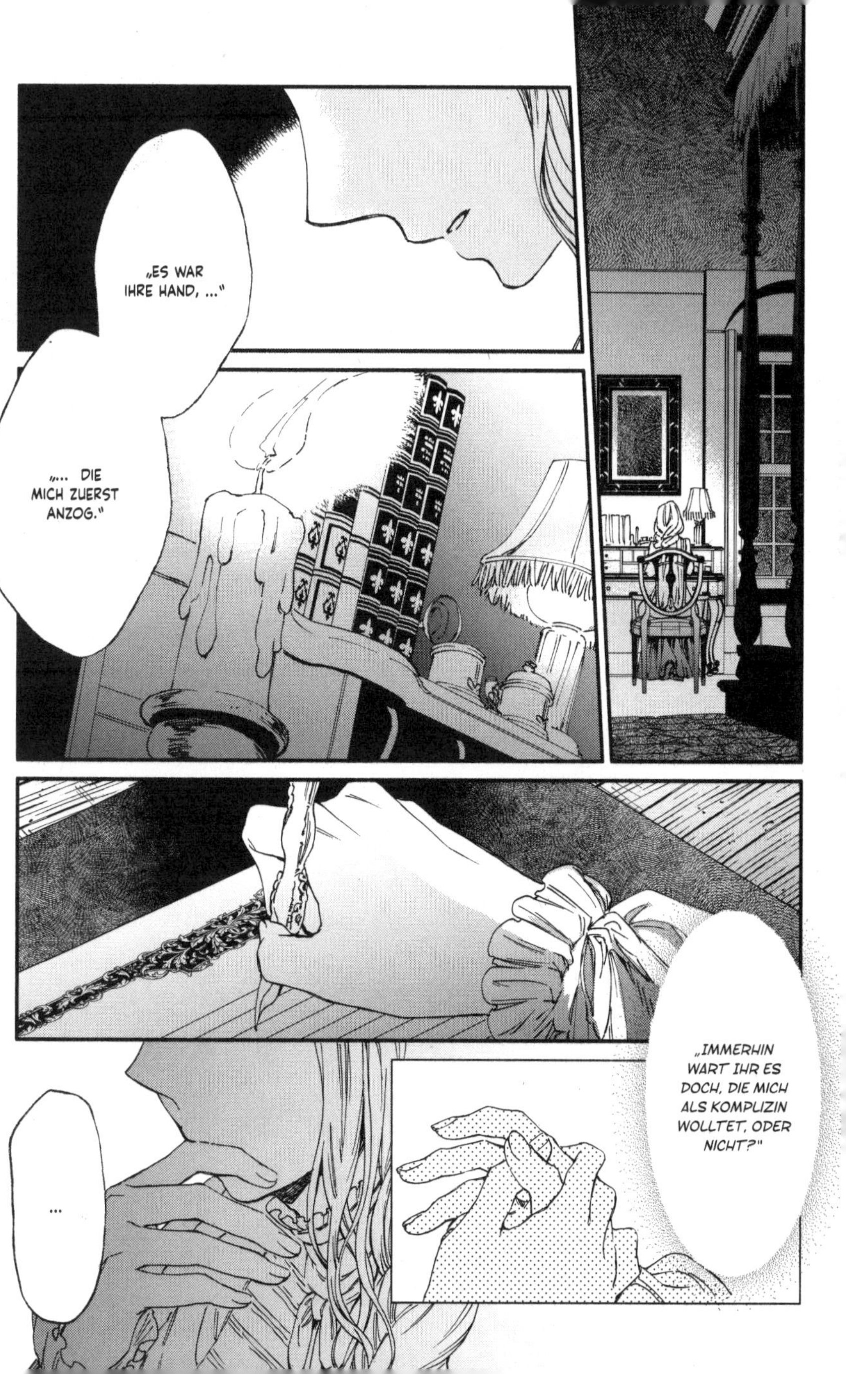
„ES WAR IHRE HAND, ...“
„... DIE MICH ZUERST ANZOG.“
„IMMERHIN WART IHR ES DOCH, DIE MICH ALS KOMPLIZIN WOLLTET, ODER NICHT?“
...

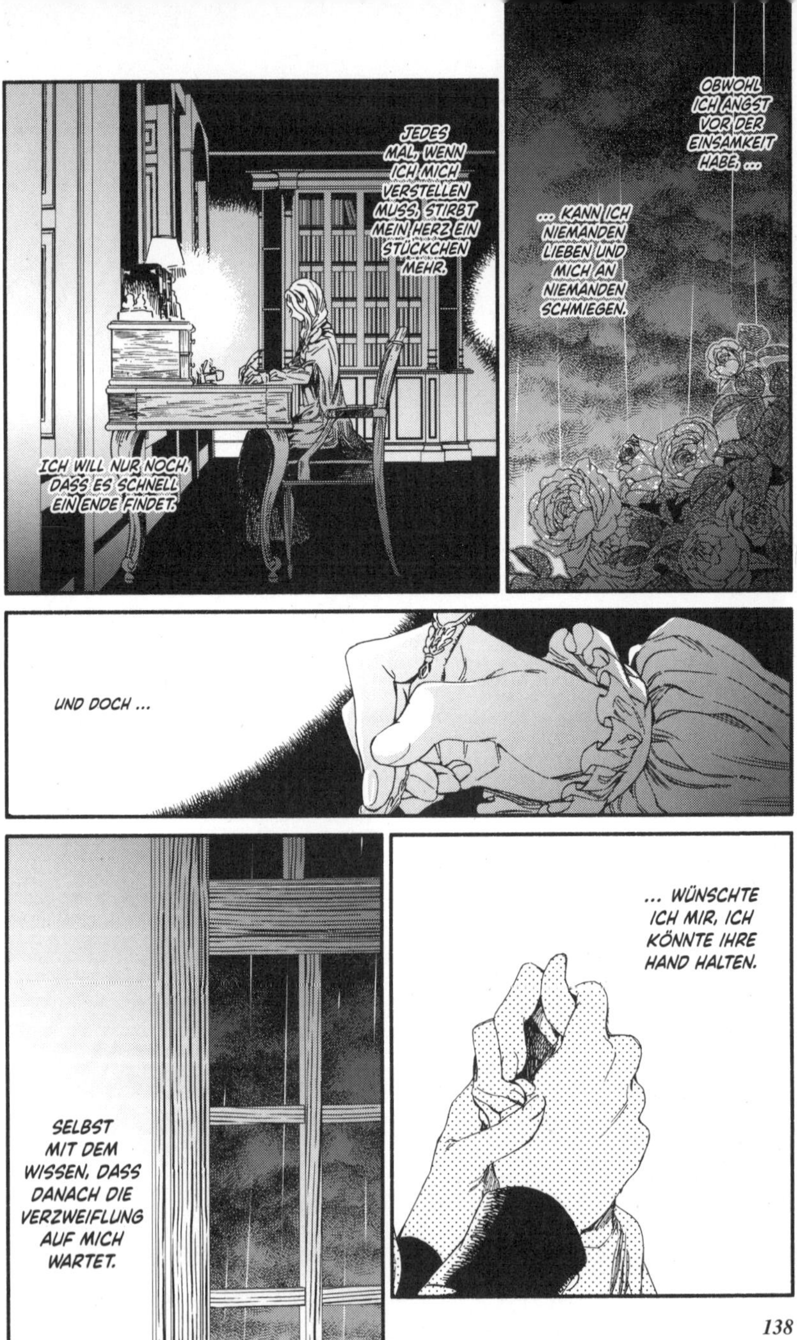
OBWOHL ICH ANGST VOR DER EINSAMKEIT HABE, ...
... KANN ICH NIEMANDEN LIEBEN UND MICH AN NIEMANDEN SCHMIEGEN.
JEDES MAL, WENN ICH MICH VERSTELLEN MUSS, STIRBT MEIN HERZ EIN STÜCKCHEN MEHR.
ICH WILL NUR NOCH, DASS ES SCHNELL EIN ENDE FINDET.
UND DOCH ...
... WÜNSCHTE ICH MIR, ICH KÖNNTE IHRE HAND HALTEN.
SELBST MIT DEM WISSEN, DASS DANACH DIE VERZWEIFLUNG AUF MICH WARTET.

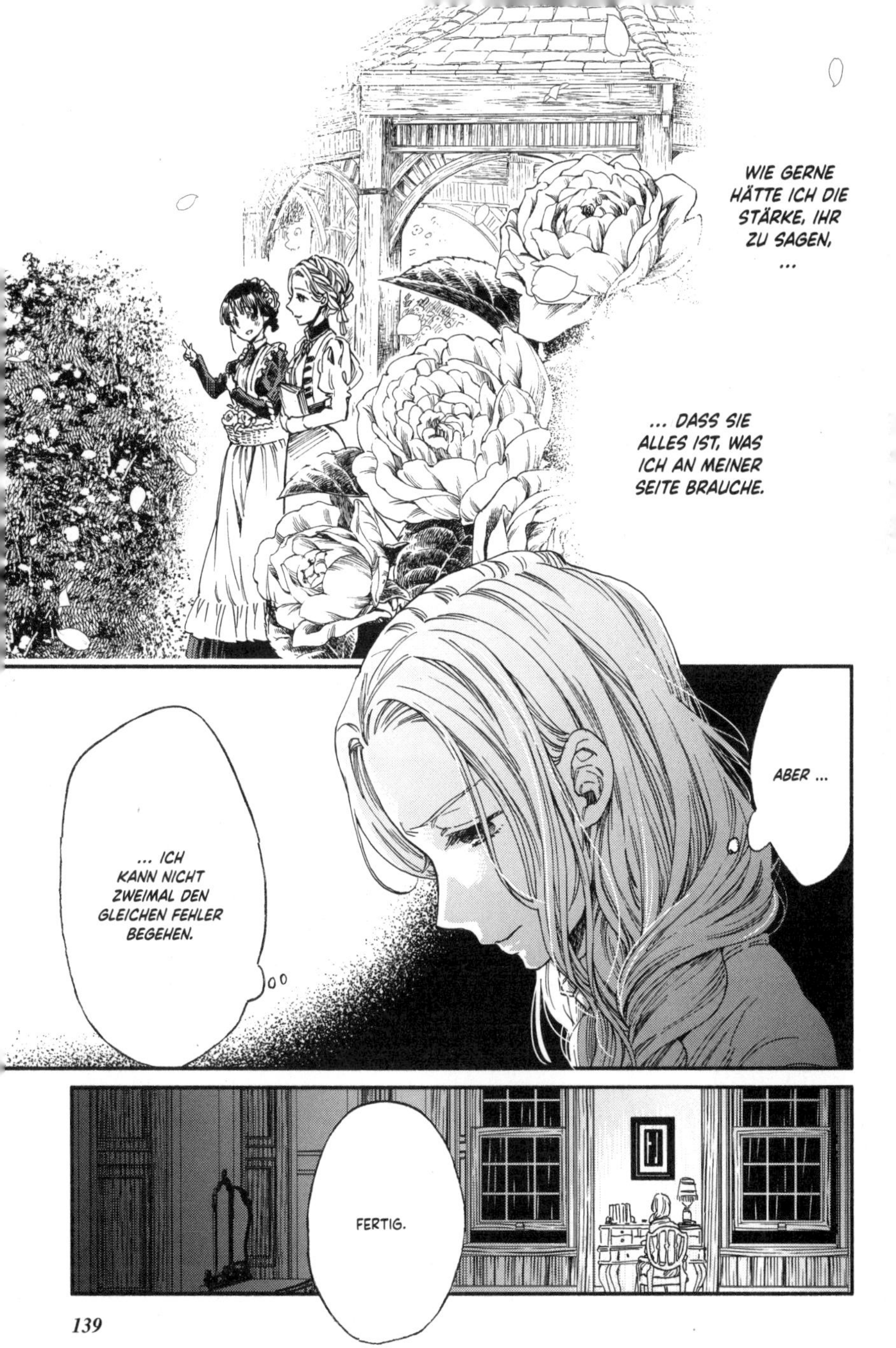
WIE GERNE HÄTTE ICH DIE STÄRKE, IHR ZU SAGEN, ...
... DASS SIE ALLES IST, WAS ICH AN MEINER SEITE BRAUCHE.
ABER ...
... ICH KANN NICHT ZWEIMAL DEN GLEICHEN FEHLER BEGEHEN.
FERTIG.

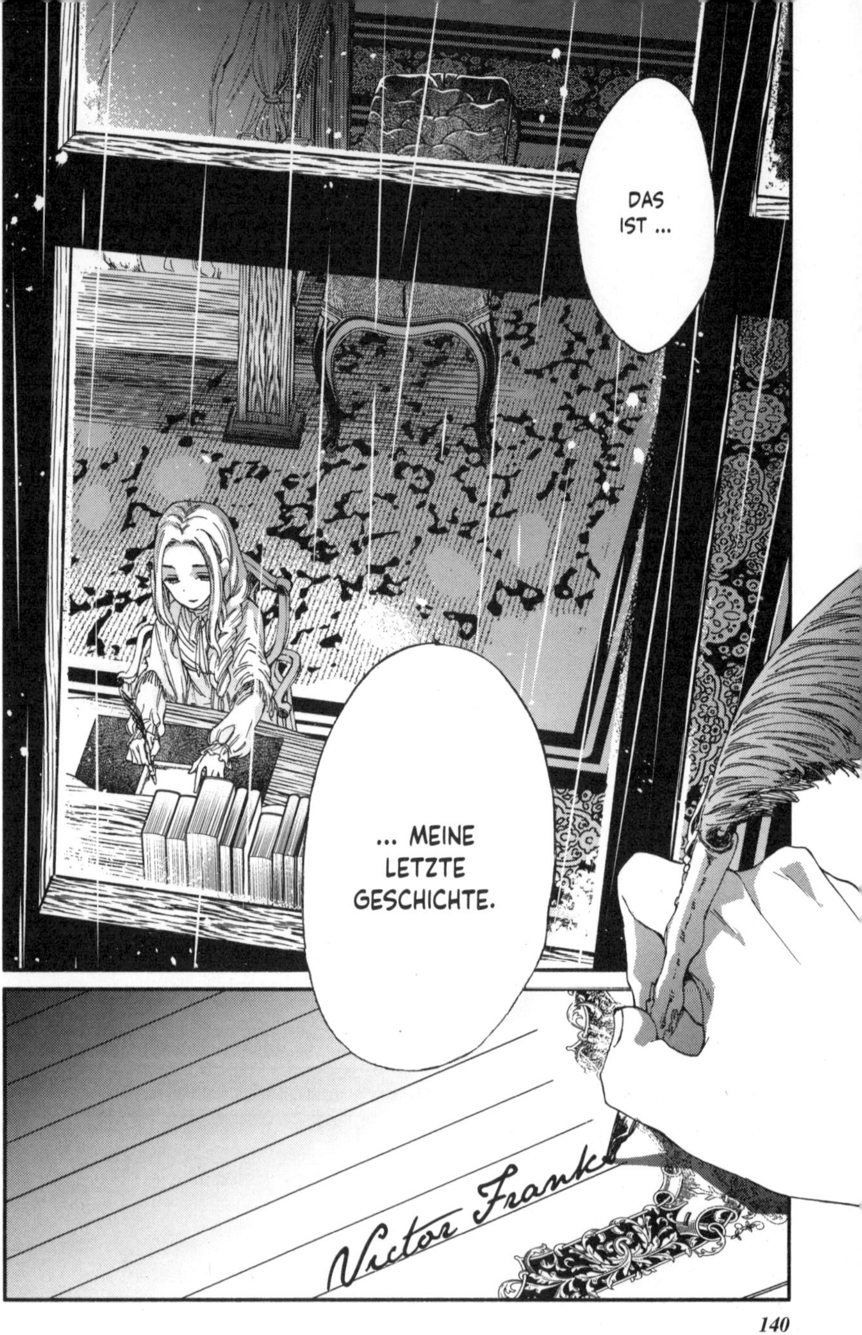
DAS IST ...
... MEINE LETZTE GESCHICHTE.
Victor Frank

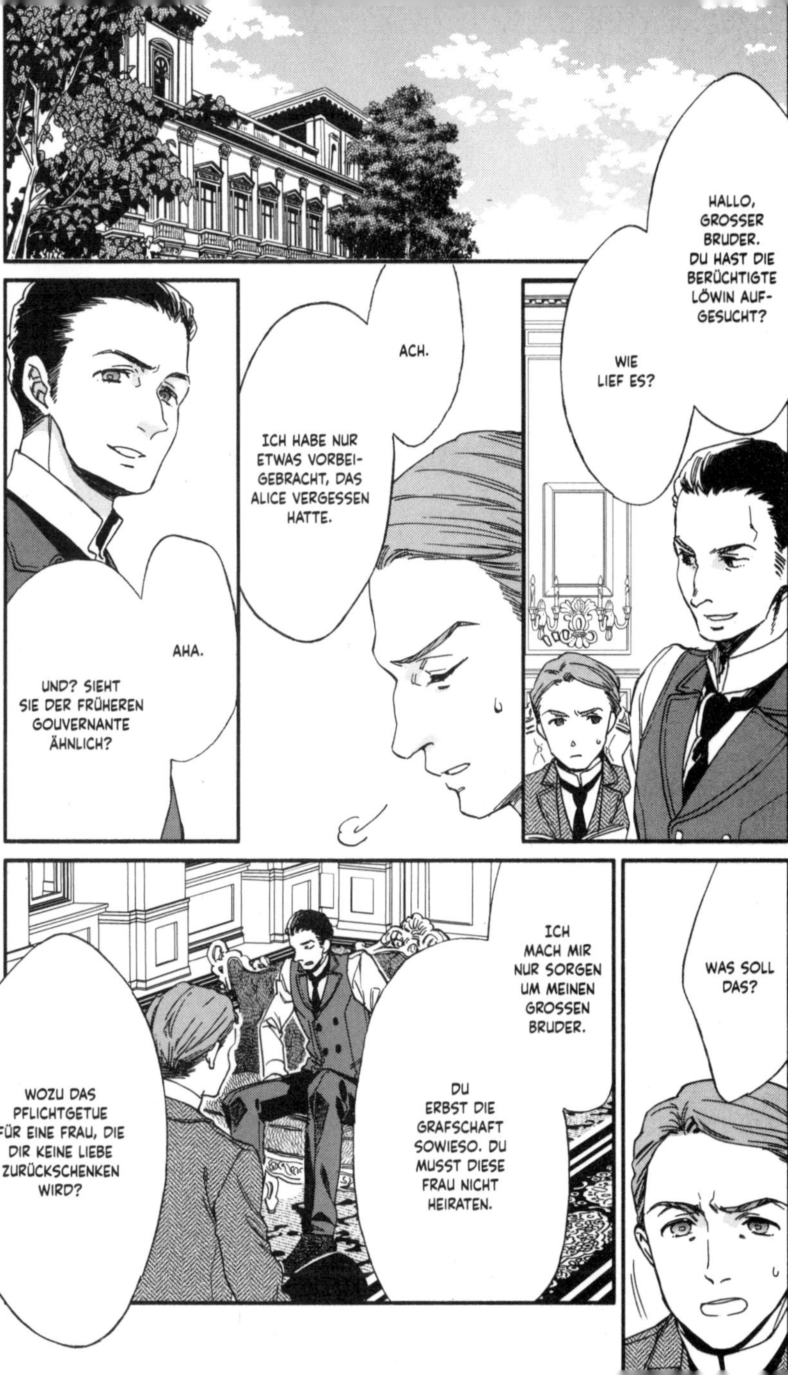
HALLO, GROSSER BRUDER. DU HAST DIE BERÜCHTIGTE LÖWIN AUFGESUCHT?
WIE LIEF ES?
ACH.
ICH HABE NUR ETWAS VORBEIGEBRACHT, DAS ALICE VERGESSEN HATTE.
AHA.
UND? SIEHT SIE DER FRÜHEREN GOUVERNANTE ÄHNLICH?
WAS SOLL DAS?
ICH MACH MIR NUR SORGEN UM MEINEN GROSSEN BRUDER.
DU ERBST DIE GRAFSCHAFT SOWIESO. DU MUSST DIESE FRAU NICHT HEIRATEN.
WOZU DAS PFLICHTGETUE FÜR EINE FRAU, DIE DIR KEINE LIEBE ZURÜCKSCHENKEN WIRD?

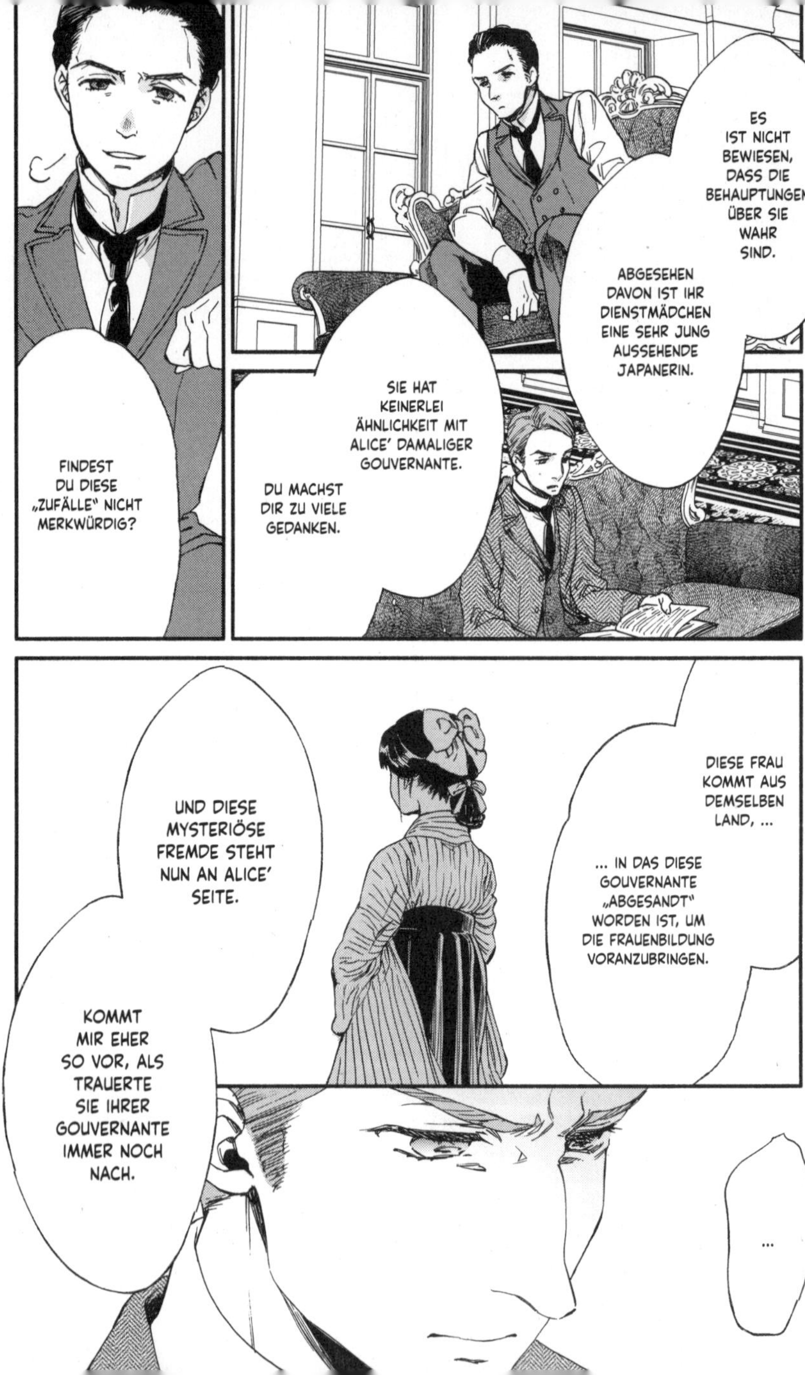
ES IST NICHT BEWIESEN, DASS DIE BEHAUPTUNGEN ÜBER SIE WAHR SIND.
ABGESEHEN DAVON IST IHR DIENSTMÄDCHEN EINE SEHR JUNG AUSSEHENDE JAPANERIN.
SIE HAT KEINERLEI ÄHNLICHKEIT MIT ALICE' DAMALIGER GOUVERNANTE.
DU MACHST DIR ZU VIELE GEDANKEN.
FINDEST DU DIESE „ZUFÄLLE" NICHT MERKWÜRDIG?
DIESE FRAU KOMMT AUS DEMSELBEN LAND, ...
... IN DAS DIESE GOUVERNANTE „ABGESANDT" WORDEN IST, UM DIE FRAUENBILDUNG VORANZUBRINGEN.
UND DIESE MYSTERIÖSE FREMDE STEHT NUN AN ALICE' SEITE.
...
KOMMT MIR EHER SO VOR, ALS TRAUERTE SIE IHRER GOUVERNANTE IMMER NOCH NACH.

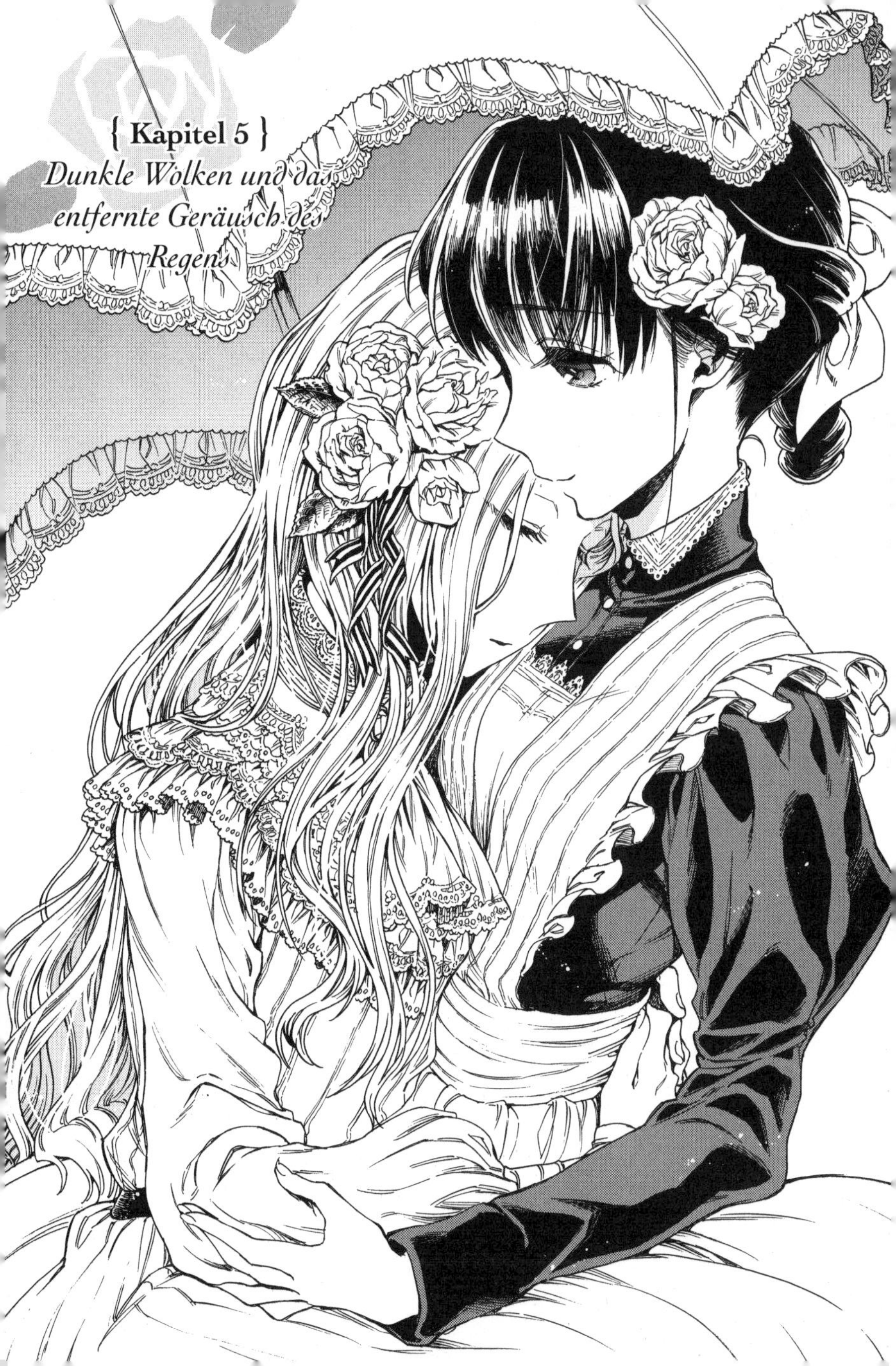
{ Kapitel 5 }
Dunkle Wolken und das entfernte Geräusch des Regens

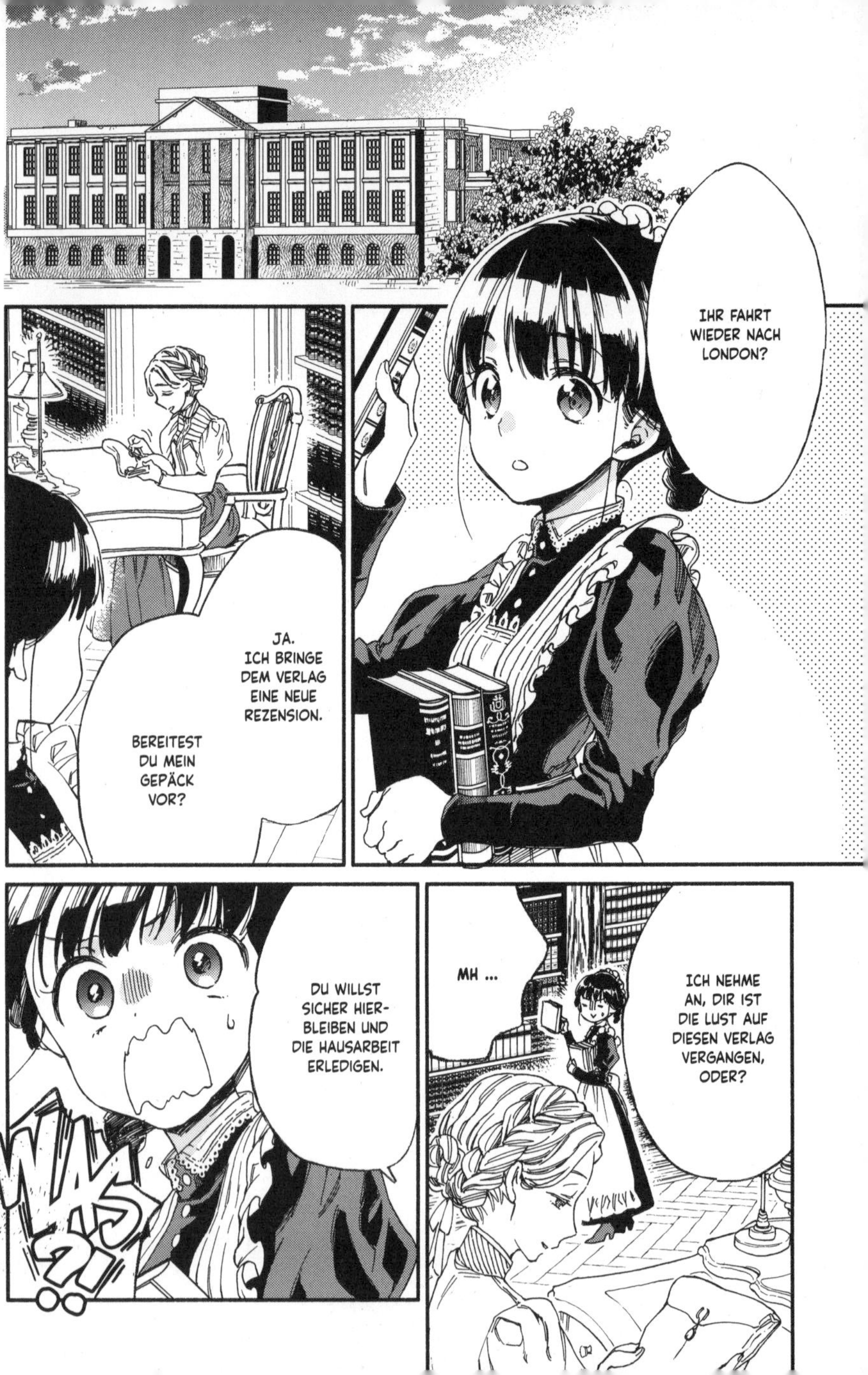
IHR FAHRT WIEDER NACH LONDON?
JA. ICH BRINGE DEM VERLAG EINE NEUE REZENSION.
BEREITEST DU MEIN GEPÄCK VOR?
ICH NEHME AN, DIR IST DIE LUST AUF DIESEN VERLAG VERGANGEN, ODER?
MH ...
DU WILLST SICHER HIER-BLEIBEN UND DIE HAUSARBEIT ERLEDIGEN.
WAS?!

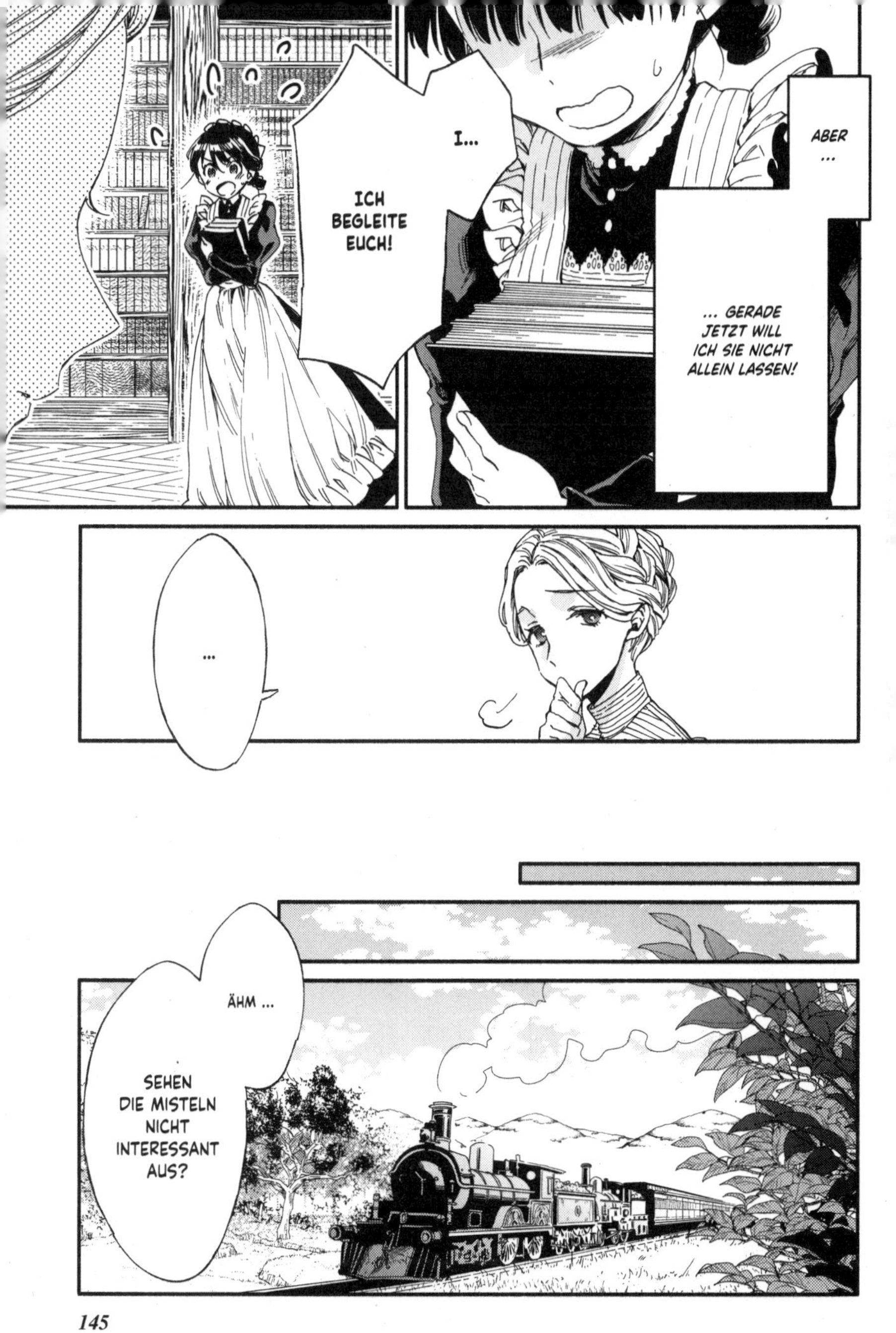
ABER ...
... GERADE JETZT WILL ICH SIE NICHT ALLEIN LASSEN!
I...
ICH BEGLEITE EUCH!
...
ÄHM ...
SEHEN DIE MISTELN NICHT INTERESSANT AUS?

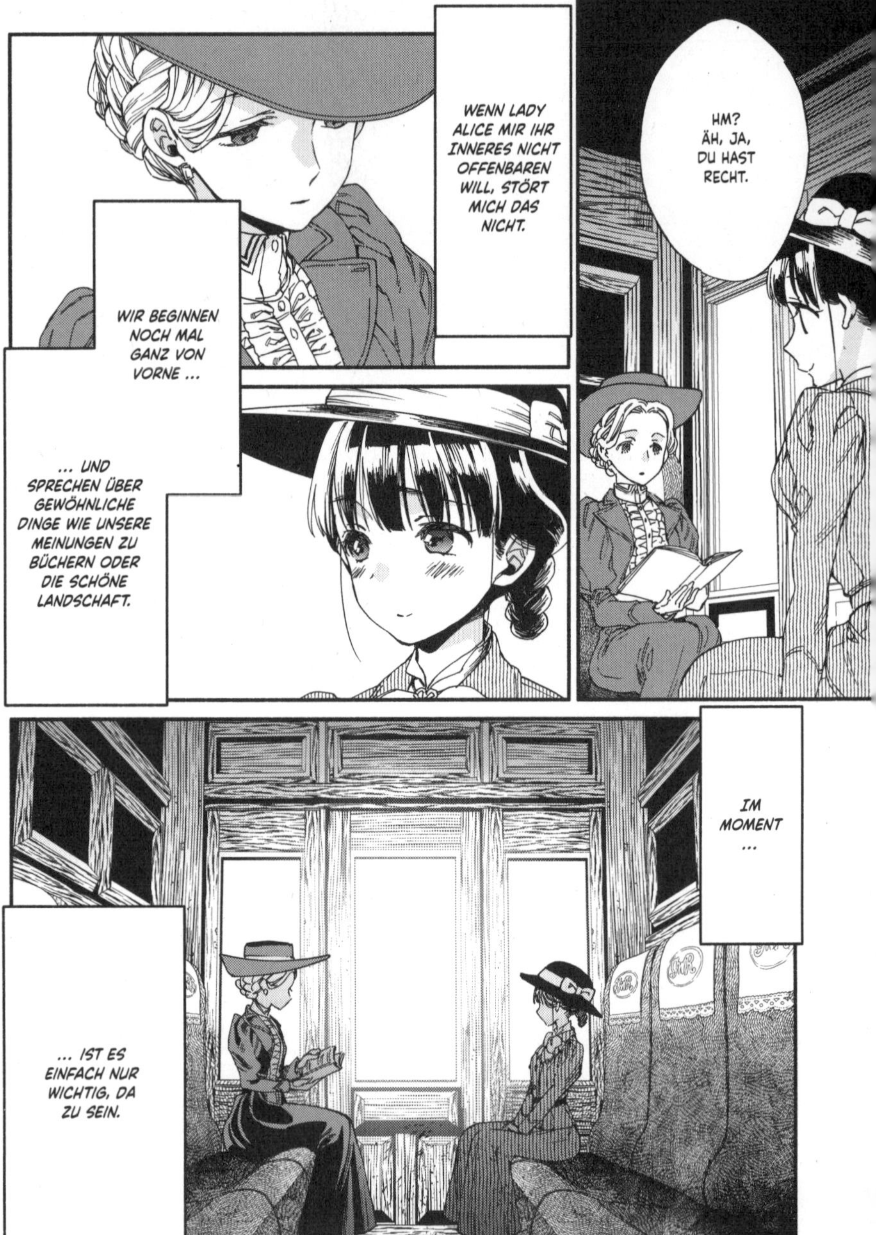
HM?
ÄH, JA,
DU HAST
RECHT.
WENN LADY ALICE MIR IHR INNERES NICHT OFFENBAREN WILL, STÖRT MICH DAS NICHT.
WIR BEGINNEN NOCH MAL GANZ VON VORNE …
… UND SPRECHEN ÜBER GEWÖHNLICHE DINGE WIE UNSERE MEINUNGEN ZU BÜCHERN ODER DIE SCHÖNE LANDSCHAFT.
IM MOMENT …
… IST ES EINFACH NUR WICHTIG, DA ZU SEIN.

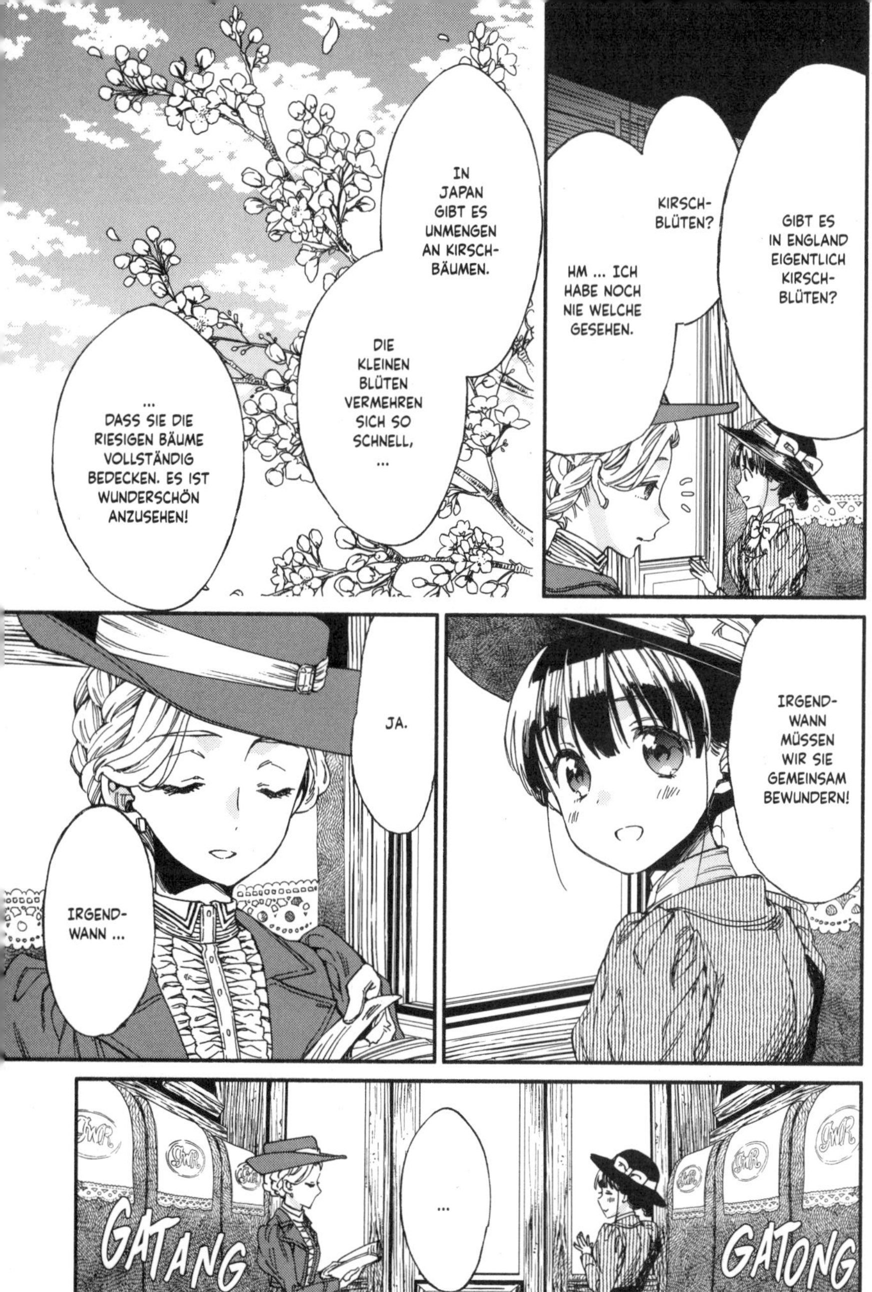

GIBT ES IN ENGLAND EIGENTLICH KIRSCHBLÜTEN?
KIRSCHBLÜTEN?
HM ... ICH HABE NOCH NIE WELCHE GESEHEN.
IN JAPAN GIBT ES UNMENGEN AN KIRSCHBÄUMEN.
DIE KLEINEN BLÜTEN VERMEHREN SICH SO SCHNELL, ...
... DASS SIE DIE RIESIGEN BÄUME VOLLSTÄNDIG BEDECKEN. ES IST WUNDERSCHÖN ANZUSEHEN!
IRGENDWANN MÜSSEN WIR SIE GEMEINSAM BEWUNDERN!
JA.
IRGENDWANN ...
GATONG
...
GATANG

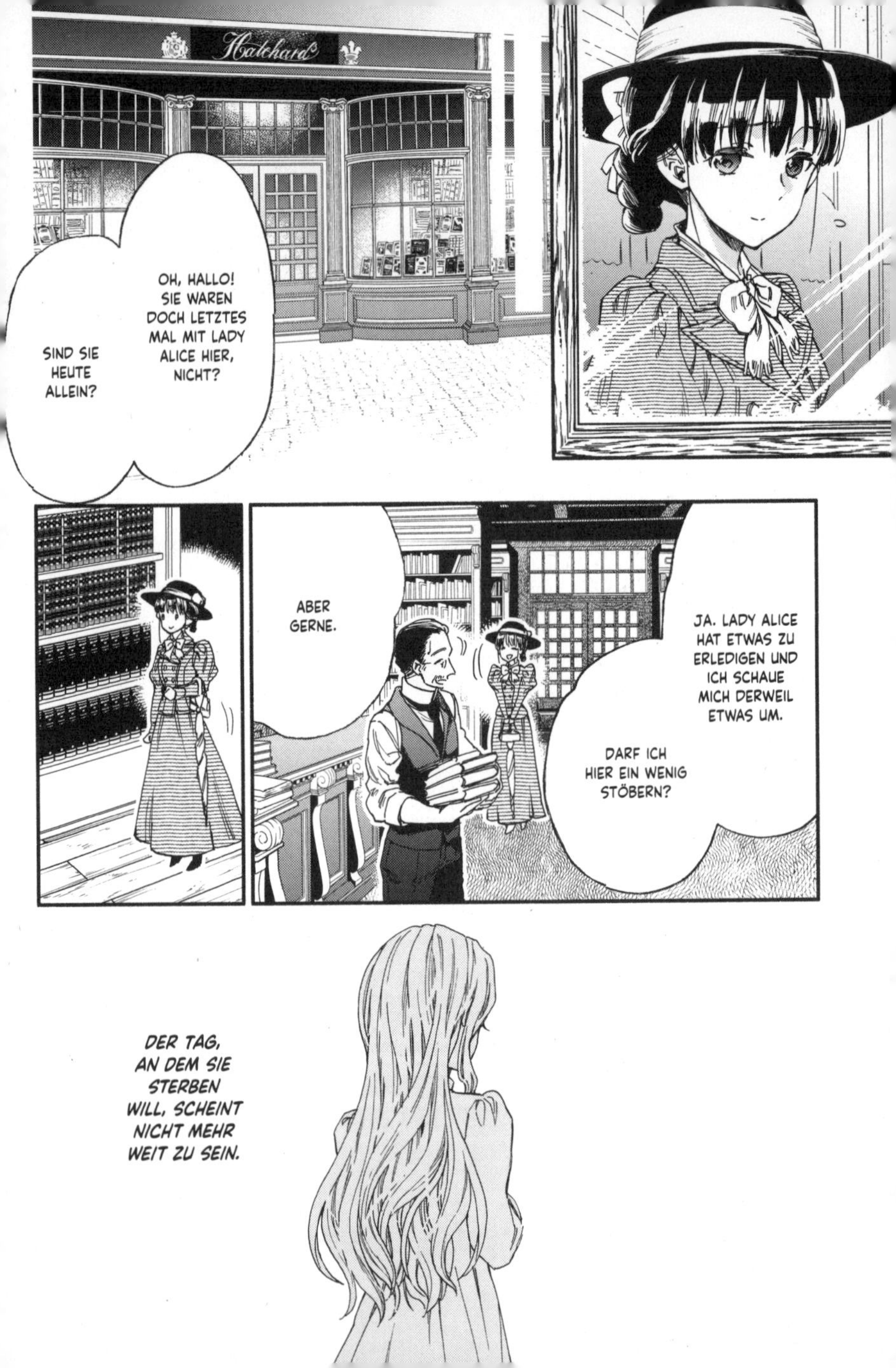
OH, HALLO! SIE WAREN DOCH LETZTES MAL MIT LADY ALICE HIER, NICHT?
SIND SIE HEUTE ALLEIN?
JA. LADY ALICE HAT ETWAS ZU ERLEDIGEN UND ICH SCHAUE MICH DERWEIL ETWAS UM.
DARF ICH HIER EIN WENIG STÖBERN?
ABER GERNE.
DER TAG, AN DEM SIE STERBEN WILL, SCHEINT NICHT MEHR WEIT ZU SEIN.

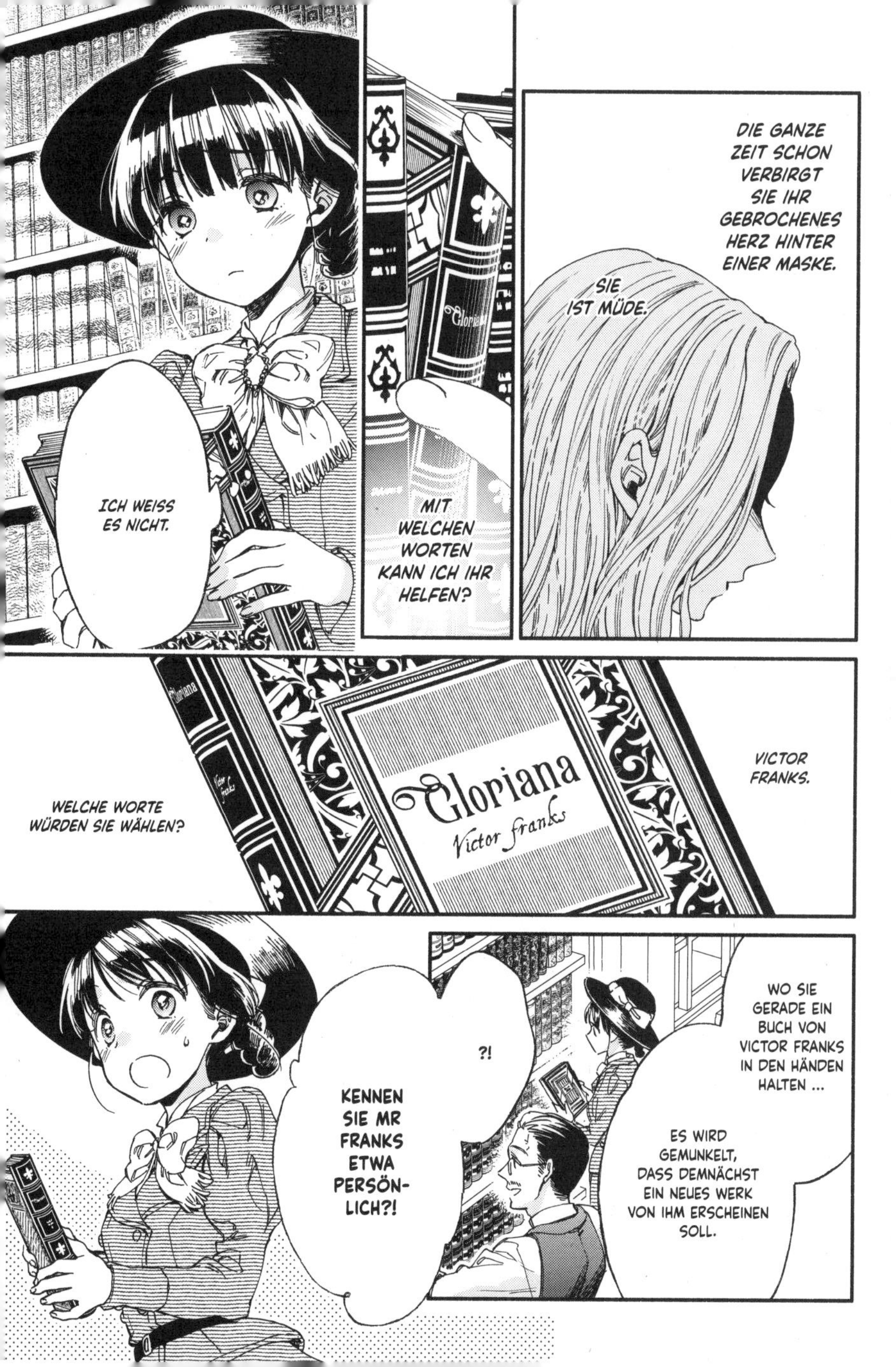
DIE GANZE ZEIT SCHON VERBIRGT SIE IHR GEBROCHENES HERZ HINTER EINER MASKE.
SIE IST MÜDE.
MIT WELCHEN WORTEN KANN ICH IHR HELFEN?
ICH WEISS ES NICHT.
Gloriana
Victor franks
VICTOR FRANKS.
WELCHE WORTE WÜRDEN SIE WÄHLEN?
WO SIE GERADE EIN BUCH VON VICTOR FRANKS IN DEN HÄNDEN HALTEN ...
ES WIRD GEMUNKELT, DASS DEMNÄCHST EIN NEUES WERK VON IHM ERSCHEINEN SOLL.
?!
KENNEN SIE MR FRANKS ETWA PERSÖNLICH?!

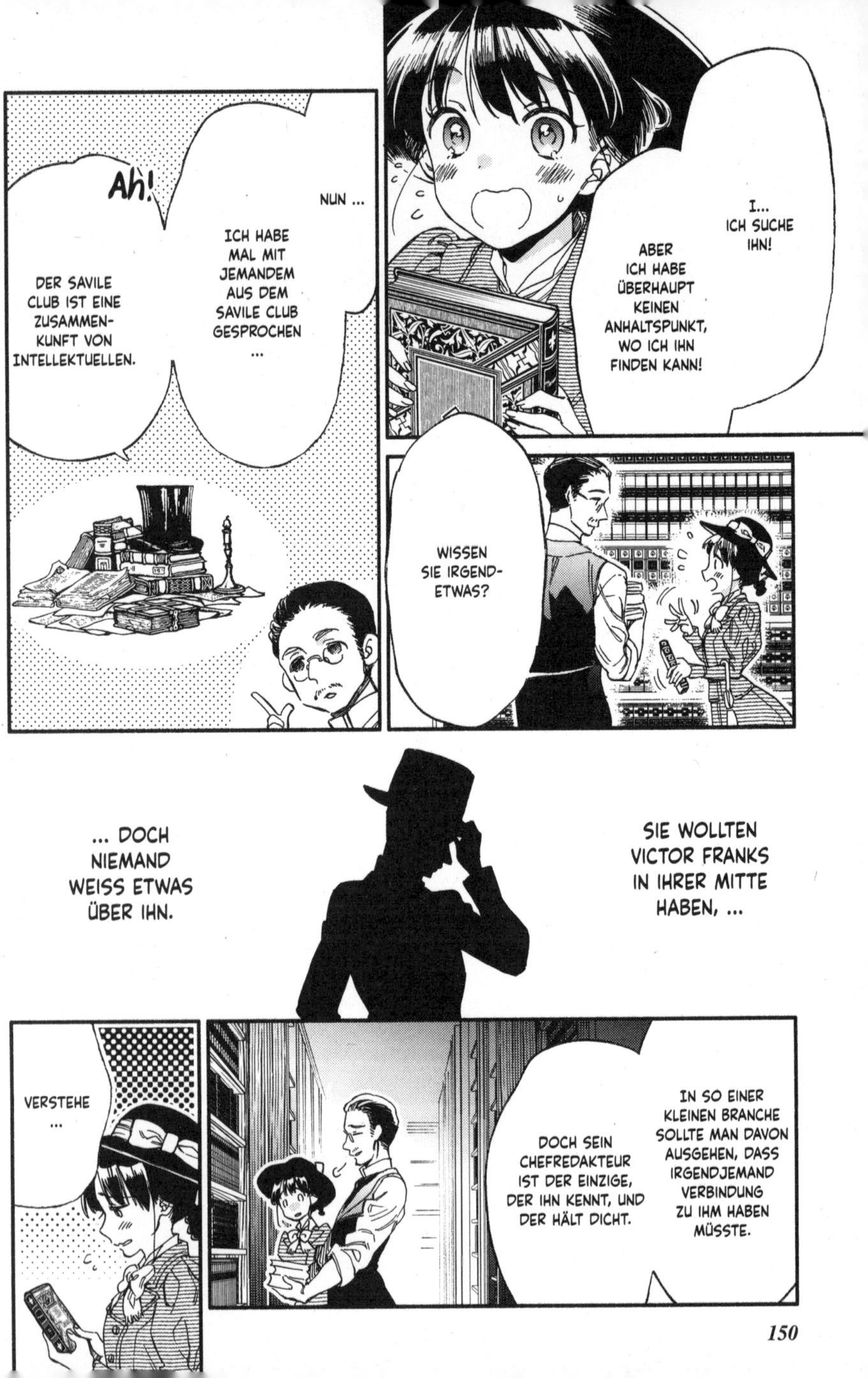

I... ICH SUCHE IHN!
ABER ICH HABE ÜBERHAUPT KEINEN ANHALTSPUNKT, WO ICH IHN FINDEN KANN!
WISSEN SIE IRGEND-ETWAS?
Ah!
NUN ...
ICH HABE MAL MIT JEMANDEM AUS DEM SAVILE CLUB GESPROCHEN ...
DER SAVILE CLUB IST EINE ZUSAMMEN-KUNFT VON INTELLEKTUELLEN.
SIE WOLLTEN VICTOR FRANKS IN IHRER MITTE HABEN, ...
... DOCH NIEMAND WEISS ETWAS ÜBER IHN.
IN SO EINER KLEINEN BRANCHE SOLLTE MAN DAVON AUSGEHEN, DASS IRGENDJEMAND VERBINDUNG ZU IHM HABEN MÜSSTE.
DOCH SEIN CHEFREDAKTEUR IST DER EINZIGE, DER IHN KENNT, UND DER HÄLT DICHT.
VERSTEHE ...

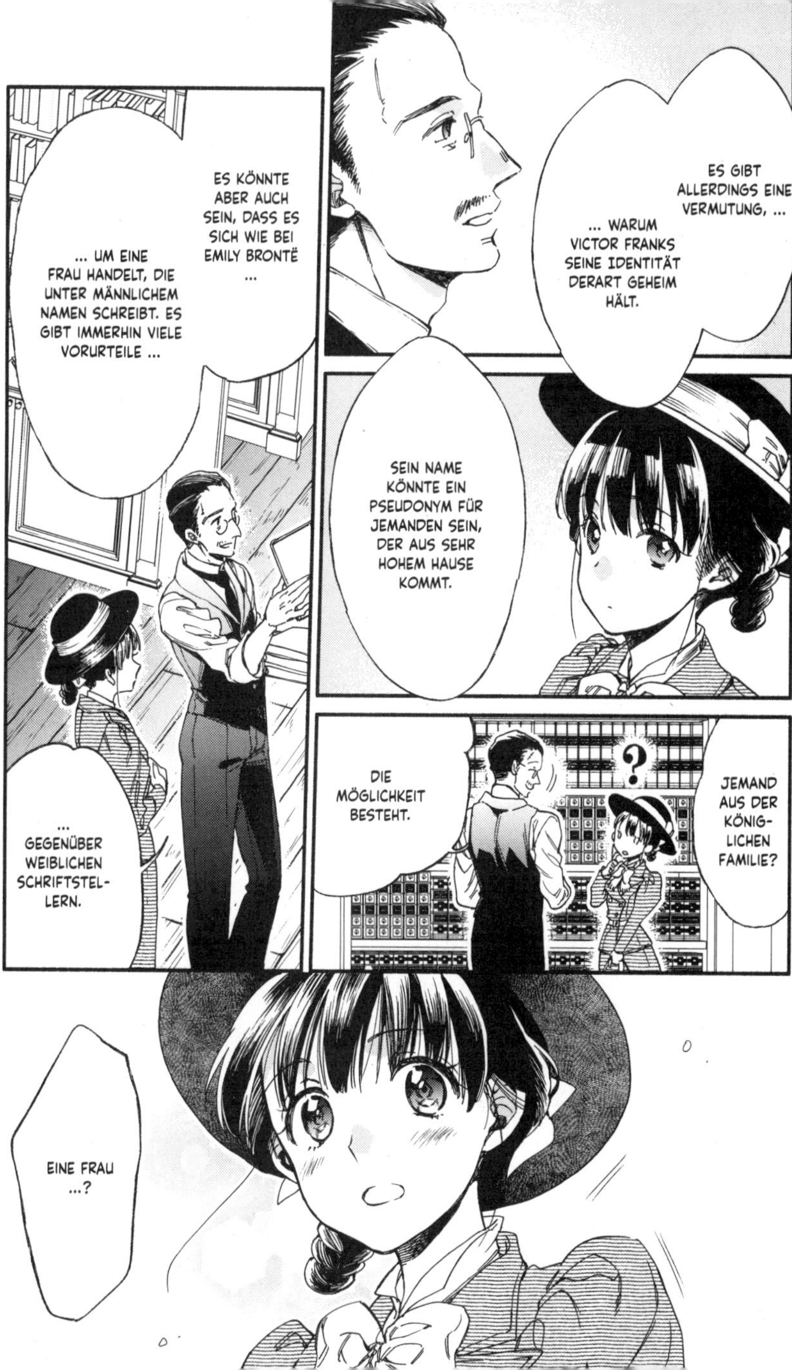
ES GIBT ALLERDINGS EINE VERMUTUNG, ...
... WARUM VICTOR FRANKS SEINE IDENTITÄT DERART GEHEIM HÄLT.
SEIN NAME KÖNNTE EIN PSEUDONYM FÜR JEMANDEN SEIN, DER AUS SEHR HOHEM HAUSE KOMMT.
JEMAND AUS DER KÖNIG-LICHEN FAMILIE?
?
DIE MÖGLICHKEIT BESTEHT.
ES KÖNNTE ABER AUCH SEIN, DASS ES SICH WIE BEI EMILY BRONTË ...
... UM EINE FRAU HANDELT, DIE UNTER MÄNNLICHEM NAMEN SCHREIBT. ES GIBT IMMERHIN VIELE VORURTEILE ...
... GEGENÜBER WEIBLICHEN SCHRIFTSTEL-LERN.
EINE FRAU ...?

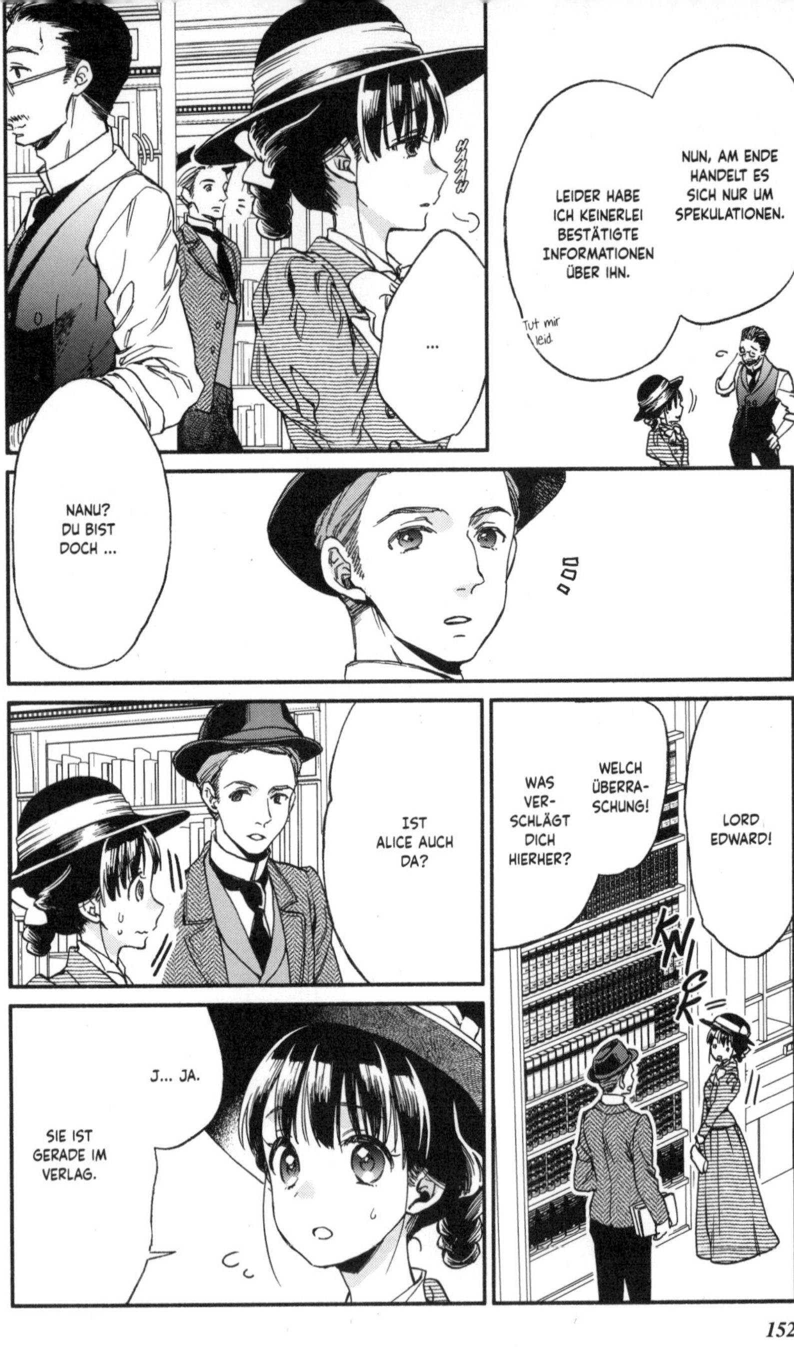
NUN, AM ENDE HANDELT ES SICH NUR UM SPEKULATIONEN.
LEIDER HABE ICH KEINERLEI BESTÄTIGTE INFORMATIONEN ÜBER IHN.
Tut mir leid.
...
NANU? DU BIST DOCH ...
LORD EDWARD!
WELCH ÜBERRA-SCHUNG!
WAS VER-SCHLÄGT DICH HIERHER?
KNICK
IST ALICE AUCH DA?
J... JA.
SIE IST GERADE IM VERLAG.

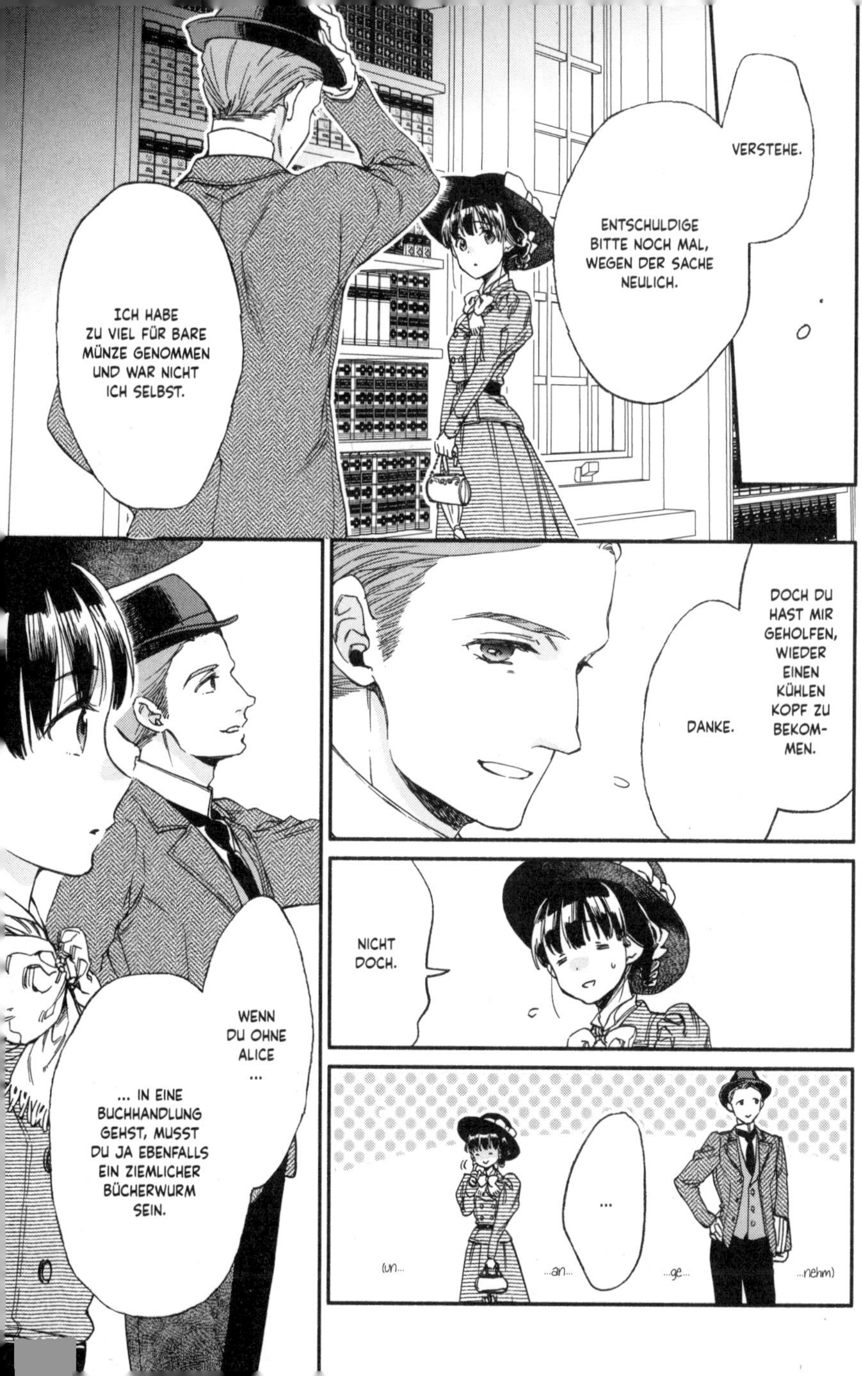
VERSTEHE.
ENTSCHULDIGE BITTE NOCH MAL, WEGEN DER SACHE NEULICH.
ICH HABE ZU VIEL FÜR BARE MÜNZE GENOMMEN UND WAR NICHT ICH SELBST.
DOCH DU HAST MIR GEHOLFEN, WIEDER EINEN KÜHLEN KOPF ZU BEKOM-MEN.
DANKE.
NICHT DOCH.
...
(un... ...an... ...ge... ...nehm)
WENN DU OHNE ALICE ...
... IN EINE BUCHHANDLUNG GEHST, MUSST DU JA EBENFALLS EIN ZIEMLICHER BÜCHERWURM SEIN.

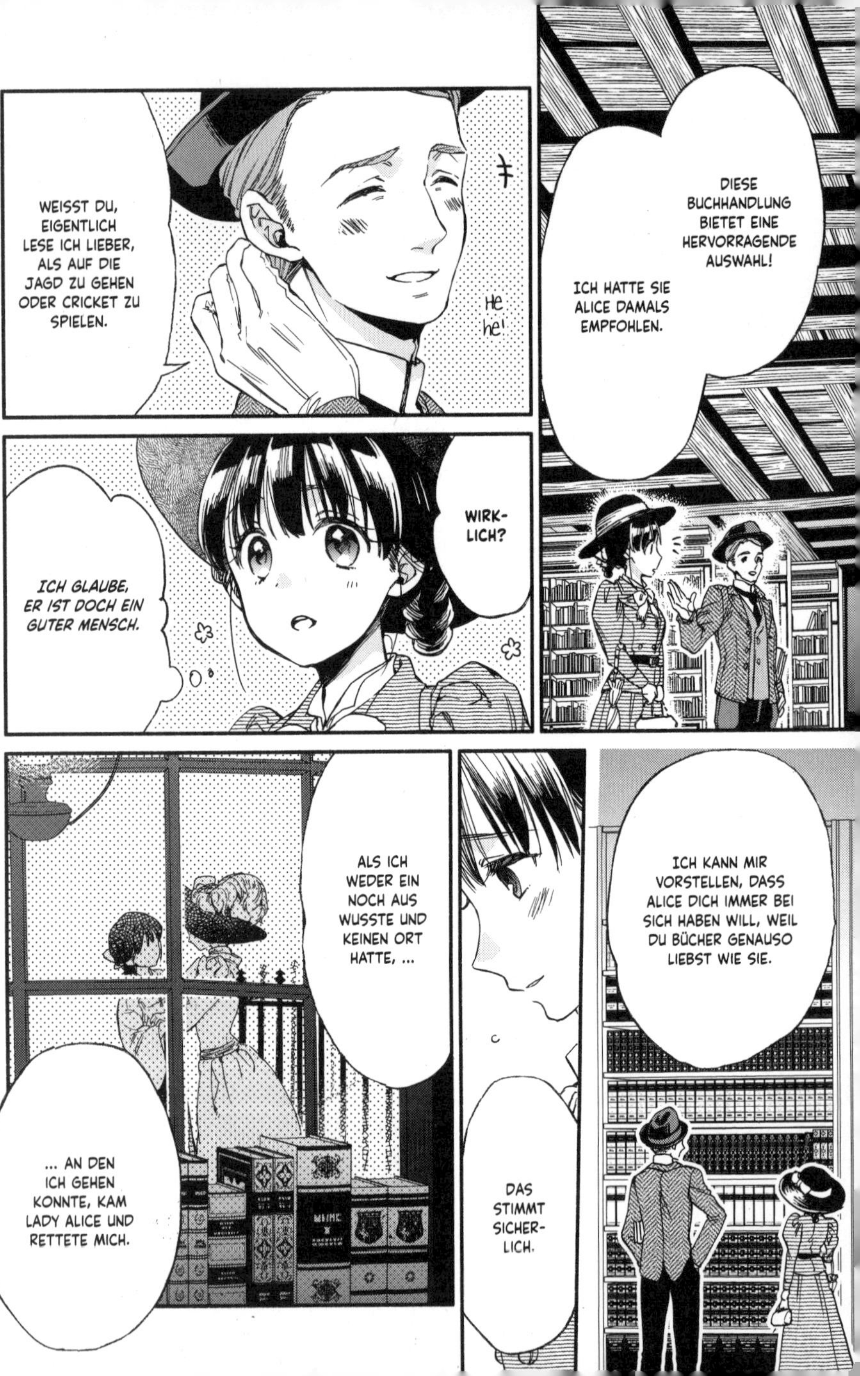

DIESE BUCHHANDLUNG BIETET EINE HERVORRAGENDE AUSWAHL!
ICH HATTE SIE ALICE DAMALS EMPFOHLEN.
WEISST DU, EIGENTLICH LESE ICH LIEBER, ALS AUF DIE JAGD ZU GEHEN ODER CRICKET ZU SPIELEN.
He he!
WIRK-LICH?
ICH GLAUBE, ER IST DOCH EIN GUTER MENSCH.
ICH KANN MIR VORSTELLEN, DASS ALICE DICH IMMER BEI SICH HABEN WILL, WEIL DU BÜCHER GENAUSO LIEBST WIE SIE.
DAS STIMMT SICHER-LICH.
ALS ICH WEDER EIN NOCH AUS WUSSTE UND KEINEN ORT HATTE, ...
... AN DEN ICH GEHEN KONNTE, KAM LADY ALICE UND RETTETE MICH.

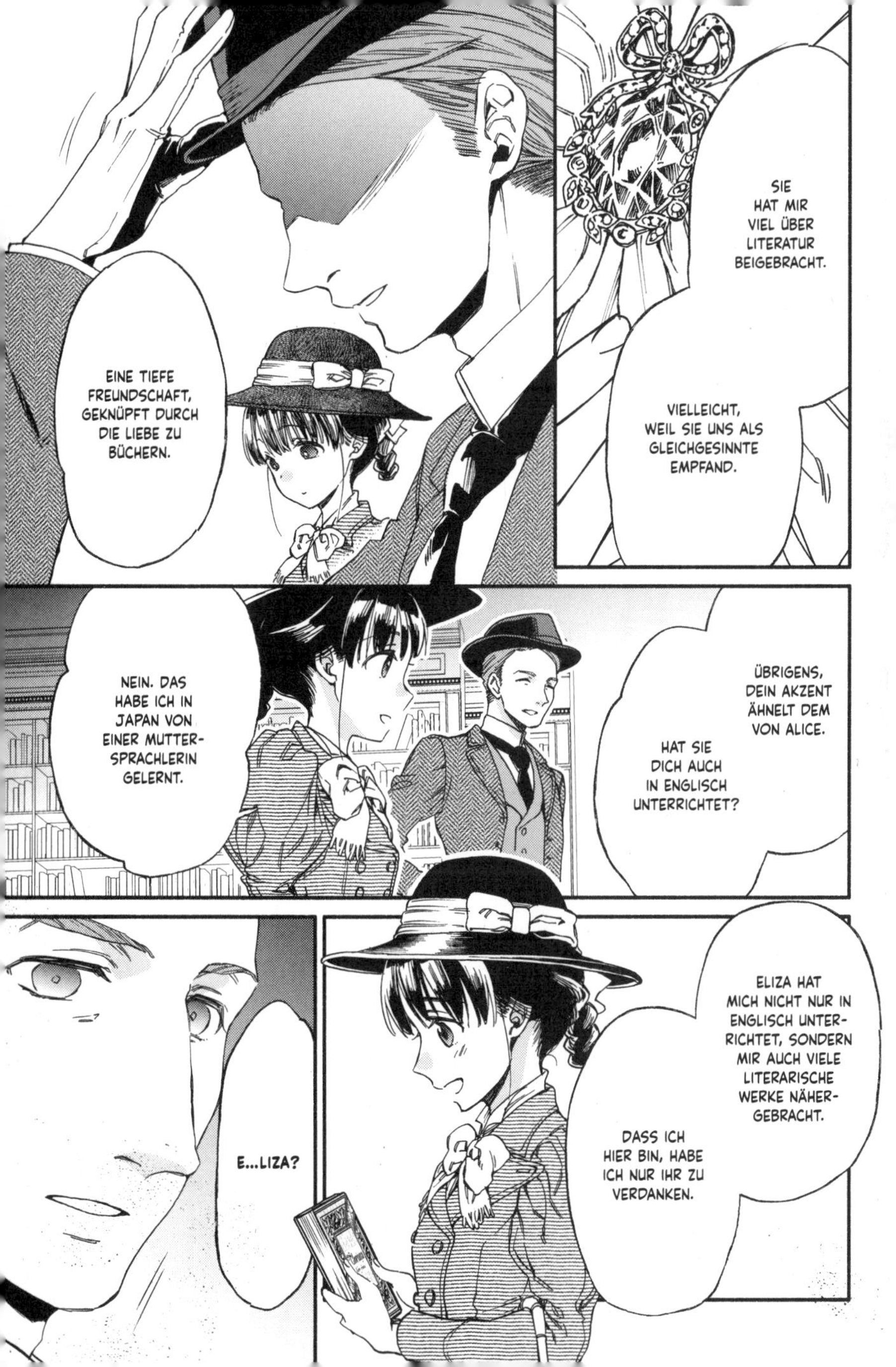
SIE HAT MIR VIEL ÜBER LITERATUR BEIGEBRACHT.
VIELLEICHT, WEIL SIE UNS ALS GLEICHGESINNTE EMPFAND.
EINE TIEFE FREUNDSCHAFT, GEKNÜPFT DURCH DIE LIEBE ZU BÜCHERN.
ÜBRIGENS, DEIN AKZENT ÄHNELT DEM VON ALICE.
HAT SIE DICH AUCH IN ENGLISCH UNTERRICHTET?
NEIN. DAS HABE ICH IN JAPAN VON EINER MUTTER-SPRACHLERIN GELERNT.
ELIZA HAT MICH NICHT NUR IN ENGLISCH UNTER-RICHTET, SONDERN MIR AUCH VIELE LITERARISCHE WERKE NÄHER-GEBRACHT.
DASS ICH HIER BIN, HABE ICH NUR IHR ZU VERDANKEN.
E...LIZA?

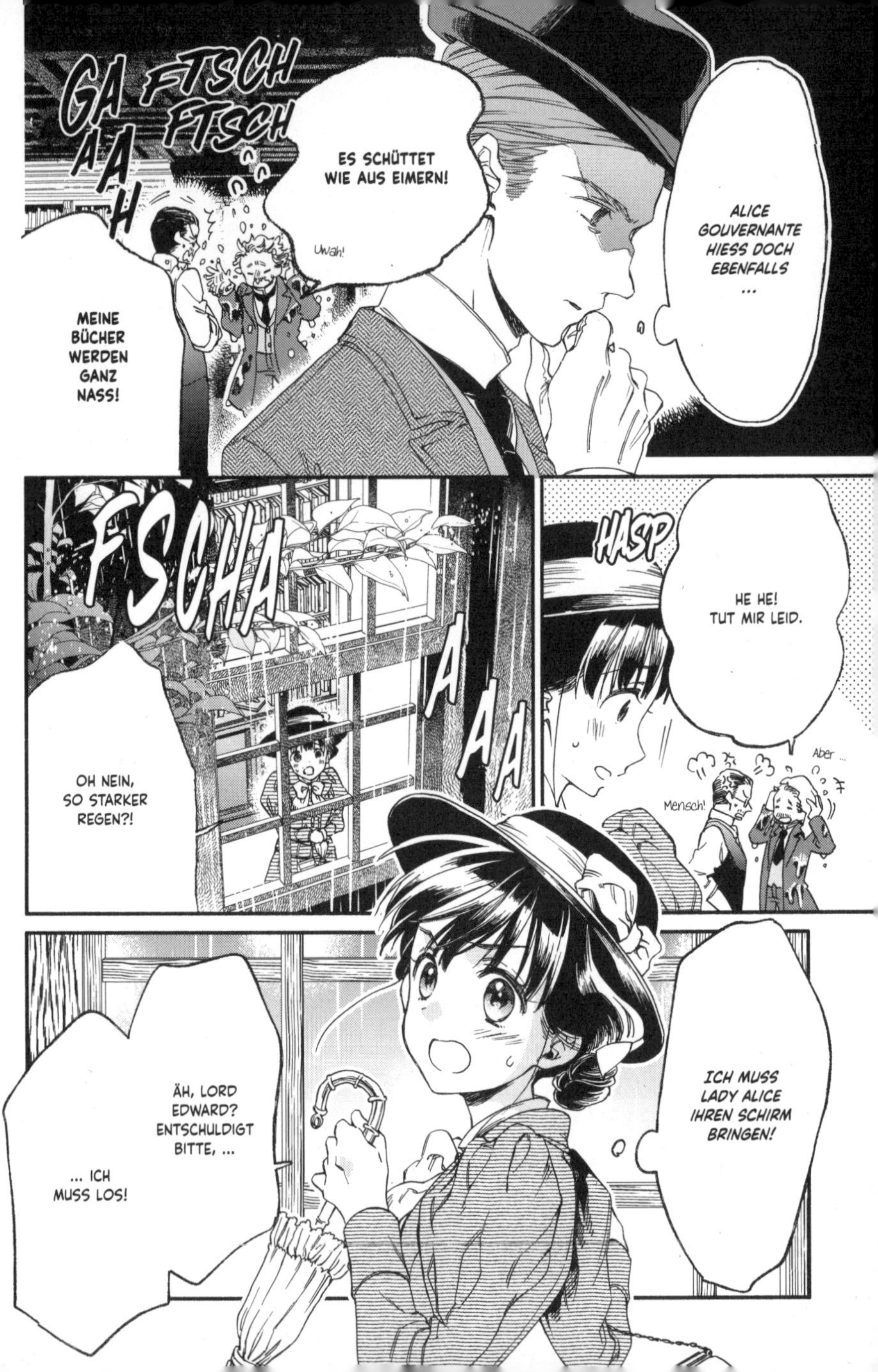
ALICE GOUVERNANTE HIESS DOCH EBENFALLS ...
ES SCHÜTTET WIE AUS EIMERN!
FTSCH FTSCH
GAAAH
Uwah!
MEINE BÜCHER WERDEN GANZ NASS!
HASP
HE HE! TUT MIR LEID.
Aber ...
Mensch!
FSCHAAAAA
OH NEIN, SO STARKER REGEN?!
ICH MUSS LADY ALICE IHREN SCHIRM BRINGEN!
ÄH, LORD EDWARD? ENTSCHULDIGT BITTE, ...
... ICH MUSS LOS!

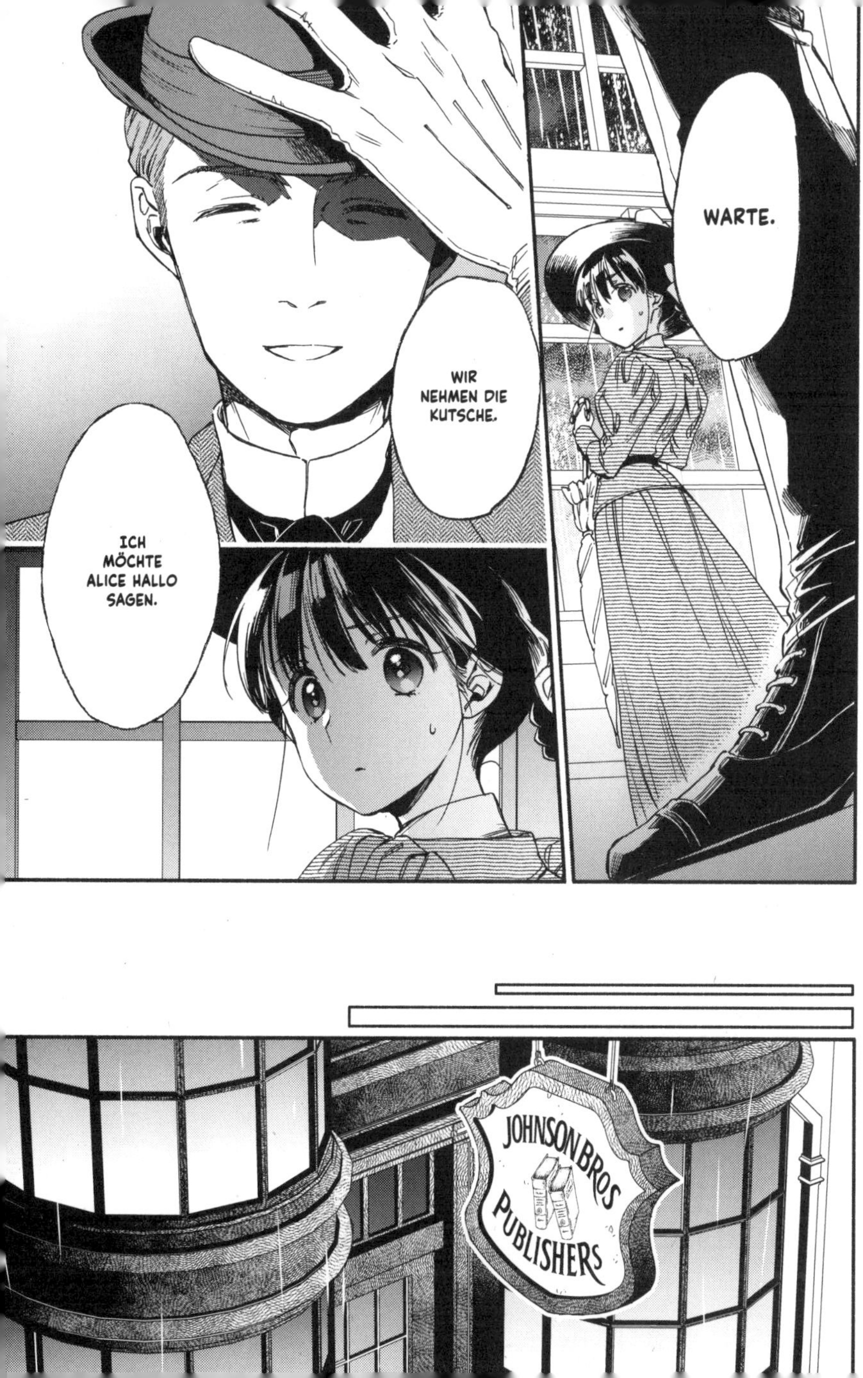
WARTE.
WIR NEHMEN DIE KUTSCHE.
ICH MÖCHTE ALICE HALLO SAGEN.
JOHNSON BROS PUBLISHERS

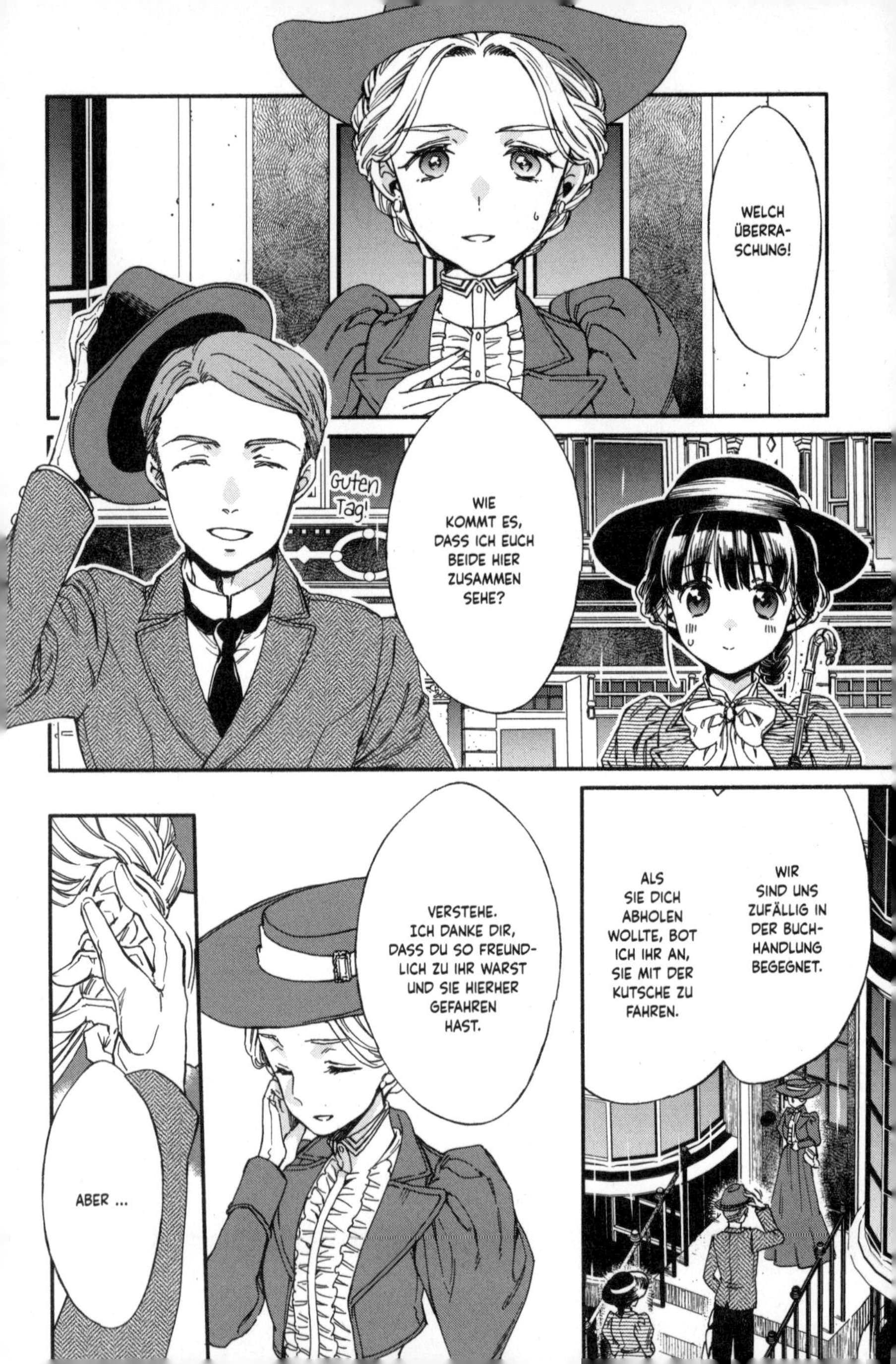
WELCH ÜBERRA-SCHUNG!
WIE KOMMT ES, DASS ICH EUCH BEIDE HIER ZUSAMMEN SEHE?
Guten Tag!
WIR SIND UNS ZUFÄLLIG IN DER BUCH-HANDLUNG BEGEGNET.
ALS SIE DICH ABHOLEN WOLLTE, BOT ICH IHR AN, SIE MIT DER KUTSCHE ZU FAHREN.
VERSTEHE. ICH DANKE DIR, DASS DU SO FREUND-LICH ZU IHR WARST UND SIE HIERHER GEFAHREN HAST.
ABER ...

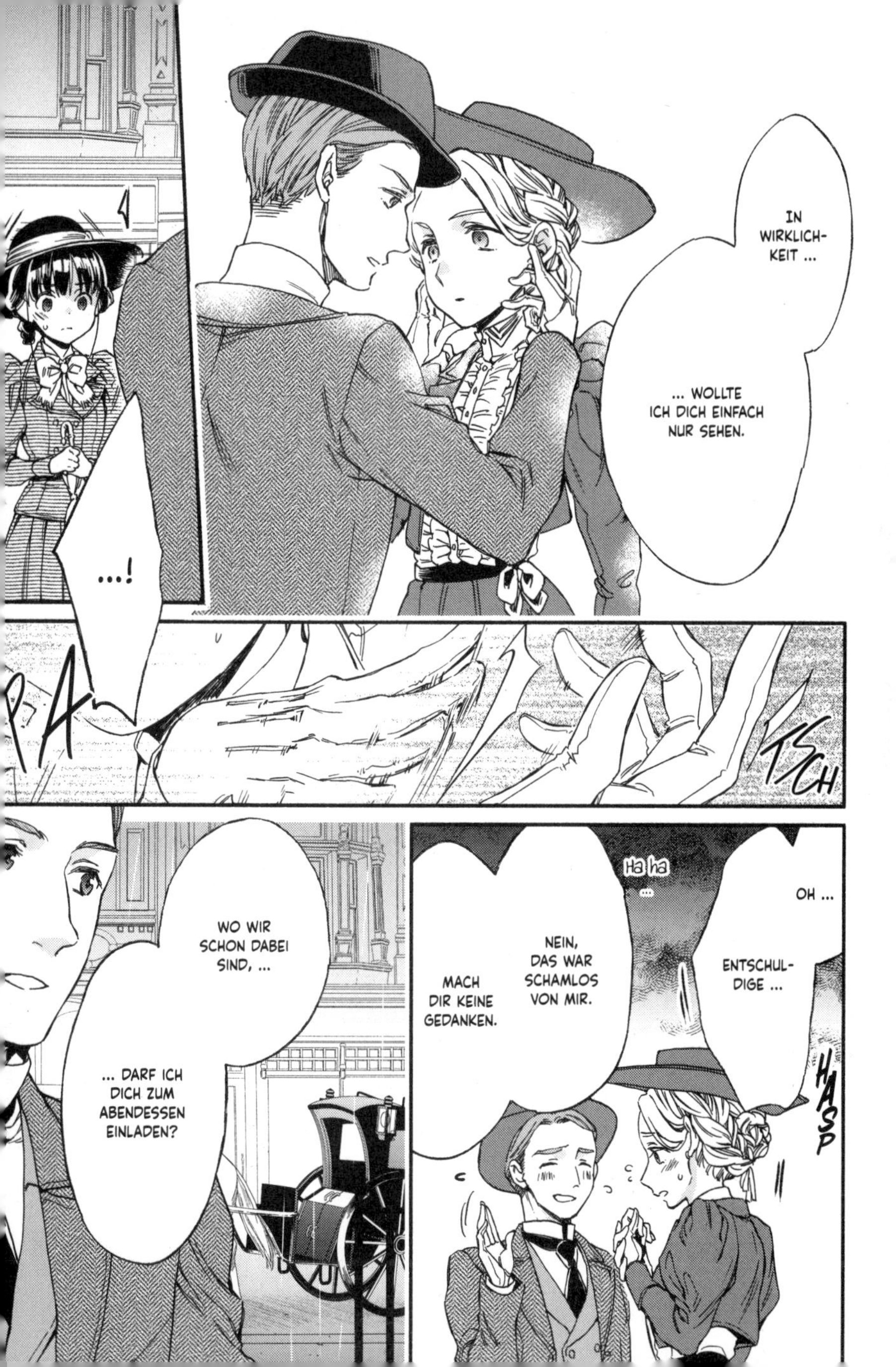
IN WIRKLICHKEIT ...
... WOLLTE ICH DICH EINFACH NUR SEHEN.
...!
TSCH
PA
OH ...
ENTSCHULDIGE ...
HASP
Ha ha ...
NEIN, DAS WAR SCHAMLOS VON MIR.
MACH DIR KEINE GEDANKEN.
WO WIR SCHON DABEI SIND, ...
... DARF ICH DICH ZUM ABENDESSEN EINLADEN?

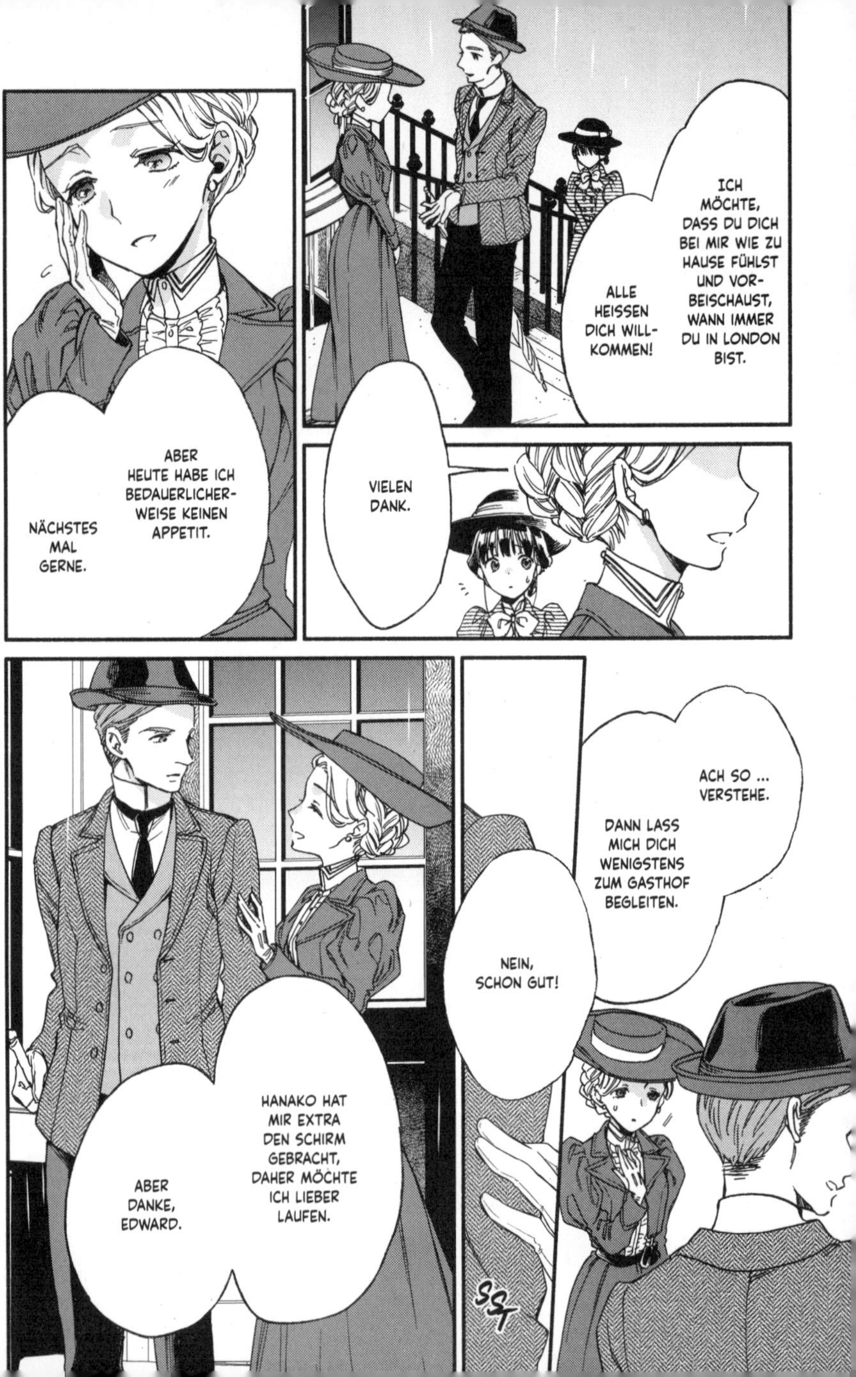
ICH MÖCHTE, DASS DU DICH BEI MIR WIE ZU HAUSE FÜHLST UND VORBEISCHAUST, WANN IMMER DU IN LONDON BIST.
ALLE HEISSEN DICH WILLKOMMEN!
VIELEN DANK.
ABER HEUTE HABE ICH BEDAUERLICHERWEISE KEINEN APPETIT.
NÄCHSTES MAL GERNE.
ACH SO ... VERSTEHE.
DANN LASS MICH DICH WENIGSTENS ZUM GASTHOF BEGLEITEN.
NEIN, SCHON GUT!
HANAKO HAT MIR EXTRA DEN SCHIRM GEBRACHT, DAHER MÖCHTE ICH LIEBER LAUFEN.
ABER DANKE, EDWARD.
SST

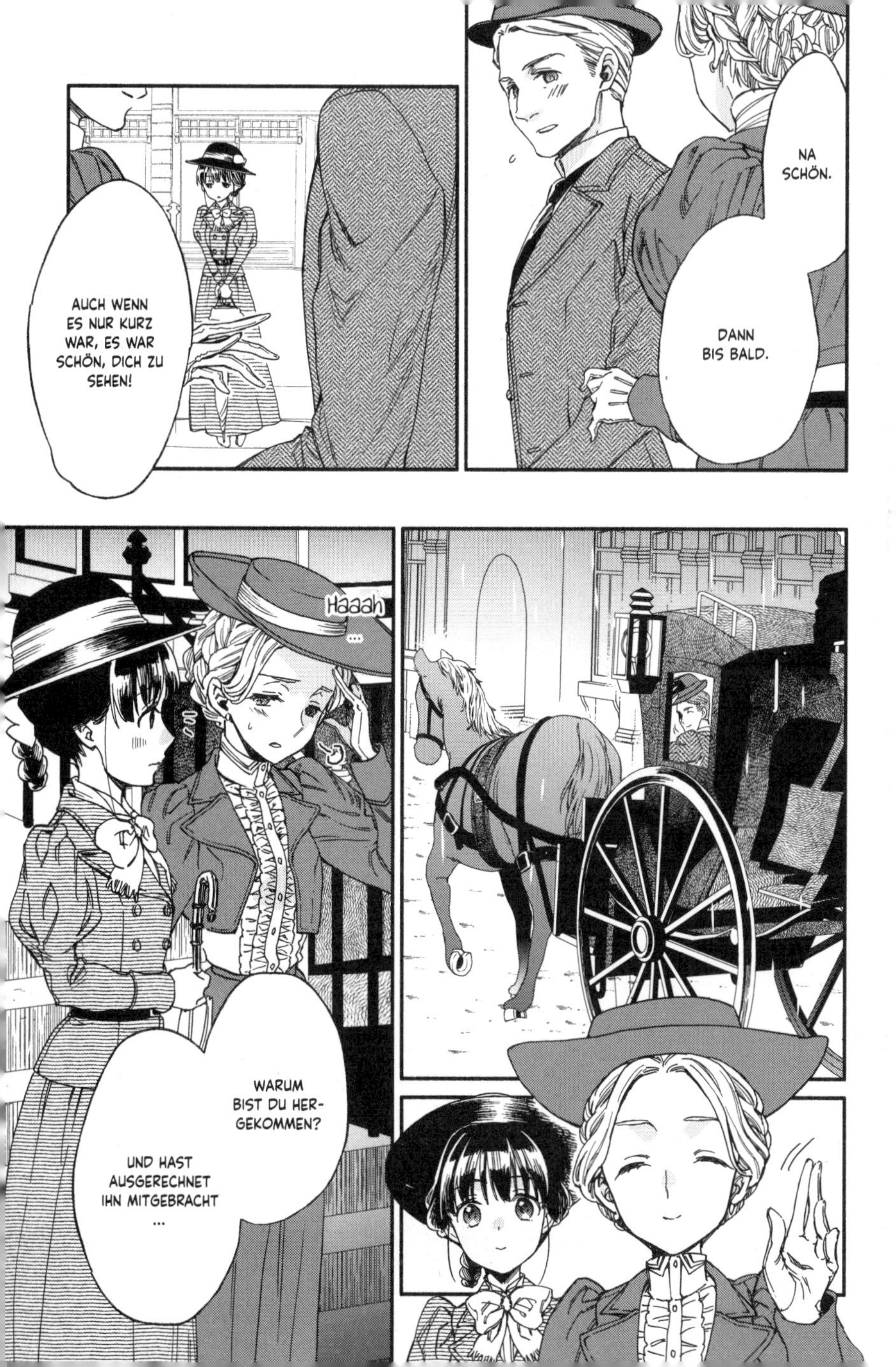
NA SCHÖN.
DANN BIS BALD.
AUCH WENN ES NUR KURZ WAR, ES WAR SCHÖN, DICH ZU SEHEN!
Haaah ...
WARUM BIST DU HER-GEKOMMEN?
UND HAST AUSGERECHNET IHN MITGEBRACHT ...

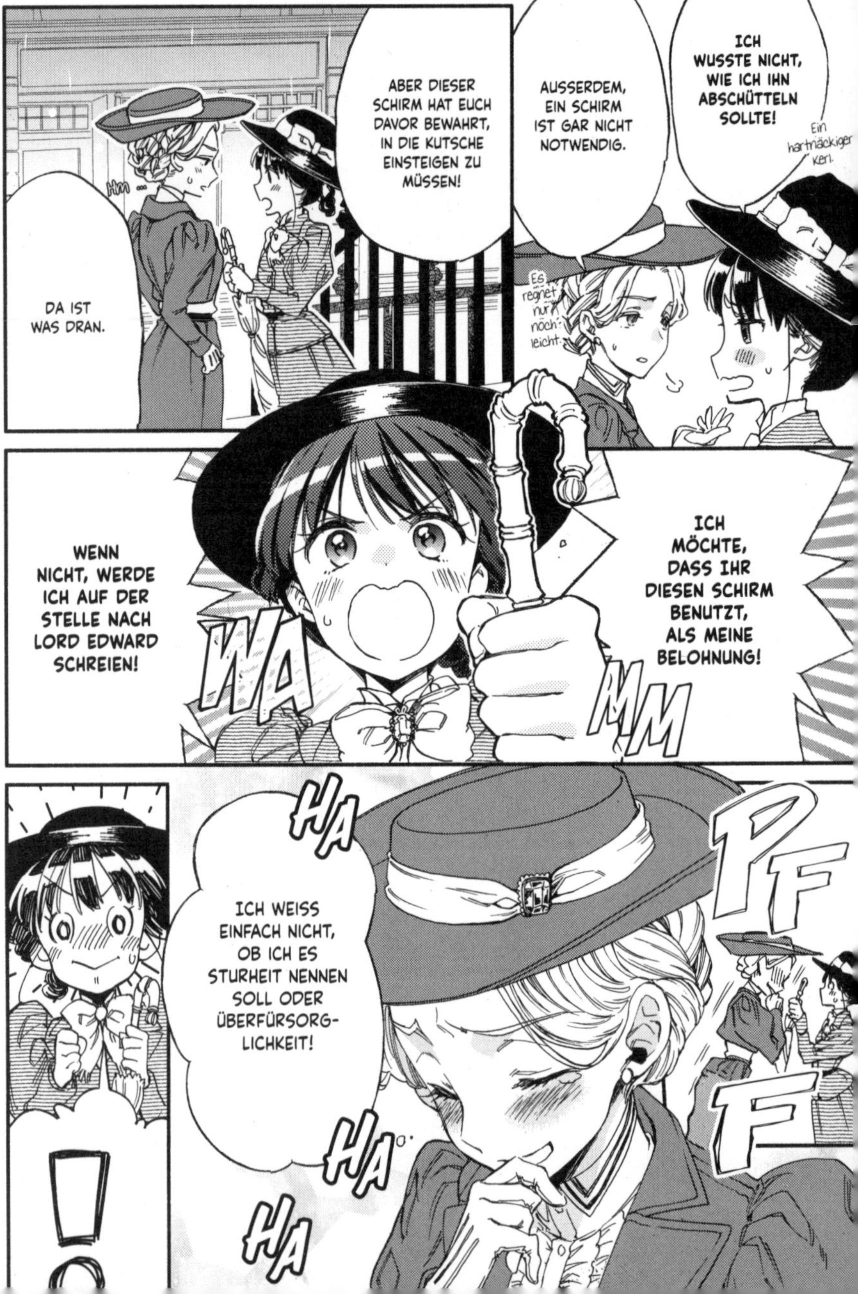

ICH WUSSTE NICHT, WIE ICH IHN ABSCHÜTTELN SOLLTE!
Ein hartnäckiger Kerl.
AUSSERDEM, EIN SCHIRM IST GAR NICHT NOTWENDIG.
Es regnet nur noch leicht.
ABER DIESER SCHIRM HAT EUCH DAVOR BEWAHRT, IN DIE KUTSCHE EINSTEIGEN ZU MÜSSEN!
Hm ...
DA IST WAS DRAN.
ICH MÖCHTE, DASS IHR DIESEN SCHIRM BENUTZT, ALS MEINE BELOHNUNG!
WENN NICHT, WERDE ICH AUF DER STELLE NACH LORD EDWARD SCHREIEN!
WA
MM
PF
F
HA
ICH WEISS EINFACH NICHT, OB ICH ES STURHEIT NENNEN SOLL ODER ÜBERFÜRSORG-LICHKEIT!
HA
HA
!

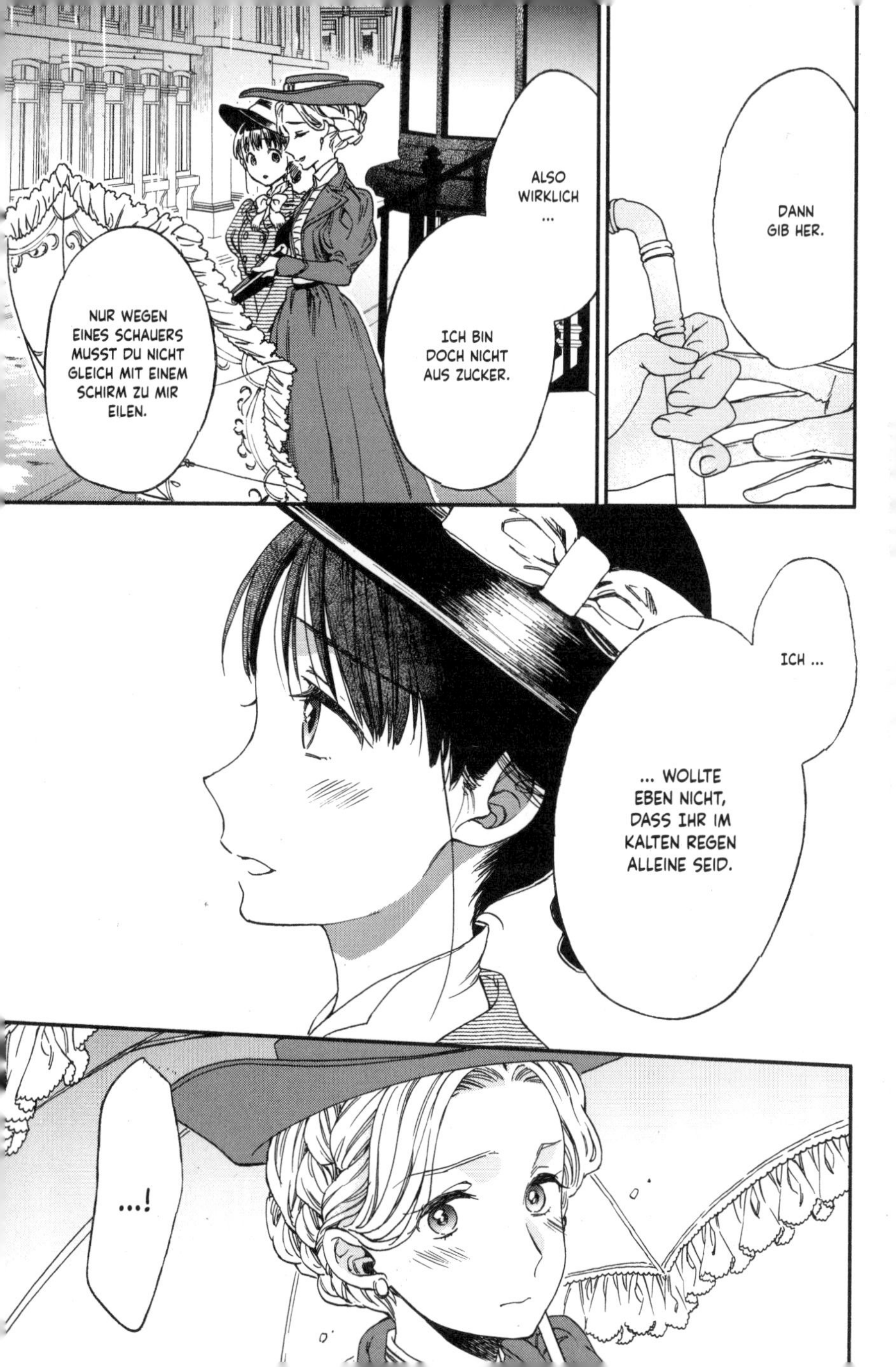
DANN GIB HER.
ALSO WIRKLICH ...
ICH BIN DOCH NICHT AUS ZUCKER.
NUR WEGEN EINES SCHAUERS MUSST DU NICHT GLEICH MIT EINEM SCHIRM ZU MIR EILEN.
ICH ...
... WOLLTE EBEN NICHT, DASS IHR IM KALTEN REGEN ALLEINE SEID.
...!

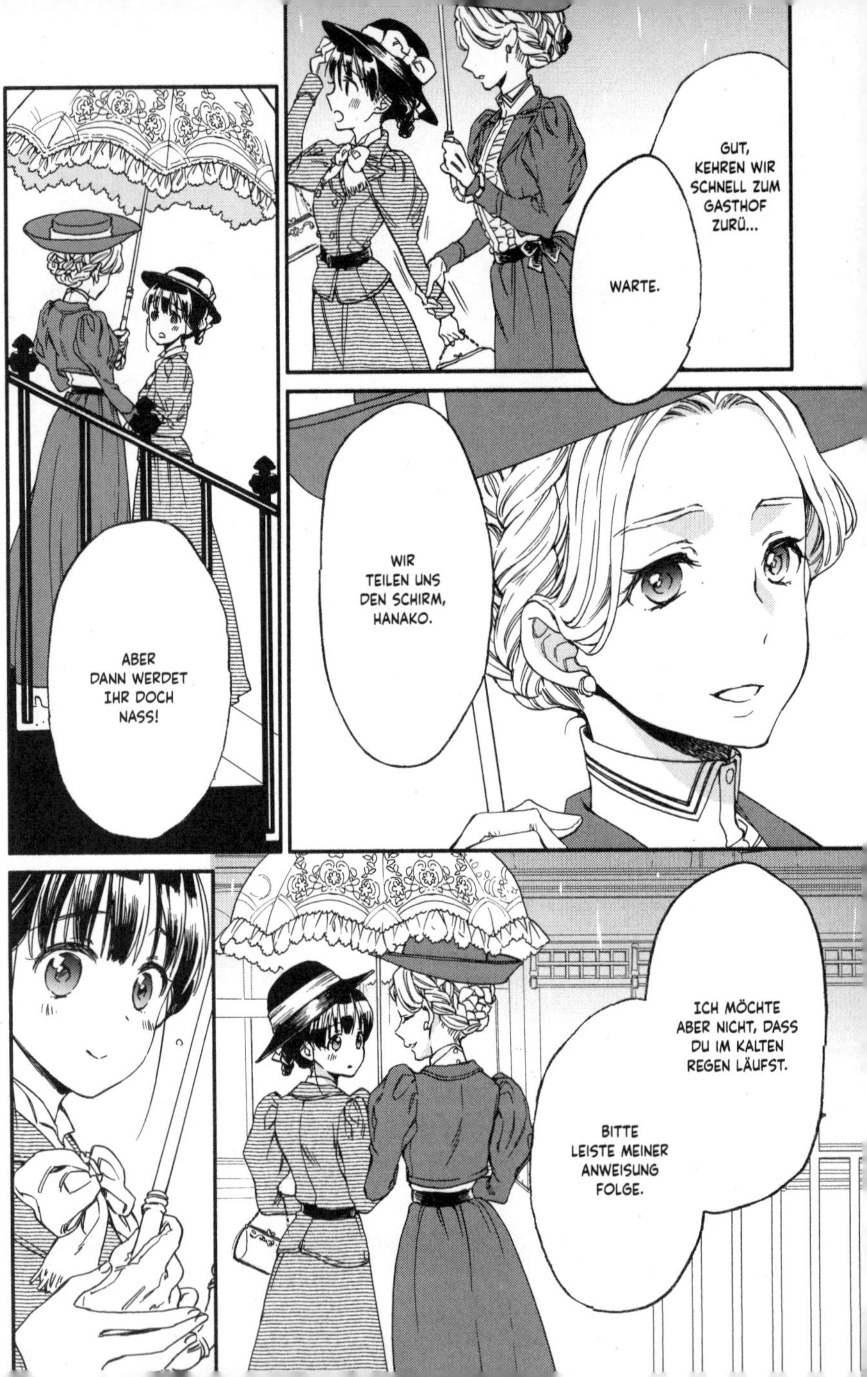
GUT, KEHREN WIR SCHNELL ZUM GASTHOF ZURÜ...
WARTE.
WIR TEILEN UNS DEN SCHIRM, HANAKO.
ABER DANN WERDET IHR DOCH NASS!
ICH MÖCHTE ABER NICHT, DASS DU IM KALTEN REGEN LÄUFST.
BITTE LEISTE MEINER ANWEISUNG FOLGE.

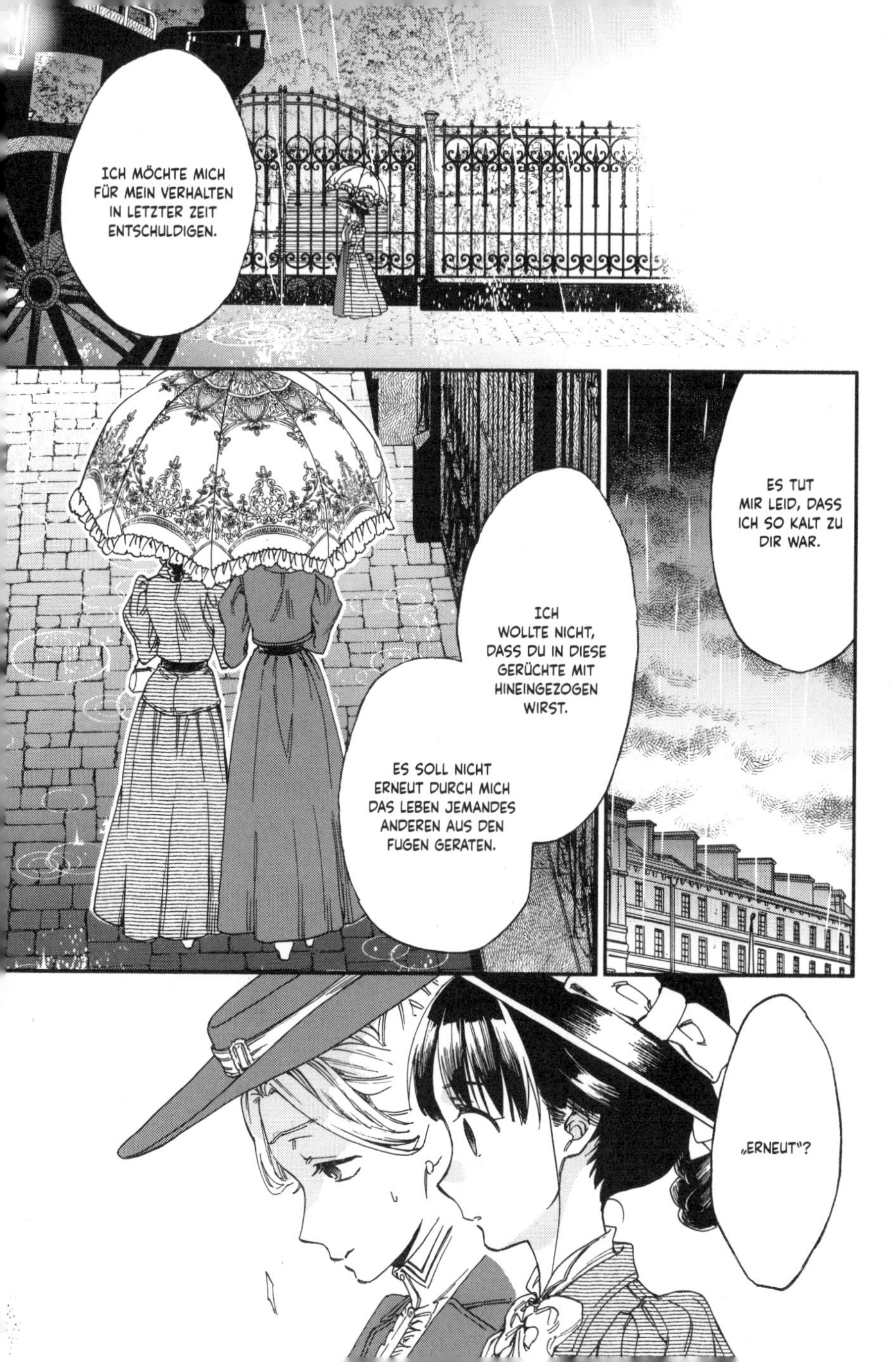
ICH MÖCHTE MICH FÜR MEIN VERHALTEN IN LETZTER ZEIT ENTSCHULDIGEN.
ES TUT MIR LEID, DASS ICH SO KALT ZU DIR WAR.
ICH WOLLTE NICHT, DASS DU IN DIESE GERÜCHTE MIT HINEINGEZOGEN WIRST.
ES SOLL NICHT ERNEUT DURCH MICH DAS LEBEN JEMANDES ANDEREN AUS DEN FUGEN GERATEN.
„ERNEUT"?

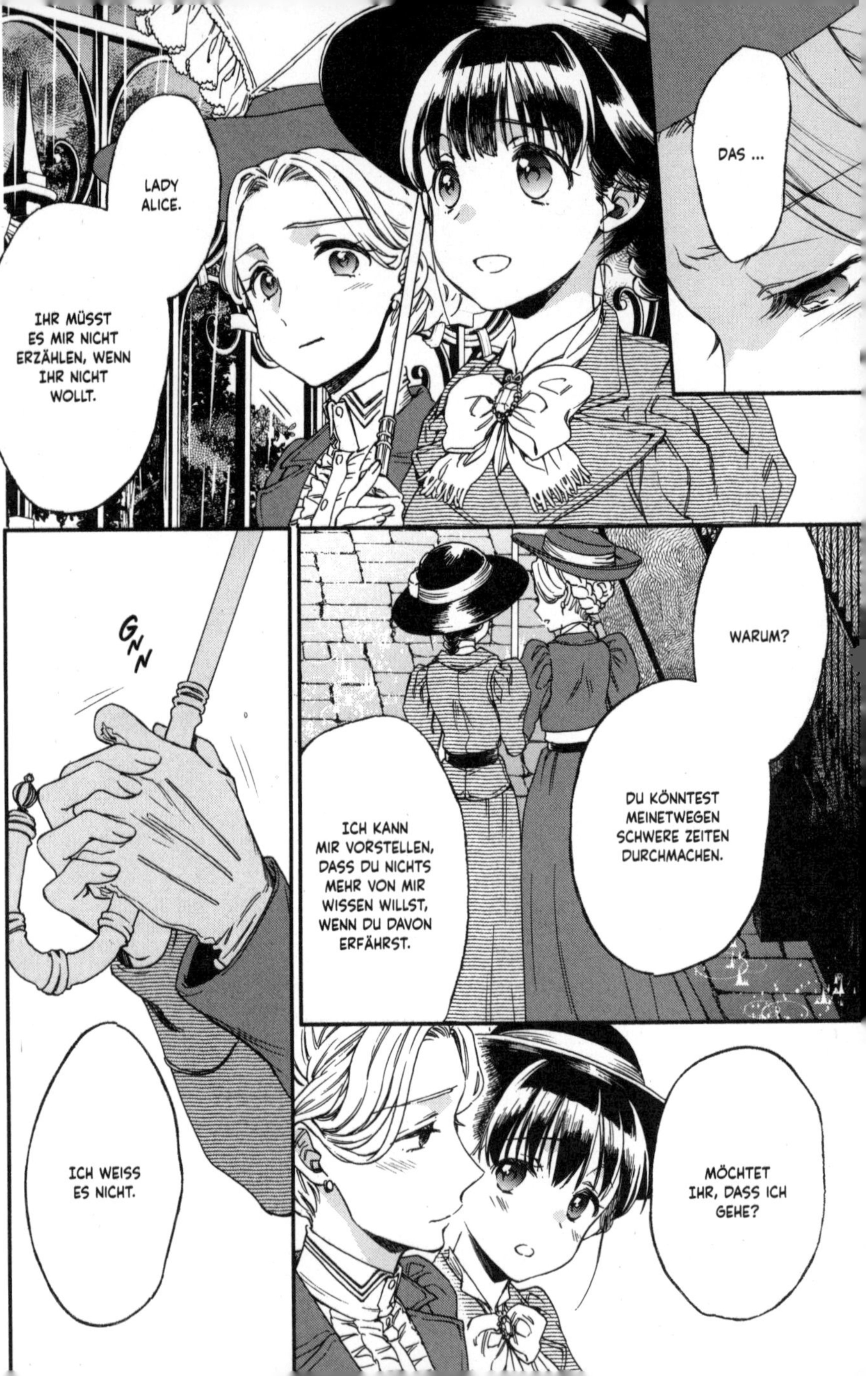
DAS ...
LADY ALICE.
IHR MÜSST ES MIR NICHT ERZÄHLEN, WENN IHR NICHT WOLLT.
WARUM?
DU KÖNNTEST MEINETWEGEN SCHWERE ZEITEN DURCHMACHEN.
ICH KANN MIR VORSTELLEN, DASS DU NICHTS MEHR VON MIR WISSEN WILLST, WENN DU DAVON ERFÄHRST.
GNN
MÖCHTET IHR, DASS ICH GEHE?
ICH WEISS ES NICHT.

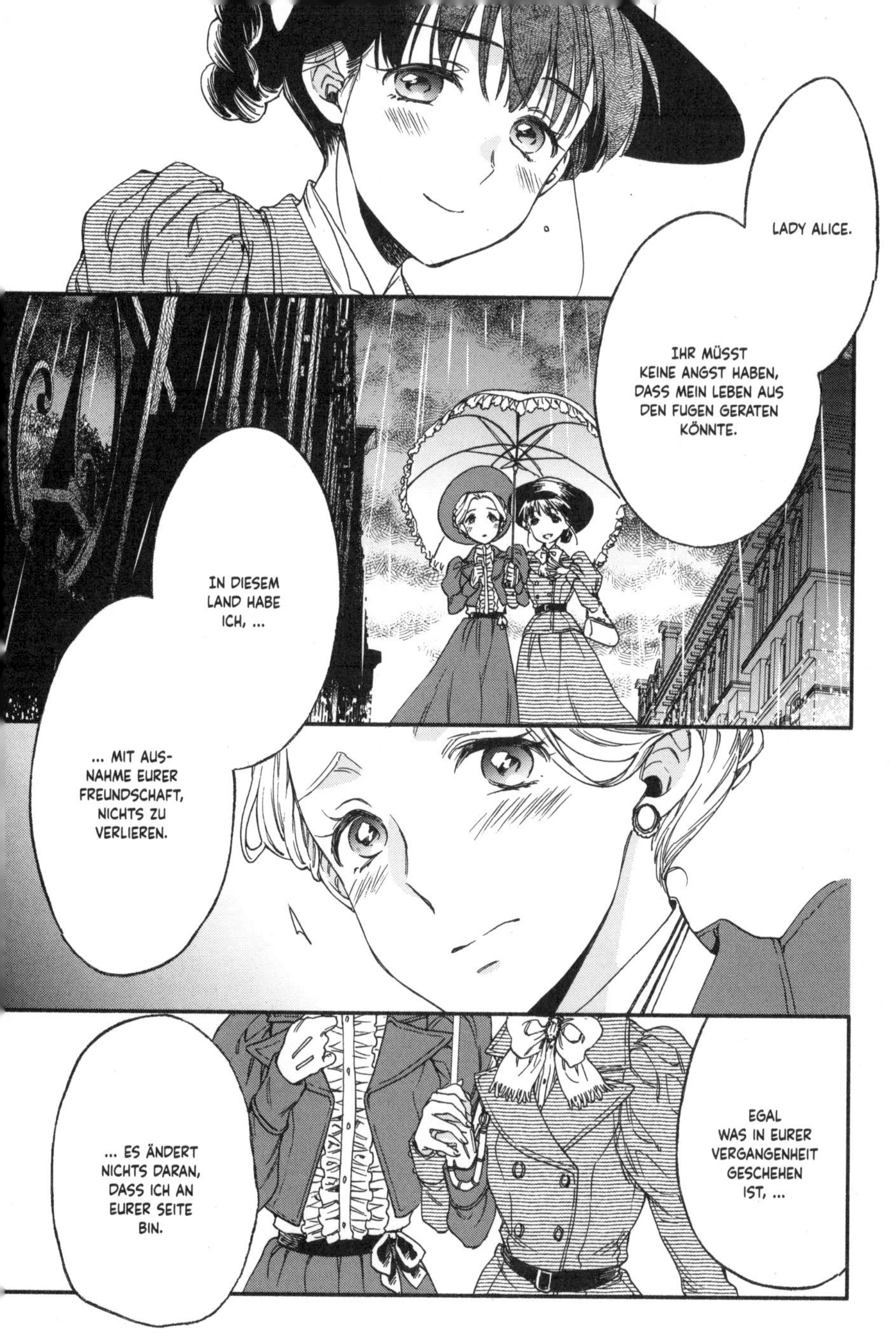

LADY ALICE.
IHR MÜSST KEINE ANGST HABEN, DASS MEIN LEBEN AUS DEN FUGEN GERATEN KÖNNTE.
IN DIESEM LAND HABE ICH, ...
... MIT AUSNAHME EURER FREUNDSCHAFT, NICHTS ZU VERLIEREN.
EGAL WAS IN EURER VERGANGENHEIT GESCHEHEN IST, ...
... ES ÄNDERT NICHTS DARAN, DASS ICH AN EURER SEITE BIN.

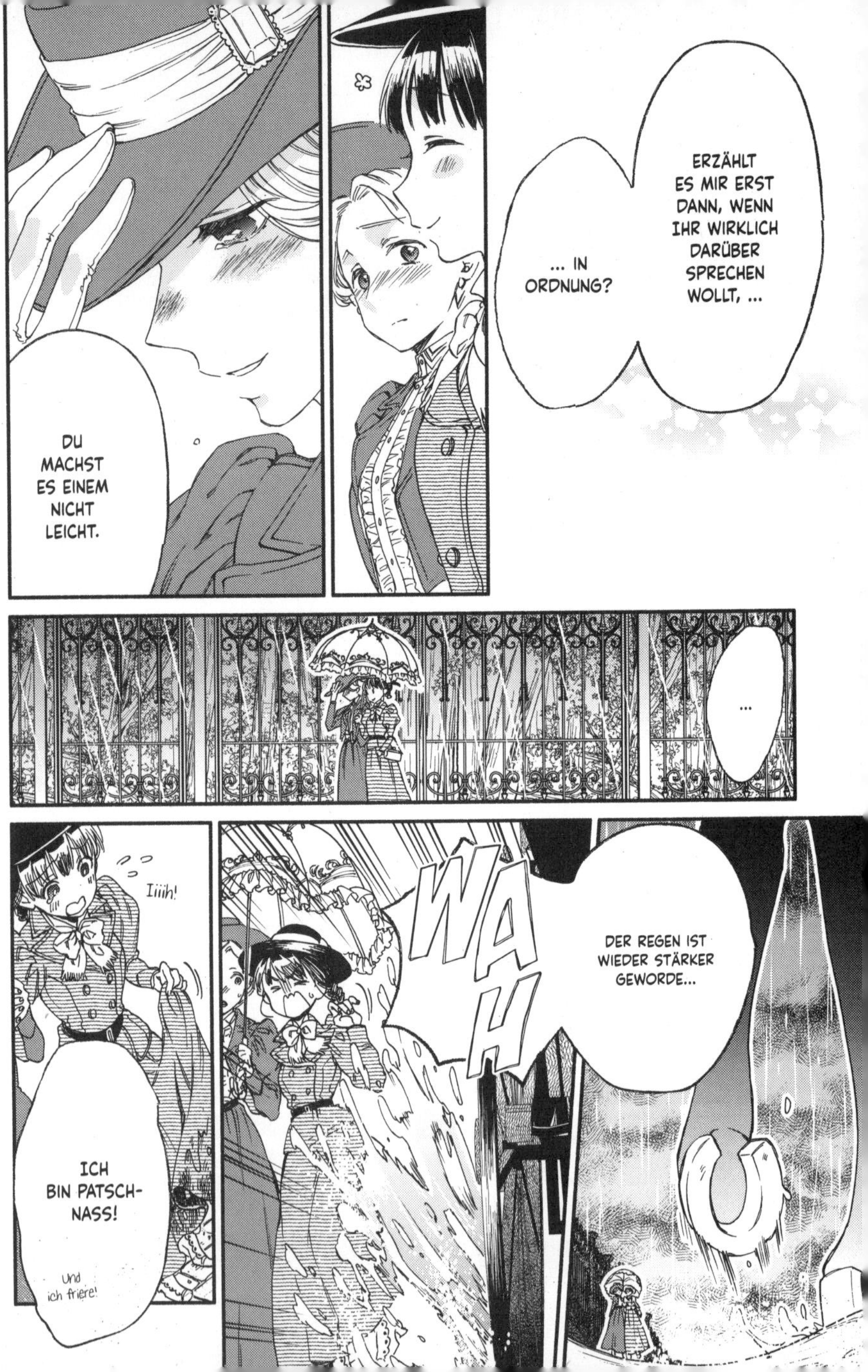
ERZÄHLT ES MIR ERST DANN, WENN IHR WIRKLICH DARÜBER SPRECHEN WOLLT, ...
... IN ORDNUNG?
DU MACHST ES EINEM NICHT LEICHT.
...
DER REGEN IST WIEDER STÄRKER GEWORDE...
WAAH
Iiiih!
ICH BIN PATSCH-NASS!
Und ich friere!

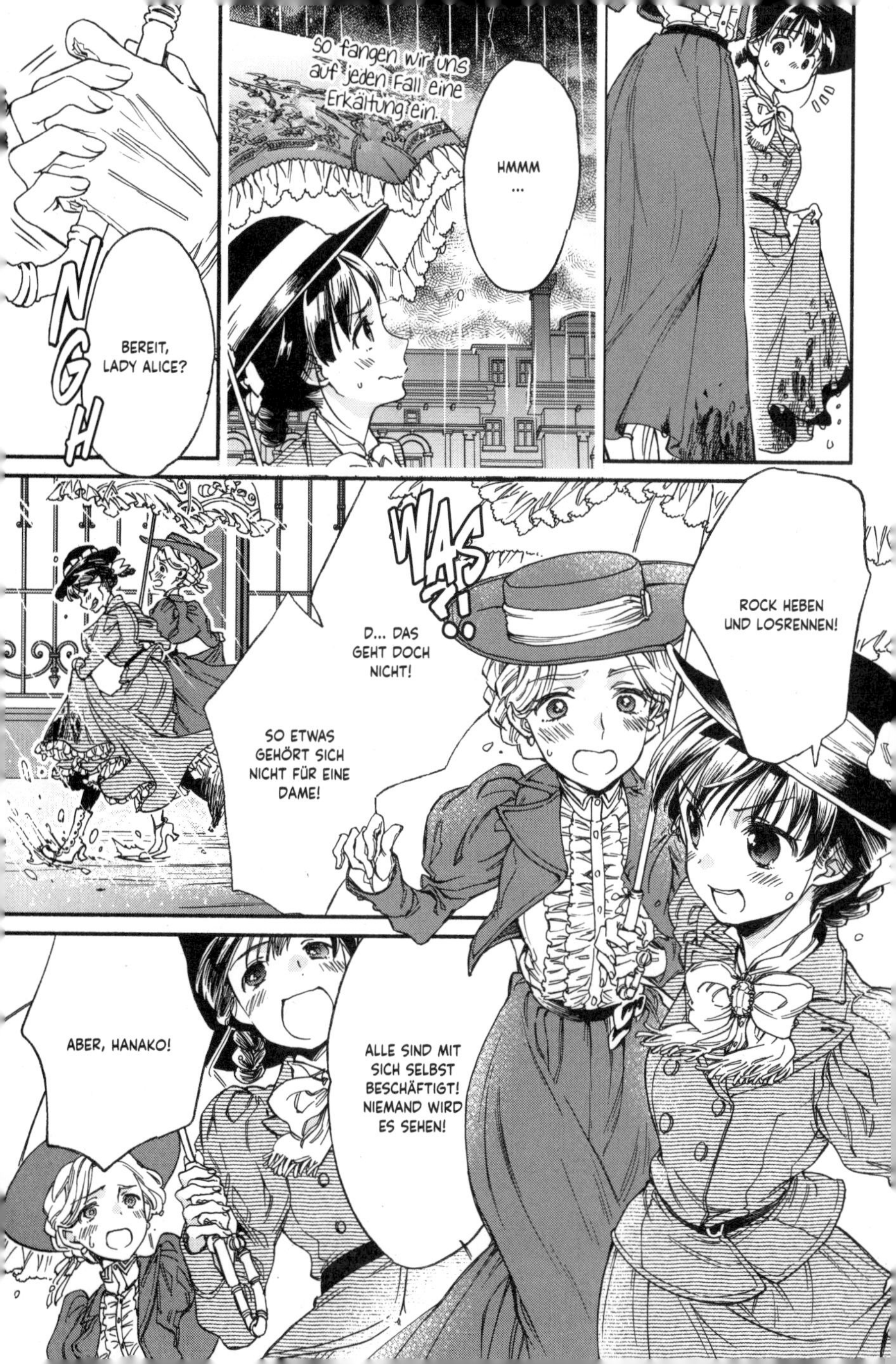
HMMM ...
So fangen wir uns auf jeden Fall eine Erkältung ein.
BEREIT, LADY ALICE?
NGH
ROCK HEBEN UND LOSRENNEN!
WAS?!
D... DAS GEHT DOCH NICHT!
SO ETWAS GEHÖRT SICH NICHT FÜR EINE DAME!
ALLE SIND MIT SICH SELBST BESCHÄFTIGT! NIEMAND WIRD ES SEHEN!
ABER, HANAKO!

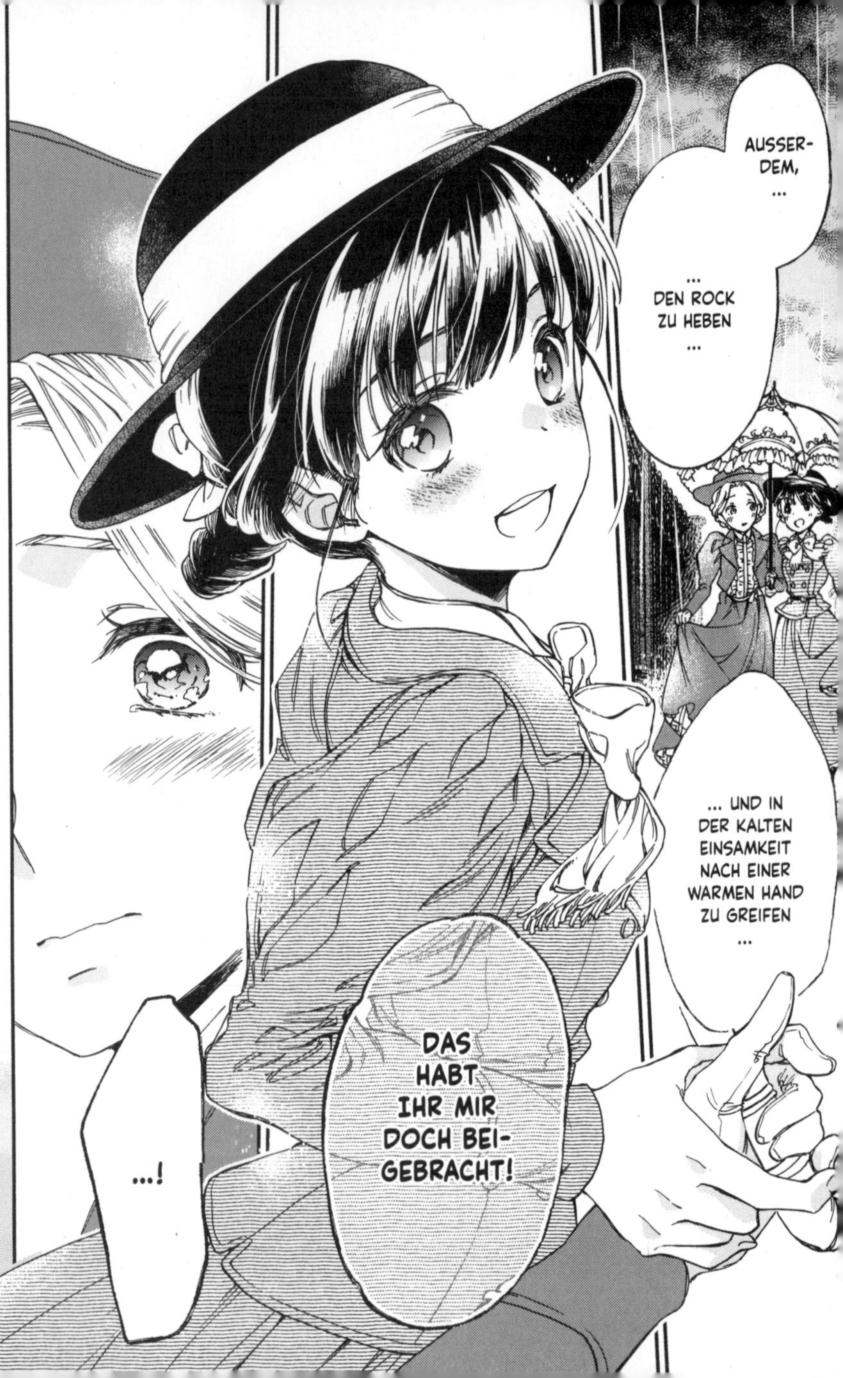
AUSSER-
DEM,
...
...
DEN ROCK
ZU HEBEN
...
... UND IN
DER KALTEN
EINSAMKEIT
NACH EINER
WARMEN HAND
ZU GREIFEN
...
DAS
HABT
IHR MIR
DOCH BEI-
GEBRACHT!
...!

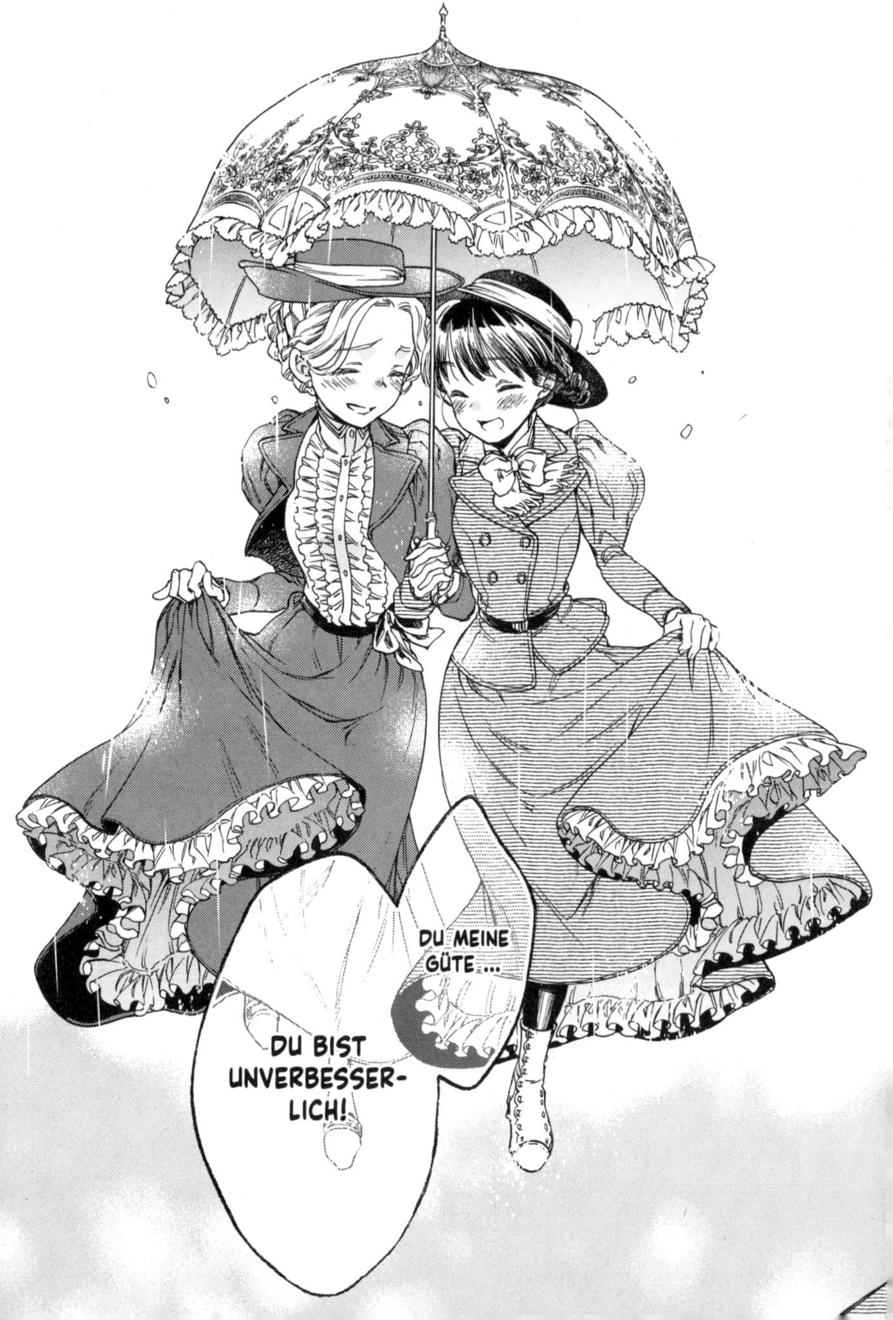
DU MEINE GÜTE ...
DU BIST UNVERBESSER-LICH!

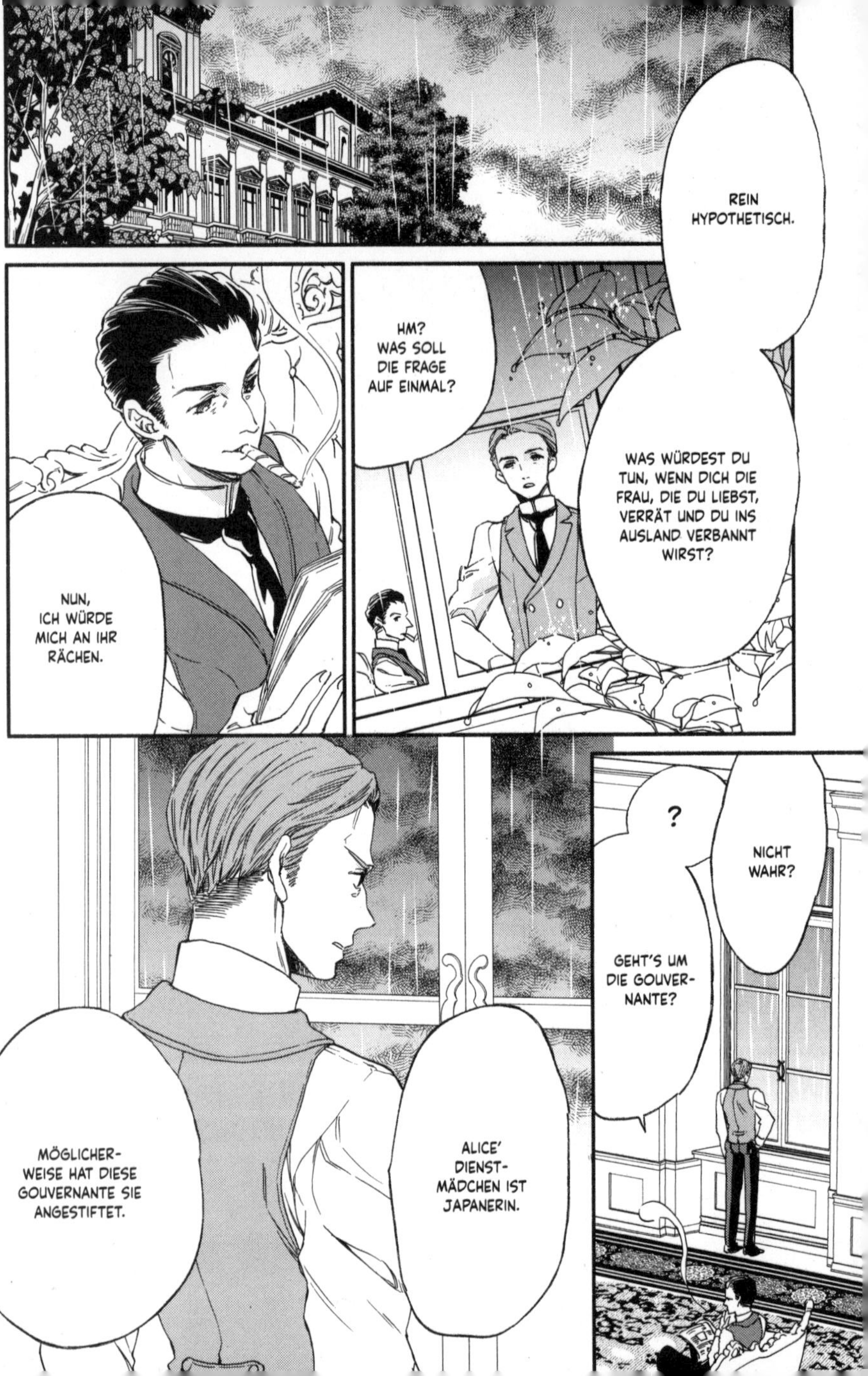
WAS WÜRDEST DU TUN, WENN DICH DIE FRAU, DIE DU LIEBST, VERRÄT UND DU INS AUSLAND VERBANNT WIRST?
HM? WAS SOLL DIE FRAGE AUF EINMAL?
REIN HYPOTHETISCH.
NUN, ICH WÜRDE MICH AN IHR RÄCHEN.
NICHT WAHR?
?
GEHT'S UM DIE GOUVER-NANTE?
ALICE' DIENST-MÄDCHEN IST JAPANERIN.
MÖGLICHER-WEISE HAT DIESE GOUVERNANTE SIE ANGESTIFTET.

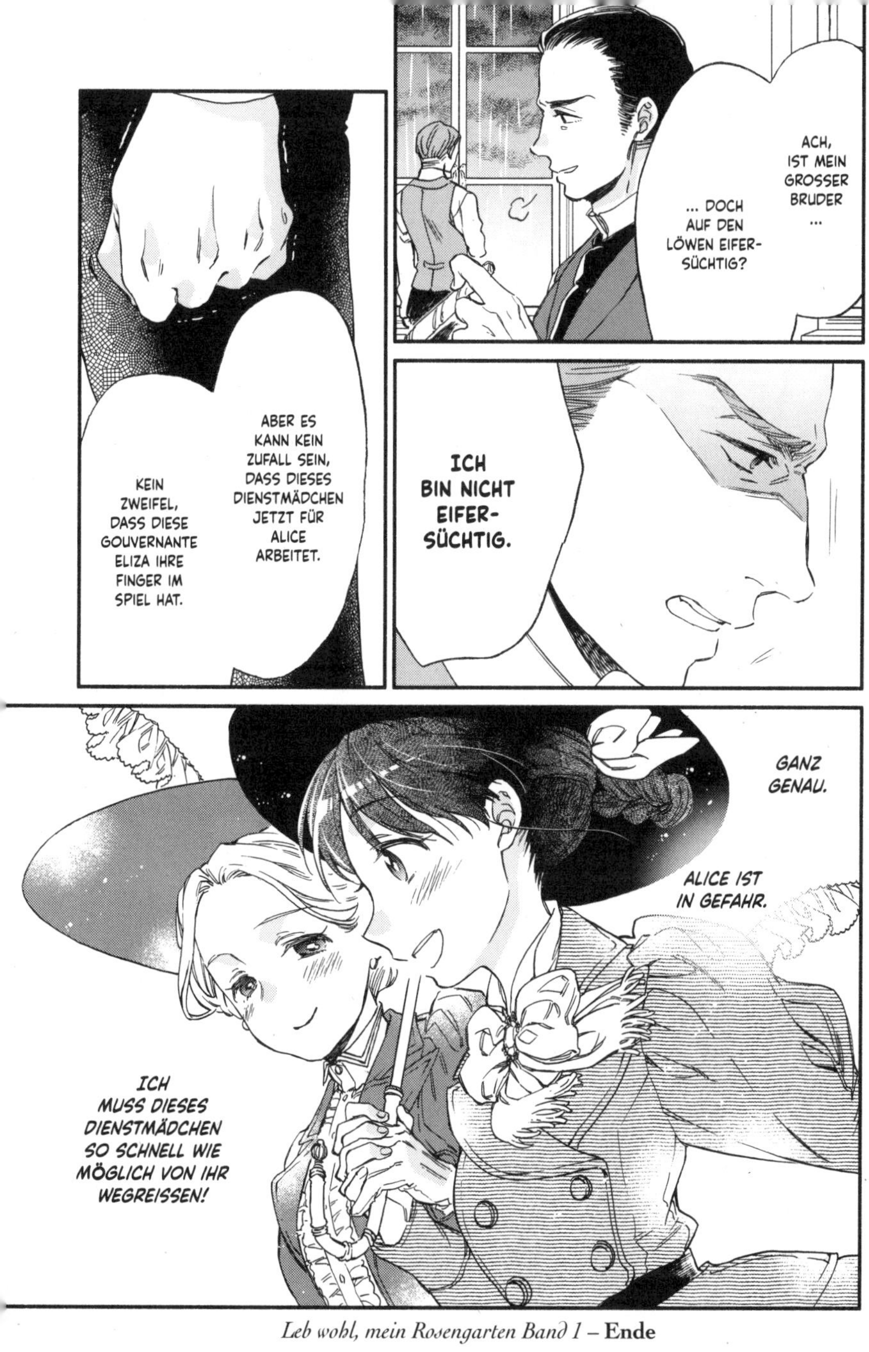

Leb wohl, mein Rosengarten Band 1 – **Ende**

Leb wohl,
mein Rosengarten

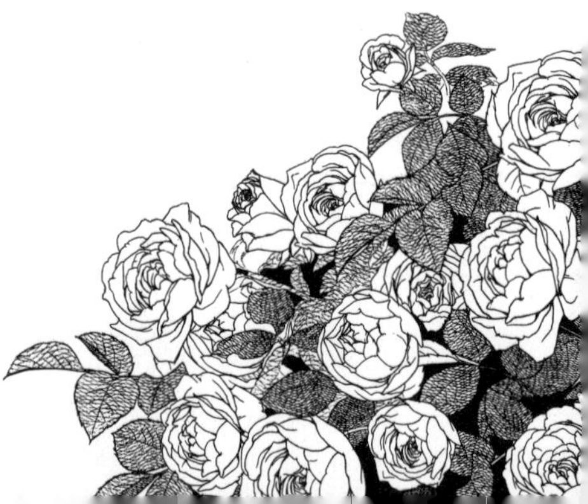

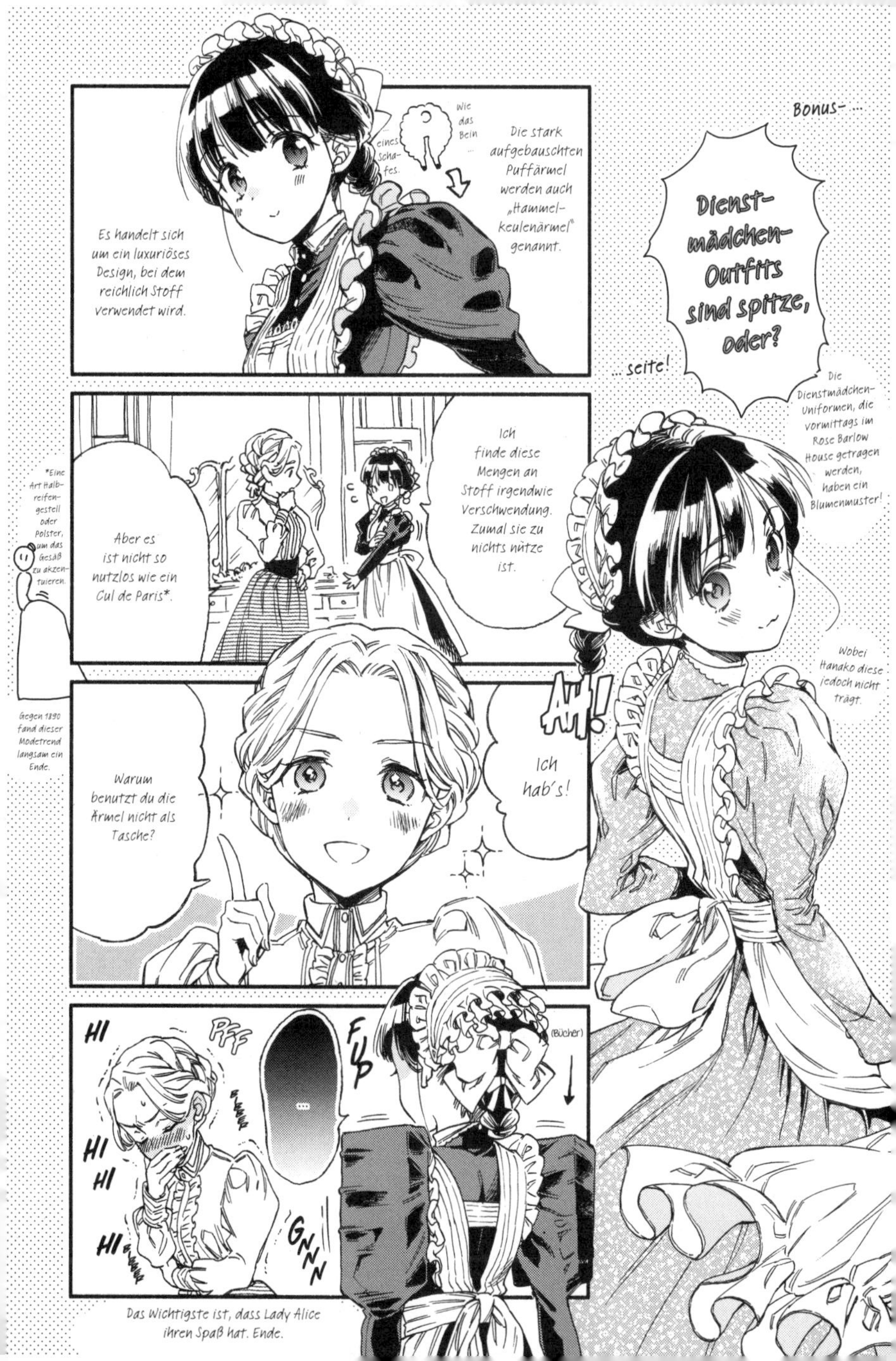

Bonus-…
Dienst-mädchen-Outfits sind spitze, oder?
… seite!
Die Dienstmädchen-Uniformen, die vormittags im Rose Barlow House getragen werden, haben ein Blumenmuster!
Wobei Hanako diese jedoch nicht trägt.
Die stark aufgebauschten Puffärmel werden auch „Hammelkeulenärmel" genannt.
Wie das Bein …
… eines Schafes.
Es handelt sich um ein luxuriöses Design, bei dem reichlich Stoff verwendet wird.
Ich finde diese Mengen an Stoff irgendwie Verschwendung. Zumal sie zu nichts nütze ist.
Aber es ist nicht so nutzlos wie ein Cul de Paris*.
*Eine Art Halbreifengestell oder Polster, um das Gesäß zu akzentuieren.
Gegen 1890 fand dieser Modetrend langsam ein Ende.
AH!
Ich hab's!
Warum benutzt du die Ärmel nicht als Tasche?
(Bücher)
FUP
…
PFF
HI
HI
HI
HI
GNNN
Das Wichtigste ist, dass Lady Alice ihren Spaß hat. Ende.

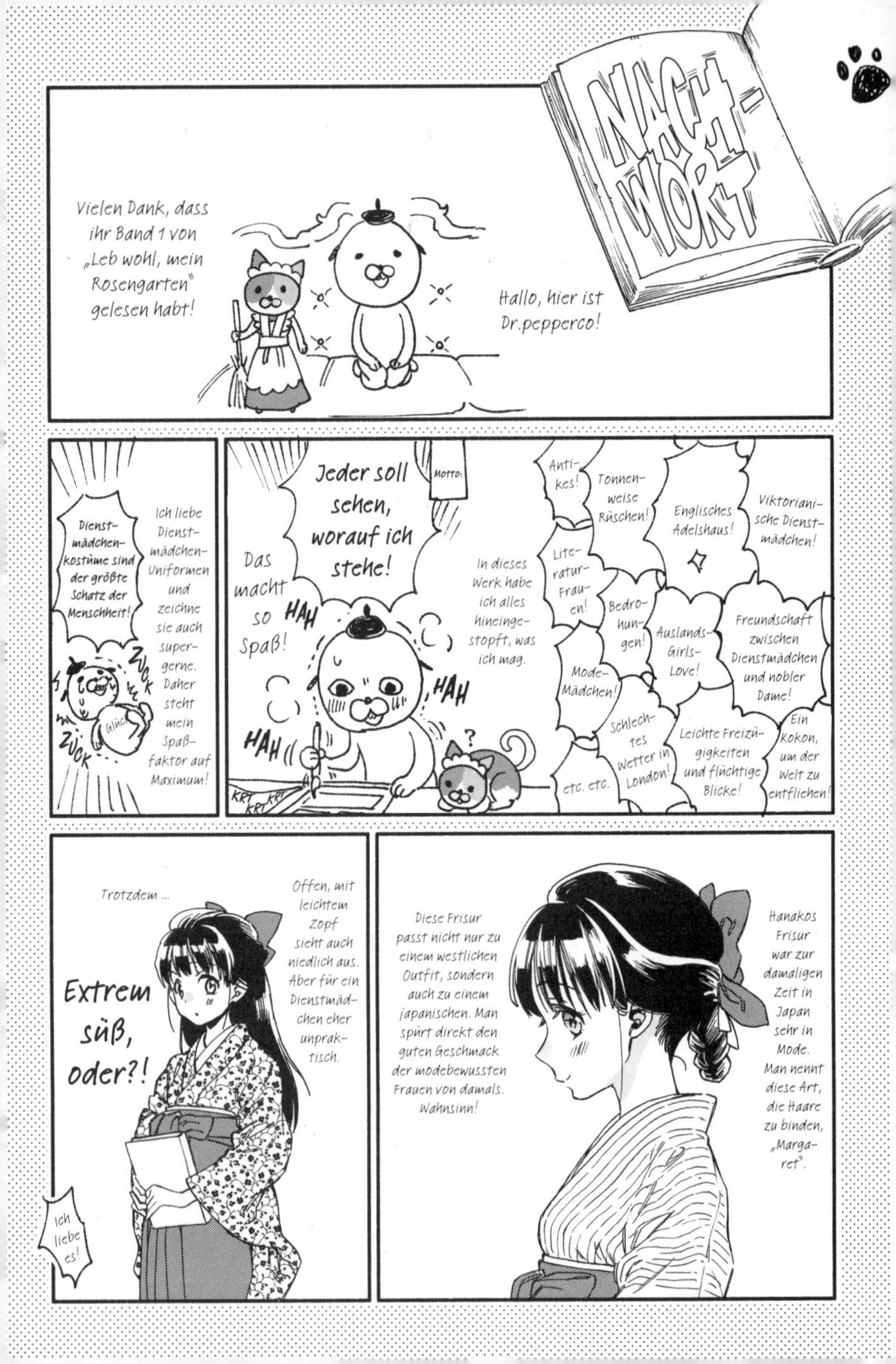
NACH-WORT
Hallo, hier ist Dr.pepperco!
Vielen Dank, dass ihr Band 1 von „Leb wohl, mein Rosengarten" gelesen habt!
Ich liebe Dienstmädchen-Uniformen und zeichne sie auch supergerne. Daher steht mein Spaßfaktor auf Maximum!
Dienstmädchenkostüme sind der größte Schatz der Menschheit!
ZUCK
ZUCK
Glück
Motto:
Jeder soll sehen, worauf ich stehe!
Das macht so Spaß!
HAH
HAH
HAH
KRT KRT KRT
?
In dieses Werk habe ich alles hineingestopft, was ich mag.
Antikes!
Tonnenweise Rüschen!
Englisches Adelshaus!
Viktorianische Dienstmädchen!
Literatur-Frauen!
Bedrohungen!
Auslands-Girls-Love!
Freundschaft zwischen Dienstmädchen und nobler Dame!
Mode-Mädchen!
Schlechtes Wetter in London!
Leichte Freizügigkeiten und flüchtige Blicke!
Ein Kokon, um der Welt zu entfliehen!
etc. etc.
Hanakos Frisur war zur damaligen Zeit in Japan sehr in Mode. Man nennt diese Art, die Haare zu binden, „Margaret".
Diese Frisur passt nicht nur zu einem westlichen Outfit, sondern auch zu einem japanischen. Man spürt direkt den guten Geschmack der modebewussten Frauen von damals. Wahnsinn!
Offen, mit leichtem Zopf sieht auch niedlich aus. Aber für ein Dienstmädchen eher unpraktisch.
Trotzdem ...
Extrem süß, oder?!
Ich liebe es!